9. Symposium des Jungen Strafrechts

Zürich 2022

Lukas Staffler | Gian Ege | Oliver Jany | Luisa Lichtenberger
Andrés Payer | Luca Ranzoni | Franziska Reinicke | Theresa Schweiger
Dimitrios Tsilikis [Hrsg.]

Strafrecht und Demokratie

Nomos

DIKE

Die Deutsche Nationalbibliothek verzeichnet diese Publikation in der Deutschen Nationalbibliografie; detaillierte bibliografische Daten sind im Internet über http://dnb.d-nb.de abrufbar.

1. Auflage 2023

Publiziert von
Nomos Verlagsgesellschaft mbH & Co. KG
Waldseestraße 3–5 | 76530 Baden-Baden
www.nomos.de

Gesamtherstellung:
Nomos Verlagsgesellschaft mbH & Co. KG
Waldseestraße 3–5 | 76530 Baden-Baden

ISBN 978-3-8487-8731-9
(Nomos Verlagsgesellschaft mbH & Co. KG, Baden-Baden, Print)

ISBN 978-3-7489-3122-5
(Nomos Verlagsgesellschaft mbH & Co. KG, Baden-Baden, ePDF)

ISBN 978-3-03891-482-2
(Dike Verlag, Zürich/St. Gallen)

DOI: https://doi.org/10.5771/10.5771/9783748931225

Onlineversion
Nomos eLibrary

Vorwort

Das 9. Symposium des Jungen Strafrechts fand vom 8. bis 10. September 2022 an der Universität Zürich statt. Damit gastierte die Symposienreihe des Jungen Strafrechts zum ersten Mal ausserhalb Deutschlands.

Der nun vorliegende Band enthält eine Auswahl der auf dem Symposium gehaltenen Referate. Das Symposium stand unter dem Thema „Strafrecht und Demokratie". Als „schärfstes Schwert des Staates" sieht das Strafrecht schwerwiegende Grundrechtseingriffe vor, die einer besonderen demokratischen Rückkopplung und Rechtfertigung bedürfen. Das Zürcher Symposium reflektierte diesen Zusammenhang von Demokratie und Strafrecht und die sich daraus ergebenden Implikationen in vielfältiger Weise im Hinblick auf nationale, europäische und internationale Bezüge.

Auf den Call for Exposés gingen knapp vierzig Beitragsangebote ein, aus denen zehn Vorträge von insgesamt zwölf Referent:innen ausgewählt wurden.

Am Vorabend der Tagung eröffnete Matthias Mahlmann mit einem Vortrag das Zürcher Symposium. Am ersten Tag des Symposiums erfolgten Referate zum Rechtshilferecht und zum Europäischen Strafrecht (Maria Ludwiczak Glassey und Francesca Bonzanigo), zum Schutz vor politisch motivierter Strafverfolgung durch den EGMR (Lisa Kujus), zum Demokratiedefizit des UN-Sicherheitsrates im Kontext völkerstrafrechtlicher Referrals an den Internationalen Strafgerichtshof (Lukas E. Müller), zum Einfluss direkter Demokratie auf das Strafrecht aus schweizerischer Perspektive (Giulia Canova, Tommaso Giardini), zur Rolle der Strafrechtswissenschaft in der demokratischen Gesetzgebung (Ivó Coca Vila), zur Konzeption eines bürgerwürdigen Strafrechts (Luka Breneselović) und zum Verhältnis von Bestimmtheitsgrundsatz und demokratischer Entscheidungsfindung (Simon Pschorr).

Am zweiten Tag des Symposiums wurde über die Demokratisierung von Strafrecht am Beispiel der Sterbehilfe in Deutschland (Jessica M. Krüger), die strafrechtliche Bekämpfung von Fake News (Hugo Soares) sowie die Pflichten und Grenzen des Strafgesetzgebers bei dilemmatischen Konflikten (Alexandra Windsberger) diskutiert.

Wir danken allen Referent:innen und Teilnehmer:innen für die sehr regen, spannenden und gleichzeitig immer sachlichen Diskussionen sowie die persönliche Atmosphäre und gute Stimmung während des gesamten Symposiums.

Für die Moderationen bedanken wir uns zudem bei Kilian Wegner, Markus Abraham, Elif Askin, Georgia Stefanopoulou, Lisa Schmollmüller, Tanja Niedernhuber, Nicole Nickerson sowie Nadine Zurkinden. Ferner danken wir Tanja Niedernhuber für die Erstellung des Tagungsberichts, der in JZ 77 (2022), 1158–1160 veröffentlicht wurde.

Das Symposium und die Drucklegung (open access) hätten ohne grosszügige finanzielle Unterstützung nicht stattfinden können. Unser besonderer Dank gilt daher auch dem Schweizerischen Nationalfonds (SNF), den Verlagen C.H.Beck, C.F. Müller, Duncker & Humblot und Nomos sowie den Anwaltskanzleien Baumgartner Mächler Rechtsanwälte, imkp, LALIVE, taormina law, Tethong Blattner Rechtsanwälte und Ufer Knauer Rechtsanwälte. Besonderer Dank gebührt auch verschiedenen Institutionen an der Universität Zürich, die der Förderung dieses Nachwuchsprojektes besonders zugeneigt waren, insbesondere dem Rechtswissenschaftlichen Institut, dem Prodekanat Forschung und Nachwuchsförderung, dem Prodekanat Ressourcen, dem UZH Graduate Campus und UZH Alumni.

Zürich, im Frühjahr 2023
Lukas Staffler, Gian Ege, Oliver Jany, Luisa Lichtenberger, Andrés Payer, Luca Ranzoni, Franziska Reinicke, Theresa Schweiger und Dimitrios Tsilikis

Inhaltsverzeichnis

Strafrecht und Demokratie

Matthias Mahlmann, Zürich

I. Drei Thesen

Das Thema Strafrecht und Demokratie legt vermutlich einen einschläfernden, jedenfalls belanglosen und vielleicht sogar etwas peinlichen Besinnungsaufsatz nahe, in dem sich der Autor in wolkigen Allgemeinplätzen verliert, Begriffe wie Gerechtigkeit und Freiheit solange mit heisser Luft füllt, bis sie platzen und am Ende die tröstliche Einsicht verkündet, dass wir in Deutschland und in der Schweiz, womöglich sogar in Österreich in der besten aller Rechtswelten lebten und eigentlich nichts zu tun bleibe als demütig der Möglichkeit der Vervollkommnung des wissenschaftlichen Apparats des Schönke-Schröder oder des Basler Kommentars zu dienen. Dieser Eindruck trügt aber, wie im Folgenden hoffentlich deutlich werden wird. Ich möchte dazu drei Thesen plausibel machen:

Erstens: Das Problem des Verhältnisses von Strafrecht und Demokratie muss im Zusammenhang mit der politischen Geschichte autoritärer Systeme seit dem Ende des Monarchismus als politischer Idee und ihren Lehren für die gegenwärtige Existenzkrise des demokratischen Verfassungsstaates analysiert werden. Dazu gehört insbesondere, nicht nur die Notwendigkeit der demokratischen Legitimation des Rechtsstaats und seiner (strafrechtlichen) Elemente zu betonen, sondern auch das Bewusstsein der Notwendigkeit der rechtsstaatlichen Strukturierung der Demokratie zu erhalten. Dies gilt schon deswegen, weil ohne rechtsstaatliche Struktur eine Demokratie über kurz oder lang als fragiles politisches Autonomieprojekt untergehen wird.

Zweitens: Strafrecht ist – vermutlich offensichtlich – nicht nur ein mögliches Instrument der Repression, der Etablierung und Erhaltung autoritärer politischer Ordnungen, wenn es in dieser Weise auch häufig genutzt wurde und in der Gegenwart genutzt wird. Es kann vielmehr eine wichtige Rolle bei der Erhaltung von Rechtsstaat und Demokratie spielen. Dazu muss es aber entsprechend normativ kalibriert werden. Dabei geht es um vielfältigere und komplexere Fragen als nur die Abmilderung oder Beseitigung politisch illegitimer, repressiver Funktionen von Strafsanktionen.

Das Ziel muss vielmehr sein, ein kritisch durchdachtes Strafrecht zu konzipieren, das der Erhaltung der axiologischen Grundlagen der Lebenswelt der grundrechtsstrukturierten Demokratie dient. Die Frage nach den normativen Parametern, die ein demokratieförderndes von einem demokratiegefährdenden oder -verhindernden Strafrecht unterscheiden, ist deshalb entscheidend. Diese Parameter muss eine substantielle, durch Konkretion normativ bissige Theorie demokratisch und verfassungsstaatlich, aber auch strafrechtlich ausbuchstabierter Freiheit, Gleichheit und Würde von Menschen unabhängig von ihren vielfältigen Unterschieden, geschlechtlichen Orientierungen und bunten Identitäten bereitstellen, die den Stand der internationalen Rechtsentwicklung und ihrer Reflexion nicht vergisst. Jenseits von Gut und Böse, im Nirgendwo des normativen Skeptizismus welcher theoretischen Färbung auch immer oder normativ bindungslos gedachter voluntaristischer Rechtstheorien ist keine demokratieverträgliche Strafrechtstheorie möglich. Die epistemologischen Türen stehen für dieses Projekt dabei weit offen.

Drittens: Eine überzeugende normative Kalibrierung des Strafrechts, wie auch anderer Teile des Rechts ist ohne eine empirisch abgesicherte, politisch-philosophische Anthropologie nicht möglich. Die anthropologische Sterilität von Strafrechts- und Demokratietheorien, in denen Grundbedingungen menschlicher Existenz bestenfalls zum Epiphänomen erklärt werden, muss überwunden werden. Die existentiellen Grundlagen der Selbstzweckhaftigkeit autonomer, gleichwertiger, in Gemeinschaft mit anderen sich verwirklichender menschlicher Subjekte sind der Kern dieser politisch-philosophischen Anthropologie, die sowohl Strafrecht wie Demokratie fundiert.

II. Warum es ernst ist

1. Jenseits der Theodizeen

Wenn man beginnt, über das Verhältnis von Strafrecht und Demokratie nachzudenken, stellen sich vermutlich schnell bestimmte Bilder ein. Zu ihnen werden Zeugnisse der Prozesse vor dem Volksgerichtshof während der Nazi-Herrschaft gehören. Ein anderes ikonisches Beispiel bilden die stalinistischen Schauprozesse im Jahr 1937, in denen die bolschewistische Revolution mit Rechtsmitteln weitere grosse Stücke ihrer selbst verschlang.

Diese Tragödie wurde dadurch erleichtert, dass führende marxistisch-leninistische Rechtstheoretiker der Zeit sich selbst der Mittel der normativen Kritik ihrer eigenen Liquidation beraubt hatten.[1]

Diese Bilder werden jedenfalls dann nicht lange auf sich warten lassen, wenn man sich hinreichend intensiv mit den grossen barbarischen Ereignissen des 20. Jahrhunderts beschäftigt hat. Für eine solche Auseinandersetzung gibt es offensichtlich sehr gute Gründe, nicht zuletzt, weil diese Ereignisse Einblicke in den Maschinenraum der Geschichte liefern. Nachdem man genauer hingeschaut hat, welche Kräfte hier wirken, kann man besser verstehen, was menschliche Geschichte antreibt.[2]

---

1 Klassisches Beispiel ist E. Paschukanis, der 1937 ermordet wurde. Er hatte die bis heute anzutreffende These vertreten, dass wesentliche Rechtselemente, insbesondere Rechte der Person, allein aus Austauschverhältnissen erwüchsen und deswegen ein kontingentes, mit ihr zu überwindendes Element der kapitalistischen Gesellschaft bildeten, vgl. z.B. *Paschukanis*, Allgemeine Rechtslehre und Marxismus (1929), Freiburg/Berlin 1991, S. 160 f., S. 169 f.: „Der Tauschende muss Egoist sein, d.h. er muss sich an die nackte wirtschaftliche Kalkulation halten, sonst kann das Wertverhältnis nicht als gesellschaftlich notwendiges Verhältnis zutage treten. Der Tauschende muss der Träger von Rechten sein, d.h. er muss die Möglichkeit einer autonomen Entscheidung haben, denn sein Wille soll ja ‚in den Dingen hausen' (MEW 23/99). Endlich verkörpert der Tauschende den Grundsatz der prinzipiellen Gleichwertigkeit der menschlichen Persönlichkeit, denn im Tausch gleichen sich alle Arten von Arbeit einander an und werden auf abstrakte menschliche Arbeit reduziert. Somit sind die drei (...) Momente oder, wie man sich früher auszudrücken liebte, die drei Prinzipien des Egoismus, der Freiheit und der Höchstwertigkeit der Persönlichkeit untrennbar miteinander verbunden und stellen in ihrer Gesamtheit den rationellen Ausdruck ein und desselben gesellschaftlichen Verhältnisses dar. Das egoistische Subjekt, das Rechtssubjekt und die moralische Persönlichkeit sind die drei wichtigsten Charaktermasken, unter denen der Mensch in der warenproduzierenden Gesellschaft auftritt. (...)
Wenn das lebendige Band, das das Individuum mit der Klasse verbindet, tatsächlich so stark ist, dass die Grenzen des Ichs sozusagen verwischt werden und der Vorteil der Klasse tatsächlich mit dem persönlichen Vorteil identisch wird, dann hat es keinen Sinn mehr, von der Erfüllung einer moralischen Pflicht zu reden, dann fehlt überhaupt das Phänomen der Moral." Die klassenlose Struktur der Gesellschaft beseitige Moral (und mit ihr das Recht) als sinngeladene Kategorie. Das stalinistische System erzeugte entgegen diesen Ideen eine hierarchische Klassengesellschaft, in der Moral und Recht ihre Funktion als Grenzen der totalen Macht ideologisch und institutionell verloren.

2 Analysen des Nationalsozialismus und Stalinismus bilden deswegen mehr als Studien historischer Sonderfälle, auch wenn die Analyseobjekte historisch einzigartig bleiben. Latente Potentiale der menschlichen Geschichte werden in ihnen freigelegt, die auch neue Epochen prägen können, z.B. durch autoritäres Unheil in neuer Form. Diesen Anspruch findet man unzweifelhaft in klassischen Studien. Vgl. z.B. *Horkheimer/Adorno*, Die Dialektik der Aufklärung, Frankfurt/M 1969 zur Subjektbildung in der europäischen Geschichte, die mit einem Herrschaftsanspruch verwoben sei, der sich in

Kant hat die Französische Revolution, genauer die Anteilnahme der Menschen an ihren Freiheits- und Gleichheitsversprechen als Geschichtszeichen aufgefasst, dass sich die Menschheit beständig zum Besseren hin entwickele.[3] Die moralischen Anlagen, die sich in dieser Anteilnahme gezeigt hätten, könnten, so ersichtlich Kants Einschätzung, in der Geschichte nicht völlig wirkungslos bleiben. Diese Einschätzung und die Hoffnung, die sie impliziert, sollte man nicht als teleologischen Zuckerbäckerhumanismus der inzwischen drollig gewordenen Aufklärung denunzieren. Es gibt harte wissenschaftliche, moraltheoretische, psychologische, neurowissenschaftliche und evolutionstheoretische Gründe, die Idee einer moralischen Anlage von Menschen ernst zu nehmen.[4] Und man kann Kant auch nicht vorwerfen, nicht geahnt zu haben, wie tief der Abgrund sein würde, den die Nachgeborenen nach Jahrtausenden bewusster ethischer Reflexion mit ihren Verbrechen ausmessen würden. Die Art dieser Verbrechen, der Charakter der Menschen, die die Taten begangen, und der obszöne Wahnsinn gerade der Ideologie des Nationalsozialismus übersteigen immerhin, wie Hannah Arendt mit kühler, entsetzter Verzweiflung festgehalten hat, das menschliche Verstehen gerade in ihrer Mischung aus Schrecklichem und Lächerlichem.[5] Zudem unterhielt Kant keineswegs heitere Vorstellungen vom Geschichtsverlauf – vom Übel, dass sich im Schoss jeder unter Rechtsgesetzen stehenden Gesellschaft vorbereiten kann, hat er ausdrücklich gewarnt[6] und

---

radikaler Form im Nationalsozialismus ausgeprägt habe. Vgl. ebenfalls *Arendt*, Elemente und Ursprünge totaler Herrschaft, München 2005 (zitiert als: *Arendt*, Elemente), zur Analyse des Totalitarismus als Ausdruck der existentiellen Verlassenheit, die die wirtschaftliche, kulturelle und moralische Krise der ersten Hälfte des 20. Jahrhunderts gesellschaftsstrukturell und massenpsychologisch geschaffen habe. Zu einem jüngeren Beispiel mit ähnlichem Anspruch *Snyder*, The Road to Unfreedom: Russia, Europe, America, New York 2018, zur Analyse der Konfrontation der demokratischen Staatenwelt mit Russland durch Kategorien der „politics of inevitability" and „politics of eternity".

3 *Kant*, Der Streit der Fakultäten, Akademie Ausgabe Bd. VII, Berlin 1907, S. 84 f.

4 Vgl. z.B. zu diesem Forschungsfeld *Mikhail*, Elements of Moral Cognition, Cambridge 2011; *Mahlmann*, Mind and Rights: The History, Ethics, Law and Psychology of Human Rights, Cambridge 2023 (zitiert als: *Mahlmann*, Mind and Rights).

5 *Arendt*, Elemente, S. 379.

6 *Kant*, Idee zu einer allgemeinen Geschichte in weltbürgerlicher Absicht, Akademie Ausgabe Bd. VIII, Berlin/Leipzig 1923, S. 25f.

zudem über das radikal Böse nachgedacht[7] – als einer der wenigen in der kanonischen philosophischen Tradition.[8]

Die grossen Verbrechen des 20. Jahrhunderts haben Kants Geschichtsinterpretation deshalb nicht widerlegt, sondern durch weitere Geschichtszeichen ergänzt: Menschen können durchaus den Weg zum Besseren beschreiten, sie können aber auch und immer wieder eine schäbige und schreckliche Welt von Ungerechtigkeit, Gewalt und Menschenverachtung errichten. Wie entsetzlich diese Welt aussehen kann, haben die Verbrechen des 20. Jahrhunderts genau illustriert. Sie lassen wenig Raum für Vertrauen der Menschen auf eine Geschichte, deren Ereignisse notwendig auf einen sinngebenden, vielleicht sogar erlösenden Zweck gerichtet sind. Die Analyse der historischen Gründe für die Möglichkeit der paradigmatischen Schreckensregime der jüngeren Vergangenheit beendet vielmehr die Möglichkeit einer teleologischen Geschichtsphilosophie, sei es im religiösen Kleid, aus einer idealistischen[9] oder materialistischen Perspektive[10] oder in der Form sozialfunktionalistischer Evolutionstheorien.[11] Die Tatsache, dass

---

7 *Kant*, Die Religion innerhalb der Grenzen der bloßen Vernunft, Akademie Ausgabe Bd. VI, Berlin 1907, S. 36: „Folglich ist der Mensch (auch der Beste) nur dadurch böse, daß er die sittliche Ordnung der Triebfedern in der Aufnehmung derselben in seine Maximen umkehrt: das moralische Gesetz zwar neben dem der Selbstliebe in dieselbe aufnimmt, da er aber inne wird, daß eines neben dem anderen nicht bestehen kann, sondern eines dem anderen als seiner obersten Bedingung untergeordnet werden müsse, er die Triebfeder der Selbstliebe und ihre Neigungen zur Bedingung der Befolgung des moralischen Gesetzes macht, da das letztere vielmehr als die oberste Bedingung der Befriedigung der ersteren in die allgemeine Maxime der Willkür als alleinige Triebfeder aufgenommen werden sollte." Warum diese geschehe, sei letztlich unerklärlich, vgl. ebd., S. 31 f.

8 Vgl. beispielsweise *Arendt*, Das Urteilen, 6. Aufl., München 2021, S. 30 ff. Zu einem sehr wichtigen literarischen Beitrag zum Problemverständnis, *Mahlmann*, Politische Verbrechen und europäische Kultur – Joseph Conrads „Heart of Darkness" und die Gegenwelten der Gerechtigkeit, in: Bung/Grünewald/Magnus/Putzke/Scheinfeld/Bublitz (Hrsg.), Recht – Philosophie – Literatur, Festschrift für Reinhard Merkel zum 70. Geburtstag, Berlin 2020, Teilband I, S. 183 ff.

9 Vgl. zur philosophischen Apotheose des absoluten Geistes, dessen Triumpf eine Apologie der Ereignisse ist, die die Geschichte zur „Schädelstätte" machen, *Hegel*, Phänomenologie des Geistes, Werke Bd. 3, Frankfurt/M 1986, S. 591.

10 Vgl. z.B. *Marx/Engels*, Manifest der Kommunistischen Partei, Berlin 1987, S. 60 zu den „theoretischen Sätzen der Kommunisten" als Ausdruck der objektiven historischen Bewegung, die eine Freiheitsordnung etablieren werde, ebd., S. 69.

11 *Luhmann*, Die Gesellschaft der Gesellschaft, Frankfurt/M 1998, dazu weiter vielleicht informativ die Kritik der systemtheoretischen Geschichtstheorie in *Mahlmann*, Katastrophen der Rechtsgeschichte und die autopoietische Evolution des Rechts, ZfRSoz 2000, 21(1), 247 ff.

diese Ereignisse möglich waren, hat die über Jahrhunderte aufgebauten Prachtgebäude der religiösen oder säkular verwandelten Theodizeen zum Einsturz gebracht.

Den Kern der Bitterkeit dieser Geschichtszeichen bildet dabei gerade die Unmöglichkeit, die Ereignisse überpersönlichen, unveränderlichen geschichtlichen, sozialen, ökonomischen oder biologischen Notwendigkeiten zuzuschreiben, die Menschen mit dem eisernen Griff des Schicksals ergriffen und mit sich mitschliffen. Menschliches soziales Handeln entfaltet sich vor dem Hintergrund von vielfältigen sozialen Strukturen, die ihm manchmal Grenzen setzen, manchmal Raum schaffen und in vieler Hinsicht die Weltverständnisse, Motive und Ziele der Menschen beeinflussen. Diese Strukturen heben aber die Urheberschaft von Menschen für ihr Denken, Urteilen und Handeln nicht auf.[12] Menschen bleiben die Subjekte ihrer Geschichte und müssen mit der sich aus dieser Stellung ergebenden Verantwortung leben, die vielleicht tragbarer wird durch die Gründe für die Hoffnung, die sie birgt: Keine Eschatologie verspricht eine innerweltliche, politische Erlösung, aber auch keine negative Geschichtsteleologie zwingt Menschen, Schmiede fremden und am Ende auch ihres eigenen politischen Unglücks zu sein.

2. Lehren aus Schauprozessen

Dass zu diesen Geschichtszeichen bildenden Ereignissen auch die politische Instrumentalisierung von Recht etwa in Schauprozessen gehört, sollte

---

12 In Anbetracht verschiedener Theorien, die unbeschwert das Ende des Subjekts verkünden, ist es vielleicht sinnvoll, an den humanen Kern der Diskussion der Frage zu erinnern, ob Menschen eigentlich Subjekte ihres Handelns und zusammen mit anderen auch historischer Entwicklungen ihres Zeitalters sein können, z.B. anhand von Hannah Arendts Bericht über einen Zeugen im Eichmann-Prozess, der am Beispiel eines deutschen Feldwebels zeigte, dass man der Ideologie des Massenmords widerstehen konnte: „Während der wenigen Minuten, die Kovner brauchte, um über die Hilfe eines deutschen Feldwebels zu erzählen, lag Stille über dem Gerichtssaal; es war, als habe die Menge spontan beschlossen, die üblichen zwei Minuten des Schweigens zu Ehren des Mannes Anton Schmidt einzuhalten. Und in diesen zwei Minuten, die wie ein Lichtstrahl inmitten dichter, undurchdringlicher Finsternis waren, zeichnete ein einziger Gedanke sich ab, klar, unwiderlegbar, unbezweifelbar: wie vollkommen anders alles heute wäre, in diesem Gerichtssaal, in Israel, in Deutschland, in ganz Europa, vielleicht in allen Ländern der Welt, wenn es mehr solcher Geschichten zu erzählen gäbe.", *Arendt*, Eichmann in Jerusalem, 2. Aufl., München, 2007, S. 345.

mit besonderer Aufmerksamkeit vermerkt werden. Es bildet ein interessantes Kontinuum der Geschichte der Tyrannei, dass sich Diktaturen zur Machtsicherung rechtlicher Instrumente und gerade des Mittels des Strafprozesses bedienen. Diktaturen nutzen die Fassade der rechtsstaatlichen Verfahren, um die Öffentlichkeit, die hinter der rechtlichen Fassade noch die alte Wohnung der Gerechtigkeit vermutet, darüber zu täuschen, dass hier nunmehr Willkür, Machtimperative und Gewalt eingezogen sind. Die Prozesse gegen diejenigen in Russland, die gegen den Krieg gegen die Ukraine demonstrieren, gegen Oppositionelle in China oder Myanmar, zeigen, wie lebendig die Tradition der offensichtlichen Instrumentalisierung von Recht geblieben ist.

Dabei ist eine wichtige Beobachtung zu machen: Noch im Moment seiner Zerstörung und Pervertierung beweisen die normativen Prinzipien, die der Idee eines Rechtsstaates unterliegen, ihre Kraft. Die parasitäre Instrumentalisierung von Gerechtigkeitsideen im Schauprozess der Diktatur unterstreicht die Macht der Hoffnung von Gerechtigkeit durch Recht.

Diese Rolle von Strafrechtsprozessen und materiellen Strafrechtsnormen in Diktaturen erschliesst eine offensichtliche Dimension des Verhältnisses von Strafrecht und Demokratie: Strafrecht ist ein klassisches Mittel der Repression, die sich bis zum Terror steigern kann. Das strafrechtliche, auch strafprozessrechtliche Instrumentarium ist dabei vielfältig.

3. Politische Geschichte und Krise des demokratischen Verfassungsstaates

Die Verortung von politischen Prozessen im weiteren Kontext der politischen Geschichte der jüngeren Vergangenheit und ihrer geschichtsphilosophischen, aus gewisser Sicht unverdaulichen Lehren, zeigt: Wir bewegen uns auf rechtszivilisatorisch dünnem Eis. Es gibt grundsätzlich keinen Anlass zu frohgemutem Geschichtsoptimismus, wenn man ein wenig Zeit mit der Analyse der vielen, durch ihre Vermeidbarkeit nur noch schmerzhafteren Tragödien der menschlichen Geschichte verbracht hat. Das gilt, wie wir gerade in Erinnerung gerufen haben, auch für die Geschichte des Rechts.

Diese Einsicht ist wichtig, eine aktuelle Entwicklung in ihrer ganzen Bedeutung zu verstehen:

Die zumindest annäherungsweise rechtsstaatlichen und demokratischen politischen Ordnungen der Welt stehen unter ganz erheblichem Druck. Dieser Druck wird von aussen von konsolidierten autoritären Weltmächten wie China oder Russland ausgeübt. Er entspringt aber auch aus der Mitte der demokratischen Gesellschaften selbst. Es gibt viele Anzeichen, die zeigen, dass Grundprinzipien von Rechtsstaat und Demokratie ein schon grosses Mass an Unterstützung verloren haben. Die Wahlerfolge von rechtsnationalen Populisten in Polen oder Ungarn, von Bolsonaro und natürlich von Trump, der Aufstieg Le Pens in Frankreich oder Melonis in Italien, zeigen, dass ein Angriff auf Grundstrukturen der Demokratie, legitimiert mit durchaus demokratischen Mitteln, verschiedene Personengruppen anspricht. Dabei ist von zentraler Bedeutung für die Analyse der Entwicklungen, dass der Angriff auf die Demokratie über die Flanke der Schwächung des Rechtsstaates erfolgt. Dies ist in der Türkei, Polen, Ungarn oder den USA ebenso zu beobachten wie in Israel, hier mit den Mitteln der Kompetenzbeschneidung des Obersten Gerichts und dem Argument der Stärkung der Demokratie.[13] Diese Entwicklungen weisen auf eine wichtige Erkenntnis hin: Ein Rechtsstaat ist auf demokratische Legitimation angewiesen. Umgekehrt kann aber eine Demokratie ohne rechtsstaatliche Sicherung, nicht zuletzt durch Grundrechte, die einen Prozess der Meinungs- und Willensbildung und Herrschaft wechselnder Mehrheiten überhaupt erst ermöglicht, nicht zu dem werden, was sie zu sein intendiert: eine dauernde Institutionalisierung politischer Autonomie.

Auch wenn prominente Vertreter dieser politischen Bewegungen wie Trump und Bolsonaro abgewählt wurden, haben die Kräfte und Entwicklungen, die sie an die Macht brachten und die sie selbst weiter in ihren demokratiefeindlichen Haltungen genährt haben, nicht an Gefährlichkeit verloren. Dabei ist besonders unheimlich, dass diese Abkehr von Demokratie und Rechtsstaat aus einer politisch freien Entscheidung folgt. Niemand zwingt US-amerikanische Bürger und Bürgerinnen, den politischen Autoritarismus, für den Trumps Republikanische Partei inzwischen steht, mit Wahlerfolgen zu legitimieren, kein Repressionsapparat schränkt die Meinungsäusserung ein, niemand wird für seine politischen Ansichten ins Gefängnis geworfen. Auch fehlt es keineswegs an kritischer Berichterstattung in den Medien noch an anderen kritischen gesellschaftlichen Akteuren – von Graswurzelorganisationen der Zivilgesellschaft bis zu scharfen akademischen Analysen.[14]

---

13 *Kingsley,* Netanyahu Surges Ahead With Judicial Overhaul, Prompting Fury in Israel, New York Times, 12. Januar 2023.

14 Vgl. nicht nur *J-W. Müller*, Was ist Populismus?, Frankfurt/M 2016 oder knappe, scharfe Analysen wie *Snyder*, On Tyranny, New York 2017, sondern auch tiefe analyti-

4. Ende der Epoche?

Unsere Überlegungen betreffen also nichts weniger als eine politische Existenzfrage unserer Zeit, die man vielleicht so fassen kann: Ist die Epoche angebrochen, die die Errungenschaften der bürgerlichen Revolutionen des 18. Jahrhunderts und der langen Kämpfe um Demokratie, Verfassungsstaat, Menschenrechte und rechtsgestützte internationale Ordnung verspielt? War das Zeitalter der demokratischen Verfassungsstaaten eine historische Episode? Sind wir es, die ihr Ende einläuten?

Nichts in der Geschichte der Menschen garantiert, wie wir gerade unterstrichen haben, dass unsere Zukunft nicht ein Wiedergänger einer dunkleren Vergangenheit sein könnte. In den letzten Jahren haben sich zudem über demokratischen Verfassungsstaaten und den normativen Prinzipien, für die sie stehen, dunkle Wolken zusammengebraut, die die Frage nach der politischen Weiterexistenz dieser anspruchsvollen menschlichen Organisationsform stellen. Dabei haben gerade die Feinde der Demokratie die Bedeutung ihrer rechtsstaatlichen Grundlagen begriffen und greifen sie deswegen an.

Nur von diesem Ausgangspunkt kann man angemessen und wirklichkeitsnah über das Problem von Strafrecht und Demokratie nachdenken. Dies ist meine erste schlichte These.

Nunmehr soll im Aufriss geklärt werden, welche normativen Prinzipien einer Demokratie und einem Verfassungsstaat zu Grunde liegen, um dann zu fragen, welche Rolle Strafrecht in diesem Rahmen spielen kann.

III. Warum eigentlich Demokratie und Verfassungsstaat?

1. Utopia jenseits des Verfassungsstaats?

Warum wollen wir eigentlich in einem demokratischen Verfassungsstaat leben? Vielleicht erscheint manchen ein demokratischer Verfassungsstaat als eine etwas grau und staubig gewordene Organisationsform politisch assoziierter Menschen. Vielleicht träumen manche von einer anderen Ordnung, die radikalere utopische Träume befriedigt. Vielleicht meinen sie, dass die Verteidigung des demokratischen Verfassungsstaates den Blick auf

---

sche Studien der politischen und rechtlichen Instrumente der Destruktion der Demokratie wie *Sajó*, Ruling by Cheating: Governance in Illiberal Democracy, Oxford 2021.

gesellschaftliche und gerade auch ökonomische Unfreiheit und Ungleichheit verhindere.[15] Vielleicht jagt ihnen die kernige Rede von Autorität, Gewalt und Diktator wie merkwürdig vielen Intellektuellen der Vergangenheit und Gegenwart einen wohligen Schauder den Rücken herunter.[16] Vielleicht scheint es dem einen oder der anderen deshalb so, dass der demokratische Verfassungsstaat seine Zeit gehabt und nun besser von der welthistorischen Bühne abtreten sollte.

Ich möchte jetzt einige Gründe liefern, warum man mit der Aufgabe des demokratischen Verfassungsstaates besser noch etwas warten sollte – und zwar gerade, wenn man der Meinung ist, dass die menschlichen politischen Entwicklungsmöglichkeiten keineswegs ausgeschöpft und wichtige Gestaltungsaufgaben in Wirtschaft und Gesellschaft, wenn man es mit Gleichheit und Freiheit ernst meint, keineswegs erledigt sind.

2. Verfassungsbegriff

Eine Verfassung dient der originären Begründung, Organisation, Bestimmung der Kompetenzen und Aufgaben sowie der Begrenzung öffentlicher Gewalt. Sie bildet normhierarchisch höchstes Recht, wobei heute diese

15 Dass dies gerade für Menschenrechte als wesentlichem Teil des Verfassungsstaates gelte, vertritt *Moyn*, Not Enough: Human Rights in an Unequal World, Cambridge MA 2018.

16 Ein gutes Beispiel ist Nietzsches philosophische Apologie autoritärer Macht, des „unbedingt Befehlenden“ in immer wiederkehrenden, ersichtlich tief genossenen Macht- und Unterwerfungsphantasien. Vgl. z.B., für den verfolgten Zusammenhang nützlicherweise mit gleichzeitiger verachtungsvoller Kritik des Verfassungsstaates, *Nietzsche*, Jenseits von Gut und Böse, Kritische Studienausgabe Bd. 5, München 1999 (zitiert als: *Nietzsche*, Jenseits von Gut und Böse), Aphorismus 199, S. 120: Der „Heerdenmensch in Europa“ gebe sich „das Ansehn, als sei er die einzig erlaubte Art Mensch, und verherrlicht seine Eigenschaften, vermöge deren er zahm, verträglich und der Heerde nützlich ist, als die eigentlich menschlichen Tugenden: also Gemeinsinn, Wohlwollen, Rücksicht, Fleiss, Mässigkeit, Bescheidenheit, Nachsicht, Mitleiden. Für die Fälle aber, wo man der Führer und Leithammel nicht entrathen zu können glaubt, macht man heute Versuche über Versuche, durch Zusammen-Addiren kluger Heerdenmenschen die Befehlshaber zu ersetzen: dieses Ursprungs sind zum Beispiel alle repräsentativen Verfassungen. Welche Wohlthat, welche Erlösung von einem unerträglich werdenden Druck trotz Alledem das Erscheinen eines unbedingt Befehlenden für diese Heerdenthier-Europäer ist, dafür gab die Wirkung, welche das Erscheinen Napoleon's machte, das letzte grosse Zeugnis: – die Geschichte Napoleon's ist beinahe die Geschichte des höheren Glücks, zu dem es dieses Jahrhundert in seinen werthvollsten Menschen und Augenblicken gebracht hat.“

normhierarchische Stellung vorbehaltlich bestimmter Regelungen des Völker- und Europarechts eingenommen wird, wobei die Details enorm strittig sind.[17] Regelmässig (aber nicht immer) handelt es sich um geschriebenes, in einer speziellen Urkunde festgelegtes Recht. Die Begrenzung öffentlicher Gewalt erfolgt um der Autonomie und Rechte einzelner Personen willen. Ein bloss formaler Verfassungsbegriff führt deshalb in die Irre. Eine Diktatur kann in einem formalen Sinn eine Verfassung besitzen. Die Idee der Verfassung als Teil der politischen Theorie des Konstitutionalismus weist aber in eine andere Richtung. Eine Verfassung ist aufgrund ihrer Funktion des Schutzes menschlicher Autonomie notwendig mit Demokratie und Menschenrechten verbunden.

Die Verfassung erhebt einen normativ qualifizierten Geltungsanspruch. Dieser Geltungsanspruch zeigt sich durch spezifische Schutzmassnahmen, die der Verfassungsordnung gegenüber dem einfachen Recht eine erhöhte Dauerhaftigkeit verleihen sollen, etwa durch qualifizierte Mehrheiten, materielle Veränderungssperren wie in Art. 79 III GG oder Art. 139 III, 194 II BV sowie die verschiedenen Mechanismen dessen, was man eine wehrhafte Demokratie nennt.[18] Sie erhebt auch einen erkenntnistheoretisch eigenen, qualifizierten Anspruch: Da ihre Normen der Alltagspolitik entzogen sind, ist mit einer Verfassung notwendig die Idee verbunden, normative Gehalte erhöhter Gewissheit zu positivieren. Die These, Verfassungen verkörperten einen politischen Voluntarismus oder Dezisionismus,[19] geht am Kern der Idee des demokratischen Verfassungsstaates vorbei, die (mit guten Gründen) beansprucht, ein Element echter Erkenntnis der politischen Theorie zu verkörpern.

---

17 *Mahlmann*, Conditioned Hierarchies of Law in Europe: Content, Legitimacy and Default Lines, in: Epiney/Diezig (Hrsg.), Schweizerisches Jahrbuch für Europarecht 2012/2013, Zürich 2013, S. 395 ff.

18 Vgl. m. w. N. und Beispielen *Mahlmann*, Schutz der Verfassung, in: Diggelmann/Hertig Randall/Schindler (Hrsg.), Verfassungsrecht der Schweiz, Band 1, Zürich 2020 (zitiert als: *Mahlmann*, Schutz), S. 211 ff.

19 Vgl. *Schmitt*, Verfassungslehre, Berlin 1928, S. 22 (zitiert als: *Schmitt*): „Jedes Gesetz als normative Regelung, auch das Verfassungsgesetz, bedarf zu seiner Gültigkeit im letzten Grunde einer ihm vorhergehenden politischen Entscheidung, die von einer politisch existierenden Macht oder Autorität getroffen wird. Jede existierende politische Einheit hat ihren Wert und ihre ‚Existenzberechtigung' nicht in der Richtigkeit oder Brauchbarkeit von Normen, sondern in ihrer Existenz. Was als politische Größe existiert, ist, juristisch betrachtet, wert daß es existiert." Der Ursprung der normativen Verfassungsordnung liege in einem politischen Faktum – der „existentiellen Totalentscheidung" eines Volkes, ebd., S. 24.

3. Demokratie als Gerechtigkeitsidee und Respektskultur

Eine Demokratie bildet eine spezifische Form politischer Herrschaft und gleichzeitig einen Grund ihrer Legitimation. Der Kern der demokratischen Idee ist, dass die Rechtsunterworfenen gleichzeitig Rechtserzeugende sind – Subjekte und Adressaten der öffentlichen Gewalt sind identisch, was prozedural gesichert wird.[20] Demokratie ist deshalb der politisch-organisatorische Ausdruck einer egalitären Gerechtigkeitsidee. Die Gleichheit der Bürger und Bürgerinnen wird in eine Organisationsform politischer Autonomie überführt.

Demokratie verkörpert eine spezifische Respektskultur. Andere Menschen werden so ernst genommen, dass sie, wenn sie eine Mehrheit erreichen, in dem entschiedenen Zusammenhang über einen selbst bestimmen können. Eine Demokratie fordert nicht weniger als den eigenen Autonomiegebrauch nach einer demokratischen Entscheidung dem Autonomiegebrauch anderer unterzuordnen. In der Demokratie achtet man das Selbstbestimmungsbedürfnis anderer und ihr dem eigenen gleiches Selbstbestimmungsrecht in einem so hohen Grade, dass man ihm unter den Umständen einer Mehrheitsentscheidung den Vorrang vor den eigenen Wünschen einräumt. Wenn man an die historischen Ausdrucksformen des Verlangens von Menschen denkt, selbst zu herrschen und andere zu beherrschen, vom Nahbereich einer patriarchalen Paarbeziehung, über das Alltagsphänomen von abgewählten Politikern und Politikerinnen, sich an die Macht

20 *Kant*, Zum Ewigen Frieden, Akademie Ausgabe Bd. VIII, Berlin/Leipzig 1923, S. 349 f.; *Kelsen*, Vom Wesen und Wert der Demokratie (2. Aufl. 1929), in: ders., Verteidigung der Demokratie, ausgewählt und hrsg. v. Jestaedt/Lepsius, Tübingen, 2006 (zitiert als: *Kelsen*, Wesen und Wert), S. 162: „Demokratie ist der Idee nach eine Staats- oder Gesellschaftsform, bei der der Gemeinschaftswille, oder ohne Bild gesprochen, die soziale Ordnung durch die ihr Unterworfenen erzeugt wird: durch das Volk. Demokratie bedeutet Identität von Führer und Geführten, von Subjekt und Objekt der Herrschaft, bedeutet Herrschaft des Volkes über das Volk." Das normative Grundprinzip, dass die Adressaten von rechtlichen Regelungen, die dem Handeln der öffentlichen Gewalt unterliegen, auch die politischen Urheber dieser Regelungen sein müssen, stellt keineswegs die Legitimität von demokratischen Repräsentationsmechanismen in Frage. Sie schafft nur einen kritischen Massstab, um sie zu bewerten. Vgl. zu Identitätsthese und Repräsentation kritisch *Böckenförde*, in: Isensee/Kirchhof (Hrsg.), HdbStr, Bd. 3 § 34 Rn. 1 ff. Diese Identität hat keineswegs eine substantielle „Homogenität des Volkes" zur Voraussetzung und als Bezugspunkt, so aber *Schmitt*, S. 234 ff. Sie bildet vielmehr eine Kurzformel für ein normatives Verwirklichungsverhältnis politischer Autonomie durch (rechtlich und institutionell vermittelte) Selbstherrschaft.

zu klammern, manchmal mit Lügen, manchmal mit Gewalt, bis hin zu den verschiedenen Griffen nach Weltmacht und den kollektiven Energien, die diese Herrschaftsprojekte freisetzen, ist das eine ausserordentliche ethische und politische Idee.

Demokratische Verfahren drücken notwendig auch die Achtung vor der Selbstbestimmungsfähigkeit anderer aus. Man nimmt demokratische Mehrheitsentscheidungen hin, weil die Achtung der autonomen Selbstbestimmung schwerer wiegt als die Durchsetzung der eigenen Interessen, die in der Minderheit geblieben sind, aber auch aus epistemischer Selbstdistanz: Ein Mensch sollte irgendwann das Bewusstsein der Möglichkeit des eigenen Irrtums und der besseren Einsicht anderer gewinnen.[21] In der Demokratie schlägt sich deshalb ein wichtiges Element epistemischer Reife nieder, die demokratische Entscheidungsfindung im besten Fall zu einem wechselseitigen selbstkritischen reflexiven Lernprozess macht.

Demokratie ist gesellschaftsfunktional mit einer materialen Rationalisierungshoffnung verbunden.[22] Nicht nur irgendwelche, aus unergründlichem Wollen hervorquellende, oder gar imaginierten ethnonationalisti-

---

21 Mit Ausnahme natürlich von Zürcher Rechtsprofessoren, für die dies unnötig ist.

22 Der Begriff der „Rationalisierung" ist vielschichtig und erläuterungsbedürftig, gesellschaftstheoretisch aber alternativlos. Massstabbildend sind Max Webers berühmte Thesen zum okzidentalen Rationalismus, vgl. *Weber*, Vorbemerkung, in: ders. Die protestantische Ethik, MWG I/18, hrsg. v. Schluchter, Tübingen 2016, S. 101 ff., S. 116 f. Vgl. dazu *Schluchter*, Die Entstehung des modernen Rationalismus: Eine Analyse von Max Webers Entwicklungsgeschichte des Okzidents, Frankfurt/M, 1998. Zu einem Versuch, Umrisse einer Gesellschaftstheorie des Rechts zu skizzieren, die einen substantiellen (und nicht eurozentristischen) Rationalisierungsbegriff verwendet, *Mahlmann*, Widerständige Gerechtigkeit, Baden-Baden, 2018, S. 81 ff. (zitiert als: *Mahlmann*, Gerechtigkeit). Stufen der Rationalisierung markieren aus dieser Perspektive unterschiedliche Grade der Rechtfertigungsfähigkeit verschiedener normativer Ordnungen gegebener historischer Gesellschaftsformationen durch intersubjektiv überzeugende Gründe. Dabei geht es um materiale, nicht nur instrumentale Rationalität, d.h. um Rechtfertigung unter Bezug auf substantielle normative Prinzipien, z.B. Standardmenschenrechte. Es handelt sich mithin nicht nur um die begründete Anleitung, effiziente Mittel zur Erreichung von beliebig gesetzten Zielen zu wählen. Auf eine solche Kategorie (in welcher Terminologie auch immer) kann eine Gesellschaftstheorie des Rechts nicht verzichten, wenn sie ihre analytischen Hausaufgaben erledigen will. Es muss eine analytische Kategorie geben, auf die zurückgegriffen werden kann, um auszudrücken, dass beispielsweise zwischen einem Führerbefehl und einem parlamentarischen Gesetz Welten der Rechtfertigungsfähigkeit liegen oder eine absolutistische Monarchie weniger gut legitimiert ist als ein demokratischer Verfassungsstaat. Andernfalls verliert die Theorie ihr zentrales Explanandum in der Gegenwart aus dem Blick: die Entstehung eines grundrechtsgebundenen demokratischen Verfassungsstaates als epochalem *Rechtsfortschritt*.

schen Identitäten entspringende Entscheidungen sollen die politische Gemeinschaft leiten, sondern solche, die reflexiver Kritik standhalten. Anderes ist mit der Idee politischer Autonomie nicht vereinbar. Wenigstens die Annäherung an die Wahrheit über Sachverhalte in der Welt und gerechtfertigte Auffassungen von der Richtigkeit von Normen und Werten ist eine Bedingung gelungener Selbstbestimmung. Täuschung und Wahn dienen der Selbstbestimmung nicht.[23]

Der Anspruch auf Wahrheit der Tatsachengrundlagen von politischen Entscheidungen liegt schon aus instrumentell-rationalen Gründen nahe. Man kann den Begriff der Wahrheit (und seine epistemologischen Äquivalente) mit verschiedenen gängigen theoretischen Vokabularen zum alten Eisen der Philosophie erklären und sich für einige kurze Momente im Gefühl der Überlegenheit über all diejenigen sonnen, die epistemologisch naiv die Möglichkeit wohlbegründeter Einsicht verteidigen. Der Moment des Hochgefühls vergeht aber schnell – denn die Dinge, wie sie wirklich sind (was immer wir davon verstehen mögen), haben die unangenehme Eigenschaft, sich nicht darum zu kümmern, was wir für Vorstellungen von ihnen haben und noch weniger um unsere Meinung, ob wir überhaupt zutreffende Vorstellungen über Dinge in der Welt haben können oder gar ihre Existenz bezweifeln müssen. Einen Kenner postmoderner Wahrheitskritik etwa werden seine Argumente für die Kontingenz aller Kriterien für die Annahme der Existenz des Covid-19-Virus und ihres Ursprungs in performativer, womöglich semantisch sublimierter Gewalt[24] nicht vor den Wirkungen der Existenz des Covid-19-Virus schützen. Der tastende Durchgriff menschlichen wissenschaftlichen Denkens auf die Struktur der Welt (wie begrenzt auch immer), der sich in der Wirksamkeit eines Impfstoffs ganz praktisch zeigt, widerlegt die Erzählung von der radikalen Kontingenz aller Erkenntnisansprüche – zum Glück auch für die Gesundheit der radikal Zweifelnden.

Der Anspruch auf Wahrheit der Aussagen in politischen Auseinandersetzungen und auf Richtigkeit der normativen Prinzipien, die entschei-

23 Zur epistemischen Lebenswelt der Demokratie *Mahlmann*, Demokratie im Notstand? Rechtliche und epistemische Bedingungen der Krisenresistenz der Demokratie, in: Walter (hrsg.), Staat und Gesellschaft in der Pandemie, VVDStRL 80, Berlin/Boston 2021, S. 91.

24 Vgl. zu derartigen Thesen nicht nur in Bezug auf Gerechtigkeitskriterien *Derrida*, Force of Law: The 'Mystical Foundation of Authority', in: Cornell/Rosenfeld/Gray Carlson (Hrsg.), Deconstruction and the Possibility of Justice, London/New York 1992 (zitiert als: *Derrida*, Force of Law).

dungsleitend sein sollen, hat aber auch mit der Idee der Demokratie als Respektskultur zu tun. Ethnopopulistische postfaktische Politik ist nicht nur langfristig gefährlich aufgrund der Unverfügbarkeit der Wirklichkeit, sondern verletzt auch den Respektanspruch von Menschen. Wen man belügt, verachtet man, weil man ihn als autonom denkendes Subjekt nicht ernst nimmt, sondern leichtfüssig für die eigenen Zwecke zu instrumentalisieren sucht. Gleiches gilt für normative Fragen – wenn man sich nicht gemeinsam auf den schwierigen Pfaden von Gründen auf die Suche nach reflexiv gerechtfertigten Normen macht, sondern andere in ihren normativen Überzeugungen manipulieren will, drückt man ebenfalls Verachtung für sie als selbstständig denkende, auch praktisch urteilsfähige Menschen aus.

Demokratie ist auch nicht, wie manchmal behauptet, aus anderen Gründen mit Skeptizismus oder positivistischem politischen Voluntarismus verbunden. Eine Demokratie überlässt zwar die politischen Entscheidungen dem offenen politischen Prozess. Schon damit ist aber keine skeptizistische Position notwendig verbunden, die jeden Begründetheitsanspruch politischer Entscheidungen verneint. Der offene politische Prozess ist vielmehr das beste Verfahren, mit der Vielfalt menschlicher Ansichten und Interessen, der Schwierigkeit vieler politischer Probleme und der Fallibilität eigener Überzeugungsbildungen umzugehen. Die demokratischen politischen Grundstrukturen selbst sind mit einem substantiellen erkenntnistheoretischen Richtigkeitsanspruch verbunden – der demokratische Prozess wird ja nicht selbst zum Gegenstand der Alltagspolitik gemacht, sondern legitimiert sie allein.[25] Dem epistemologischen Problem der Begründung der Legitimität der Demokratie kann man nicht entkommen.

---

25 Die Verbindung von Demokratie und Relativismus behaupten z.B. *Kelsen*, Wesen und Wert, S. 224 ff; *Radbruch*, Rechtsphilosophie, in: Kaufmann (Hrsg.), Gustav Radbruch Gesamtausgabe Bd. II, Heidelberg 1993, S. 214 betont die Bedeutung des Relativismus für die Demokratietheorie: „Denn der Relativismus ist die gedankliche Voraussetzung der Demokratie: sie lehnt es ab, sich mit einer bestimmten Auffassung zu identifizieren, ist vielmehr bereit, jede politische Auffassung, die sich die Mehrheit verschaffen konnte, die Führung im Staate zu überlassen, weil sie ein eindeutiges Kriterium für die Richtigkeit politischer Anschauungen nicht kennt, die Möglichkeit eines Standpunktes über den Parteien nicht anerkennt. Der Relativismus mit seiner Lehre, daß keine politische Auffassung beweisbar, keiner widerlegbar ist, ist geeignet, jener bei uns in politischen Kämpfen üblichen Selbstgerechtigkeit entgegenzuwirken, die beim Gegner nur Torheit oder Böswilligkeit sehen will: ist keine Parteiauffassung beweisbar, so ist jede Auffassung vom Standpunkt einer entgegengesetzten zu bekämpfen; ist aber auch keine widerlegbar, so ist jede auch vom Standpunkte der geg-

4. Verfassung und Demokratie

Die Idee der Verfassung verweist auf Demokratie, wie wir gesehen haben, weil Verfassungen geschaffen werden, um die autonome, gleiche politische Subjektivität von Menschen zu schützen. Die Idee der Demokratie führt aber auch zwangsläufig zum Begriff der Verfassung: Demokratie besteht nicht in einzelnen Akten der willkürlichen Entscheidung, sondern in einem auf Dauer gestellten Prozess der organisatorisch, staatsstrukturell gesicherten Möglichkeit politischer Selbstbestimmung. Dieses Ziel zu erreichen ist eine wesentliche Funktion der Verfassung, dem sie mit dem Schutz von Grundrechten, die einen offenen politischen Prozess absichern ebenso dient wie mit ihren Verfahren, Institutionen und Rechtsschutzmöglichkeiten. Wie wir schon angedeutet haben, kann man die Bedeutung von rechtsstaatlichen Verfassungsstrukturen für die Demokratie am Instrumentarium derjenigen ablesen, die demokratische Herrschaft unterminieren wollen und deswegen diese Strukturen politisch bedeutungslos machen wollen. Die „illiberale Demokratie" ist nicht nur illiberal, sie hört auch auf, eine Demokratie zu sein.

Die normative Wurzel der Demokratie sind Menschenrechte, am Ende die Idee menschlicher Würde, verstanden als Wertprädikat, das ausdrückt, das Menschen einen intrinsischen Wert besitzen und einen Selbstzweck bilden, die aufgrund von Gerechtigkeits- und Solidaritätspflichten ihren Schutz durch universale Rechte gebietet. Die Subjektstellung von Menschen verlangt, dass ihnen in demokratischen Strukturen der ihnen zukommenden Raum zur politischen Entfaltung gewährleistet wird.[26]

---

nerischen zu achten. So lehrt der Relativismus zugleich Entschiedenheit der eigenen und Gerechtigkeit gegen die fremde Stellungnahme." Diese Passage ist (wie übrigens auch *Kelsens* Verteidigung der Demokratie) ein Musterbeispiel für den anziehenden Ethos, der aus relativistischen Perspektiven wohl nicht gewonnen wird, sondern ihnen zugrunde liegt. Offensichtlich ist das Argument aber unhaltbar: Respekt und Achtung fremder Positionen ist keine Folge relativistischer Positionen, sondern eine gerade nicht relative normative Voraussetzung des aufgeklärten Umgangs mit Meinungsunterschieden aus Respekt vor den Personen und ihrem Denken. Wie wenig selbstverständlich eine solche Haltung des Respekts ist, wie sehr sie substantielle ethische Überzeugungen voraussetzt, haben die Nationalsozialisten auch Radbruch schon ein Jahr nach Erscheinen dieser Passage gelehrt. Die berühmten Äusserungen Radbruchs der Nachkriegszeit zu gesicherten Rechtserkenntnissen, etwa in Gestalt der Menschenrechte, unterstreichen dies.

26 Menschenrechte und Demokratie sind deshalb nicht „gleichursprünglich", wie *Habermas*, Faktizität und Geltung, Frankfurt/M 1992, S. 109 ff. meint. Das in der Würde

Menschenrechte sind rechtfertigungstheoretisch sehr anspruchsvolle und strukturell komplexe Phänomene. An Ende verweisen sie auf einen zentralen Kern: Sie drücken eine unübersehbare Bejahung des Sinns menschlicher Existenz aus. Jedes Leben einer Person mit seinen Irrtümern, Dummheiten, gelegentlichen hellen Momenten der Einsicht und seltenen Augenblicken guter und gerechter Handlungen ist es wert, in seinem Dasein und seinen Entfaltungsmöglichkeiten, um seiner selbst willen geschützt zu werden. Andernfalls ist das ethische und rechtliche Projekt der Menschenrechte sinnlos – man muss keine Rechtsgüter wie Leben, körperliche Integrität oder Freiheit schützen, wenn das Wesen, für das diese Dinge Güter bilden, keinen Eigenwert hätte. Menschenrechte sind deshalb jenseits aller Rhetorik die radikale Gegenthese zur Idee der Wertlosigkeit von Menschen, ihrer Degradierung zum Material, das man zur Verfolgung anderer Zwecke nutzen kann.[27]

Demokratische Verfassungsstaaten werden deswegen gesellschaftstheoretisch nur unvollkommen verstanden, wenn man sie nicht nur historisch faktisch, sondern analytisch-legitimationstheoretisch als Produkt der bürgerlichen Revolutionen fasst und damit gleichzeitig historisch relativiert, womöglich gar mit Produktionsverhältnissen des Früh- und Spätkapitalismus kritisch oder affirmativ verbindet oder als Ausdruck eines vergänglichen Machtepistems der Neuzeit versteht. Ihre gesellschaftstheoretische Bedeutung ist von ganz anderer Art. Sie liegt zum einen in einer spezifischen, legitimen und funktional erfolgreichen Form der Organisation einer politischen Gemeinschaft, die wenig ernst zu nehmende Konkurrenten hat – jedenfalls scheinen etwa anarcho-syndikalistische Organisationsformen[28] oder kommunal gegliederte Rätesysteme[29] vielleicht einige Vorzüge, aber staatsorganisatorisch und demokratietheoretisch auch grosse Nachteile zu besitzen. Zum anderen bilden sie einen politisch-institutionellen Brückenkopf relevant gemachter, in der Wirklichkeit in verbindlichen Normen, Institutionen und sozialen Strukturen verkörperter Ideen der Freiheit, Gleichheit und Würde von Menschen. Sie bewahren ein wertvolles ethisches Reflexionsgut nicht nur als Idee, sondern als Strukturen und Leitlinien

der Menschen wurzelnde Recht auf autonome Selbstbestimmung ist der zentrale legitimationstheoretische Grund der Demokratie.

27 Ein zentraler Gehalt totalitärer Systeme ist nach *Arendt*, Elemente, S. 926, dass ihre Vernichtungspolitik die „Überflüssigkeit" von Menschen impliziere.

28 *Rocker*, Die Entscheidung des Abendlandes, Hamburg 1949. Zur Praxis während des Spanischen Bürgerkriegs vgl. *Orwell*, Hommage to Catalonia, London 2021.

29 *Arendt*, Über die Revolution, 7. Aufl., München 2019, S. 319 ff., S. 344 ff.

einer realen politischen Praxis.[30] Ihr axiologischer Kern ist deshalb ein Stachel im Fleisch von politischen Visionen, die die Freiheit, Gleichheit und Würde von Menschen angreifen oder jedenfalls für Schimären halten. Die praktische Wirksamkeit ist zweifellos begrenzt – verfassungsstaatliche Strukturen lassen viele soziale Bereiche, in denen Freiheit, Gleichheit und Würde keineswegs den Ton angeben, unberührt. Das nimmt dem Bereich, in dem diese Prinzipien immerhin herrschen, nichts von seiner Wichtigkeit. Gleichheit, Freiheit und Würde im verfassungsrechtlich bestimmten, demokratischen Raum schliesst die Verwirklichung dieser Ideen in anderen Bereichen nicht aus, sondern ist ihr Ausgangspunkt.

Mit diesen Bemerkungen zu den normativen Grundlagen der verfassten Demokratie, haben wir einen entscheidenden Schritt vorwärts gemacht, um die aufgeworfenen normativen Fragen zu klären und um die Bedeutung gerade des Strafrechts für die Idee der Demokratie zu erörtern.

IV. Normative Parameter des Strafrechts

1. Demokratiefernes Strafrecht?

Ist Strafrecht und seine Wissenschaft in einem nicht nur oberflächlichen Sinn demokratiefern, wie manchmal behauptet wird?[31] Bei der Reflexion

---

30 *Mahlmann,* Gerechtigkeit, S. 81 ff.

31 Dabei spielt im deutschen Diskurs die strafrechtliche Rechtsgutstheorie eine herausgehobene Rolle, wobei die Debatten insbesondere um die Inzest-Entscheidung des BVerfG 26.2.2008 – 2 BvR 392/07, BVerfGE 120, 124 kreisen. Zur Diskussion z.B. *K. F. Gärditz,* der der Rechtsgutstheorie eine „bildungsaristokratischen“ Haltung attestiert, die demokratische Kontingenz und gesetzgeberische Entscheidungsmacht durch Rechtsgeltung beanspruchende Einsichten der Rechtswissenschaft ersetzen wolle, *Gärditz,* Staat und Strafrechtspflege, Paderborn 2015 (zitiert: *Gärditz,* Staat); *ders.,* Demokratische Sonderstellung des Strafrechts?, in: Bäcker/Burchard (Hrsg.), Strafverfassungsrecht, Tübingen 2022 (zitiert: *Gärditz,* Sonderstellung), S 15 ff., S. 44; oder *Stuckenberg,* Rechtsgüterschutz als Grundvoraussetzung von Strafbarkeit, ZSTW 2017, 349 ff.; *Ambos,* Zur Zukunft der deutschen Strafrechtswissenschaft: Offenheit und diskursive Methodik statt selbstbewusster Provinzialität, in: Tiedeman et al. (Hrsg.), Die Verfassung moderner Strafrechtspflege, Baden-Baden 2016, S. 321 ff., S. 322 wendet sich gegen Rechtssysteme (wie in Deutschland), die durch ein „tendenziell demokratiefernes, aristokratisches Diskursmodell (…) geprägt sind, die also – zugespitzt ausgedrückt – einem demokratiefernen, abgehoben-theoretischen, mitunter sogar autoritären Diskurs frönen, der sich wenig um Verständlichkeit bemüht, weil er von der wissenschaftlichen Richtigkeit – mitunter sogar kulturellen Überle-

dieser Frage sollte in jedem Fall zwischen Strafrecht, Strafrechtsrechtsprechung und Strafrechtswissenschaft und weiter zwischen verschiedenen nationalen[32] und internationalen Diskursen[33] unterschieden werden, was nicht durchweg geschieht.

Die intensiv diskutierten Probleme der *Transitional Justice* und der spezifischen Rolle, die Strafrecht beim Aufbau von Demokratien spielen kann, illustrieren anschaulich die politische Bedeutung dieser Frage.[34] Das Entstehen und der Fortbestand einer demokratischen Kultur ist darauf angewiesen, dass ein Strafrechtssystem existiert, das keiner autokratischen Vergangenheit verpflichtet ist, rechtsstaatlichen Regeln folgt, Vertrauen gewinnt und den Grundprinzipien der demokratischen Verfassungsordnung

---

genheit – seiner ‚dogmatischen' Positionen überzeugt ist" und gegen die „Unverfügbarkeit bestimmter dogmatischer Kategorien", ebd., S. 336. Dagegen z.B. *Schünemann*, Über Strafrecht im demokratischen Rechtsstaat, das unverzichtbare Rationalitätsniveau seiner Dogmatik und die vorgeblich progressive Rückschrittspropaganda, ZIS 2016, 654 ff.; *Roxin/Greco*, StrafR AT I, § 2 Rn. 94e ff. Die Entscheidung zum selbstbestimmten Sterben BVerfG, 26.2.2020 – 2 BvR 2347/15, BVerfGE 153, 182 bildet einen interessanten Prüfstein für den Gehalt dieser Debatten. Vgl. zu Rechtsgütern aus verfassungsrechtlicher Sicht *Mahlmann*, Rechtsgüter: Stolpersteine des liberalen Verfassungsstaates?, in: Rosenau/Kunig/Kemal Yildiz (Hrsg.), Rechtsstaat und Strafrecht: Anforderungen und Anfechtungen, Tübingen 2021, S. 67 ff.

32 Der ambivalente Einfluss von bestimmten demokratischen Verfahren beispielsweise auf das US-amerikanische Strafrechtssystem wirft viele Fragen auf, die sich z.T. in Deutschland, Österreich oder der Schweiz aus institutionellen oder politischen Gründen nicht stellen. Die Diskussion ist heterogen, kontrovers und theoretisch ebenso wie politisch vielfältig und reicht von einer Kritik von Lösungen des Problems der Kriminalisierungsinflation und Überfüllung von Gefängnissen durch Mittel partizipativer Demokratie aufgrund von empirischer Forschung, *Rappaport*, Some Doubt About Democratizing Criminal Justice, The University of Chicago Law Review 87 (2020), 711, der Diskussion der Machtstellung von gewählten „prosecutors" in einem föderierten Strafrechtssystem, *Brown*, Free Market Criminal Justice, Oxford, 2016, S. 25 ff., bis zu einer neo-hegelianischen Strafrechtstheorie, die demokratisches Strafrecht der Rekonstruktion des spezifischen Ethos einer Gemeinschaft verpflichten will, *Kleinfeld*, Three Principles of Democratic Criminal Justice, Northwestern Law Review 111 (2017), 1455, um nur diese Beispiele zu nennen.

33 Die Konzipierung und Legitimation transnationaler Strafrechtsnormen sind der Gegenstand verzweigter Debatten, in denen gerade die demokratische Legitimation eine wichtige Rolle spielt, vgl. z.B. *Meyer*, Demokratieprinzip und Europäisches Strafrecht, Baden-Baden 2009; *ders.*, Strafrechtsgenese in internationalen Organisationen – Strukturen und Legitimationsvoraussetzungen strafrechtlicher Normbildungsprozesse in Mehrebenensystemen, Baden-Baden 2012.

34 Vgl. z.B. das Politikprogramm des UN High Comissioner for Human Rights, https://www.ohchr.org/en/transitional-justice (abgerufen am: 26.1.2023).

verpflichtet ist. Das ist nicht zuletzt eine Lehre der Analyse der Rolle der Justiz in der Weimarer Republik.

Für die These einer Demokratieferne des Strafrechts werden verschiedene Gründe angeführt, zu denen rechtshistorische, erkenntnis-, rechts- und demokratietheoretische gehören. Aus rechtshistorischer Perspektive trifft es zu, dass die Idee von Strafe und Strafrecht sowie wichtige strafrechtliche Grundvorstellungen in der Tat kein Kind von Zeiten sind, in denen Demokratie herrschte. Die Sanktionierung von bestimmten Verhaltensweisen aus normativen Gründen ist vermutlich sogar eine Konstante menschlicher, auch akephaler Gesellschaften. Diese historische Genealogie bildet aber aus verschiedenen Gründen keinen Anlass, Strafrecht eine spezifische Demokratieferne zu unterstellen.[35] Viele bis heute strukturbestimmende Rechtsbegriffe, -institute und -ideen wurden ausserhalb von demokratischen Strukturen geboren – wenig überraschender Weise, wenn man die kurze Zeit bedenkt, während deren solche Strukturen weltgeschichtlich überhaupt bestanden haben. Auch die Idee individueller Rechte ist kein Produkt demokratischer Zeitalter.[36] Das bildet aber keinen Grund, die Legitimität dieser Idee zu bezweifeln. Das wäre schon deswegen kurzsichtig, weil die Idee unveräusserlicher menschlicher Rechte dem politischen Projekt und der materialen Rechtfertigung der Demokratie unterliegt, wie wir gesehen haben.[37]

Deswegen muss es keineswegs verwundern, dass ausserhalb von demokratischen Herrschaftsformen Einsichten über die Grundlagen von Straf-

35 Vgl. z.B. *Gärditz*, Staat, S. 39 ff., der aber einräumt, dass „jede Rechtsordnung auf (rechts-)kulturell gewachsenen Beständen fußt", *ders.*, Sonderstellung, S. 21.

36 Klassische Beispiele aus der hochentwickelten Naturrechtstradition im Zusammenhang mit einer der wichtigsten Ereignisse der Menschheitsgeschichte, der Eroberung Amerikas durch Europäer und der Frage, ob auch die Menschen Amerikas Rechte hatten, bilden etwa *de Vitoria*, De Indis, in: Horst/Justenhoven/Stüben (Hrsg.), Vorlesungen II (Relectiones), Stuttgart 1997, S. 370 ff.; *de Las Casas*, De regia potestate, Notabile I, § I, 1, in: Rodríguez (Hrsg.), Obras Completas, Bd. 12, São Paolo 1990, S. 34, S. 36: „Nam libertas est ius insitum hominibus de necessitate et per se ab exordio rationalis naturae, et sic de iure naturalis". Vgl. dazu *Mahlmann*, Rechtsphilosophie und Rechtstheorie, 7. Aufl., Baden-Baden 2023 (zitiert als: *Mahlmann*, Rechtsphilosophie), § 3. Die Wurzeln der Idee ursprünglicher Rechte von Menschen reichen aber noch weiter zurück, auch hinter die Arbeiten der Kanonisten des Mittelalters, vgl. im Einzelnen, *Mahlmann*, Mind and Rights, S. 133 ff.

37 Die Begründung von Demokratie aus Rechten, wenn auch selektiv einer Minderheit gewährten, findet sich auch in der Auseinandersetzung um die „Isonomie" der athenischen Demokratie. Dazu *Vlastos*, Isonomia, The American Journal of Philology 74 (1953), 337 ff.

recht entwickelt wurden, die hartnäckig ihrer Ablösung trotzen. Ein gutes Beispiel ist Aristoteles' Zurechnungstheorie, die im Wesentlichen einige Kriterien formuliert hat, die auch heute Zurechnungsfragen theoretisch und praktisch bestimmen.[38] Man kann aber auch noch weiter zurück in die Geschichte gehen und etwa die Zurechnungskriterien der ältesten sumerischen oder babylonischen Rechtskodexe untersuchen – mit durchaus interessanten Ergebnissen zu (bei allen offensichtlichen Unterschieden) bleibenden Kontinuitäten der Rechtsreflexion,[39] die wichtige Fragen zur tieferen Erklärung des Ursprungs solcher Phänomene aufwerfen.[40]

Es ist zudem epistemologisch zu kurz gegriffen, bestimmte auch nach kritischer Reflektion wohlbegründete Annahmen zum Recht mit bestimmten unplausiblen Formen der Metaphysik zu identifizieren.[41] Der Begriff der Metaphysik ist zunächst einmal in hohem Masse klärungsbedürftig und zudem in keiner Weise grundsätzlich diskreditiert. Metaphysik geht nicht im durch Gründe nicht erschütterbaren reaktionären Vorurteilsset denkfauler Bevölkerungsgruppen auf. Im Gegenteil, selbst in der analytischen Philosophie, in der die schärfste Metaphysikkritik des letzten Jahrhunderts entwickelt wurde, hat es immer auch metaphysische Ansätze gegeben,[42] die in den letzten Jahrzehnten zudem Auftrieb gewonnen haben.[43] Wichtige Teile der modernen Wissenschaftstheorie halten es für unausweichlich zu akzeptieren, dass notwendig theoretische Annahmen bei der Wissen-

38 *Aristoteles*, Nicomachische Ethik, 1109 b ff.

39 Vgl. z.B. die zurechnungstheoretischen Implikationen der folgenden Passage aus dem Codex Hammurabi: "§ 244: If a man rents an ox or a donkey and a lion kills it in the open country, it is the owner's loss. § 245 If a man rents an ox and causes its death either by negligence or by physical abuse, he shall replace the ox with an ox of comparable value for the owner of the ox", *Roth*, Law Collections from Mesopotamia and Asia Minor, Atlanta 1997, S. 127.

40 Vgl. zum Beispiel Menschenrechte und ihren ethischen Vorläufern, *Mahlmann*, Mind and Rights.

41 Vgl. z.B. *Gärditz*, Staat, S. 42: „Dem Strafrecht, in idealistischen, vordemokratischen und antipositivistischen Traditionen tief verwurzelt, ist es hingegen nie wirklich gelungen, sich aus dem Griff der Metaphysik zu befreien. Es gründet auf Richtigkeitsannahmen, die dem positivem Recht vorgelagert sind, und markiert daher eine widerspenstige verfassungstheoretische Kontrastfläche zur modernen Rationalität institutioneller Rechtserzeugung."

42 Dies ist schon bei einem der Begründer der analytischen Philosophie der Fall: *Russell*, Our Knowledge of the External World, London 1959, S. 42 ff. (zitiert als: *Russel*, External World), zu nicht-empirischen Voraussetzungen der empirischen Theoriebildung.

43 Z.B. *Strawson*, Individuals: An Essay in Descriptive Metaphysics, London 1959; *Kripke*, Naming and Necessity, Cambridge MA 1980.

schaftsbildung gemacht werden müssen, die nicht auf empirischen Beobachtungen beruhen, weil sie die Möglichkeit der Theoriebildung aufgrund von empirischen Beobachtungen überhaupt erst ermöglichen. Dazu gehört beispielsweise aufgrund der Unterbestimmtheit von induktiven Schlüssen das Induktionsprinzip selbst.[44] Man mag diesen Ansätzen nicht zustimmen, mit einer spekulativen Metaphysik haben sie jedenfalls nichts zu tun. Entsprechend kann man den Anspruch von Aussagen einer normativen Theorie, begründet zu sein, nicht schon dadurch epistemologisch diskreditieren, dass er metaphysisch sei. Man muss vielmehr darlegen, warum er sachlich unberechtigt sei und dabei klären, welcher Begriff von Metaphysik der Kritik zugrunde liegt und warum eine Verbindung mit metaphysischen Annahmen, soweit sie bestehen, unzulässig sei. Das gilt für Annahmen der Ethik ebenso wie für solche der Rechtsphilosophie und selbstverständlich auch für die Strafrechtstheorie.

Bestimmte Thesen der normativen Theorie, die strafrechtlich ausbuchstabiert werden, z.B. zu den Voraussetzungen der Zurechnung, müssen zudem keineswegs den Wegen der modernen Metaphysik folgen, um einen epistemologisch respektablen Begründetheitsanspruch zu erheben. In keinem humanen Erkenntnisprojekt gibt es andere Ressourcen der Rechtfertigung von Aussagen als Gründe, die überzeugen. Auch die Relativitätstheorie hat nicht aufgrund von göttlicher Offenbarung und entsprechender Erleuchtung von Physikern und Physikerinnen eine grosse Anhängerschaft gewonnen.

Dass es nun etwa für Grundprinzipien des Strafrechts wie dem Schuldprinzip keine solche Gründe gäbe, die sich gegenüber kritischem Zweifel nicht aufgrund der Trägheit von Denkgewohnheiten, Ideologie, Parteilichkeit oder sonstiger theoretischer Scheuklappen, sondern aufgrund ihrer Überzeugungskraft durchsetzen, kann nicht ernsthaft behauptet werden.[45]

---

44 Vgl. z.B. *Russell*, External World, S. 42 ff., S. 226; *Goodman*, Fact, Fiction, Forecast, Cambridge MA 1983.

45 Um es an *Gärditz'* Bemerkungen, s.o. Fn. 41, zu illustrieren: Ein Strafrecht, das Sanktionen an einem Subjekt zurechenbare Intentionen und Handlungen knüpft, ist offensichtlich nicht ein Produkt einer idealistischen Metaphysik (was immer damit genau gemeint sein mag), sondern beruht auf plausiblen Annahmen zu den (komplexen) Bedingungen normativer Verantwortlichkeit von Subjekten. Es ist deshalb kein Wunder, dass bestimmte Zurechnungslehren eine „spezielle Stabilität" aufweisen können – im besten Fall aufgrund der guten Gründe, die für sie sprechen. Im Übrigen beruht auch Gärditz' Verteidigung eines voluntaristischen Positivismus auf „Richtigkeitsannahmen, die dem positiven Recht vorgelagert sind", z.B. dass nur in bestimmten Verfahren gesetztes Recht geltendes Recht sei, da diese Annahme selbst

Demokratische Entscheidungen in den dafür vorgesehenen Verfahren setzen solche Gründe voraus, denn sie streben ja ihrem Sinn nach an, gerechtfertigte Entscheidungen und nicht nur aus dem Nirgendwo stammende Willensäusserungen zu bilden.[46] Recht allgemein und gewiss nicht zuletzt Strafrecht kann keine Legitimität gewinnen, wenn es nicht kritisch bedachte Gründe für seine Inhalte gibt.[47] Demokratie besteht nicht nur in Willensathletik. Dass in Parlamenten häufig nicht gute Gründe, sondern Interessen und Machtpolitik den Gang der Dinge bestimmten, beweist nicht, dass es anders nicht besser wäre.

In einer Demokratie entscheidet die Mehrheit in den dafür vorgegebenen Verfahren, welche Regeln für Staat und Gesellschaft massgeblich sind. Offensichtlich bedeutet die Annahme, eine bestimmte normative Position sei begründet, nicht, dass sie schon deshalb geltendes Recht sei und Rechtsphilosophiekönige an Stelle des demokratisch legitimierten Gesetzgebers

---

nicht dem positiven Recht entstammt, sondern positives Recht als Recht überhaupt erst identifiziert. Gleiches gilt für die Auszeichnung von Verfahren, nicht materiellen Inhalten als Kern von Verfassungen, *Gärditz*, Sonderstellung, S. 35 f., die eine spezifische (strittige) normative These impliziert und erst recht für inhaltliche Stellungnahmen, etwa zum Schwangerschaftsabbruch, ebd., S. 30 f., die zeigen, wie wenig plausibel die Thesen von der „Vollpositivität", ebd., der Verfassung schon dann sind, wenn man nur die argumentative Praxis eines „Vollpositivisten" analysiert.

46 *Gärditz*, Staat, S. 85, formuliert unter Bezug auf R. Rorty: „Ein Strafrecht, das mehr sein will als ein auf dem verwesenden Kadaver des Idealismus vegetierender Saprophyt, muss sich auf den demokratischen Primat des Politischen gegenüber der Philosophie einlassen." Diese Aussage illustriert die Gefahr, politische Entscheidungen irrational zu mystifizieren. Politik kann von guten Gründen nur profitieren, wo immer man sie finden kann. Das ist gerade unter in Bezug auf Neigungen in der Demokratie zu Symbolpolitik wichtig. Diese Tendenzen tragen dazu bei „den expressiven, symbolischen und performativen Charakter politischer Aktivität gegenüber dem Raum öffentlicher, auf rationale Gründe gestützte Deliberation zu immunisieren. Die Frage der empirisch nachprüfbaren Wirksamkeit wird dann ebenso vernachlässigt wie die Frage nach der Verhältnismäßigkeit und der Rechtfertigung des damit verbundenen Eingriffs in die Freiheitsrechte", *Günther*, Demokratische Transformation des Strafrechts der Moderne, Rg 2020, 120 ff., 121. Diesen Entwicklungen kann durch inhaltliche Auseinandersetzung im Rahmen der demokratischen Öffentlichkeit, Verfahren und Institutionen begegnet werden, damit „symbolische Kriminalpolitik nicht zu einem Feindstrafrecht der Mehrheit gegen die Minderheit wird", ebd.

47 Auch führende Positivisten verteidigen keineswegs die These eines irgendwie bindungslosen Gesetzgebers. Vgl. z.B. klassisch *Hart*, Positivism and the Separation of Law and Morals, Harward Law Review 1958, 593 ff., 606 ff. Hart argumentiert hier für die Trennung von Recht, wie es ist, von Recht, wie es sein soll. Wenn geltendes Recht keine (klare) Lösung bereithalte, sollten Gerichte wie ein Gesetzgeber handeln, am besten orientiert an rationalen Gründen.

treten sollten. Dies für selbstverständlich zu halten, zwingt aber keineswegs, anzunehmen, dass Mehrheitsentscheidungen auch ein Wahrheitskriterium bildeten. Nichts spricht für Rousseaus These, dass der Ausgang einer Abstimmung beweise, dass die Minderheit sich geirrt habe.[48] Mehrheitsentscheidungen sind unverzichtbare Instrumente der Demokratie, Handlungsfähigkeit sicherzustellen, indem ein Mittel bestimmt wird, Entscheidungsprozesse in sinnvoller Frist demokratisch legitimiert abzuschliessen. Sie schaffen keine letzte Instanz zur Bestimmung des Wahrheitswertes von Aussagen und Theorien. Kritik auch an Mehrheitsentscheidungen bleibt deswegen möglich, was nicht unwichtig ist, weil solche Kritik, deren Ursprung im besten Fall gute Gründe sind, immerhin ein Lebenselixier der Demokratie bildet.[49]

Im Übrigen besitzen demokratische Verfassungsstaaten durch die Errichtung einer Grundrechtsordnung, die durch Verfassungsgerichtsbarkeit und internationalen gerichtlichen Grundrechtsschutz bewährt ist, ein Strukturelement, das Mehrheitsentscheidungen zur Sicherstellung der Grundrechte aller korrigieren kann. Die komplexen Entscheidungen, die dabei von Gerichten getroffen werden müssen, sollten weder sich noch der politischen Gemeinschaft theoriefreie axiologische Unschuld vortäuschen, sondern so transparent wie möglich Entscheidungen treffen, die kritischen Rechtfertigungsmassstäben standhalten, was ohne normative Theorie nicht gelingen kann.[50] Auch das Strafrecht muss sich den dabei entwickelten Rechtfertigungsmassstäben stellen, beispielsweise, aber gewiss nicht nur den Anforderungen des Verhältnismässigkeitsprinzips.[51]

---

48 *Rousseau*, Du Contract Social, Livre IV, Chapitre II, wobei allerdings Rousseaus Qualifikationen nicht vergessen werden sollten, etwa in Bezug auf den législateur, ebd., Livre II, Chapitre VII und die Verbindung der Mehrheit mit der volunté générale, ebd., Livre IV, Chapitre II.

49 Die kritische Funktion der Strafrechtswissenschaft betonen zu Recht *Roxin/Greco*, StrafR AT I, § 2 Rn. 94g. Dort auch eine Kritik der Vorstellung, Demokratie sei mit Relativismus verbunden, ebd. Rn. 94 f.

50 Vgl. zum Problem der Grundrechtstheorie und ihrer normativen Parameter *Mahlmann*, Elemente eine ethischen Grundrechtstheorie, Baden-Baden 2008.

51 Dazu z.B. *Brunhöber*, Grundrechtliche Sonderstellung des Strafrechts?, in: Bäcker/Burchard (hrsg.), Strafverfassungsrecht, Tübingen 2022, S. 53 ff.; *Nettesheim*, Verfassungsrechtliche Kriminalisierungspflichten und -grenzen, in: Bäcker/Burchard (hrsg.), Strafverfassungsrecht, Tübingen 2022, S. 93 ff., S. 130 ff. Die normativen Anforderungen an ein legitimes Strafrecht gehen nicht in den Implikationen eines ursprünglichen, vorkonstitutionellen Gesellschaftsvertrags auf, *Schünemann*, ZIS 2016, 654, 657, sondern müssen unabhängig von solchen Legitimationsfiguren begründet werden, weil diese selbst auf ihnen zugrunde liegende normative Prinzipien verwei-

2. Strafrecht und Repression

Wie wir eingangs bemerkt haben, bildet Strafrecht ein klassisches Mittel der politischen Unterdrückung. Es gibt Theorien und Analysen, die Strafrecht sogar notwendig mit illegitimer Repression verbinden. Derartige Theorien müssen nicht, können aber mit einer grundsätzlichen Kritik der Rechtsform verbunden werden: „Das Auge des Gesetzes sitzt im Gesicht der herrschenden Klasse", wie Ernst Bloch aus marxistischer Sicht formulierte.[52] Ähnliche Thesen klingen in bestimmten postmodernen Rechtsanalysen an, die Recht grundsätzlich als Gewaltform auffassen.[53] Solche Annahmen sind allerdings wenig plausibel, wie aus marxistischer Sicht z.B. auch Ernst Bloch betont hat. Seine Verteidigung der Menschenrechte aus marxistischer Sicht stellt die genannte These selbst in dem Zusammenhang, in dem sie aufgestellt wurde, fundamental in Frage, nachdem er die Lehren des stalinistischen und poststalinistischen Rechtsnihilismus verdaut hatte.[54]

Interessanter ist deshalb eine andere offensichtliche Schlussfolgerung aus der normativen Theorie von Demokratie und Verfassung und den Ideen der Freiheit, Gerechtigkeit und Würde, auf die sie hinführt: Diese Schlussfolgerung besteht in der Notwendigkeit von Kritik von Strafrechtsnormen und strafprozessrechtlichen Praktiken, die an diesen Massstäben gemessen illegitime politische Repression ermöglichen. Diese Kritik kann sich auf Strafrechtsnormen und politische Justiz in autoritären oder gar diktatorischen Systemen richten. Dies sind die in gewissem Sinne normativ einfachen Fälle. Dass die Bezeichnung des Krieges in der Ukraine als Krieg in Russland als Schwerkriminalität behandelt wird, wirft etwa keine schwierigen Bewertungsfragen auf.

Aber auch in Demokratien können Strafrechtsnormen die illegitime Begrenzung politischer Freiheit bedeuten oder sonst Grundwerten demokratischer Verfassungsstaaten widersprechen.

---

sen. Vgl. zu den normativen Grundlagen der Gesellschaftsvertragstheorie *Mahlmann*, Rechtsphilosophie, § 5. Die häufig betonte menschenrechtliche Bindung von Strafrecht unterstreicht nur die Bedeutung der normativen Theorie, die die legitime Entfaltung von Grund- und Menschenrechtsgehalten absichert, die Strafrecht prägen sollen. Vgl. z.B. zu menschenrechtlichen Durchbildung der Strafzumessung, *Summers*, Sentencing and Human Rights, Oxford 2022.

52 *Bloch*, Naturrecht und menschliche Würde, Frankfurt/M 1961, S. 206 (zitiert als: *Bloch*, Naturrecht).

53 Vgl. *Derrida*, Force of Law.

54 *Bloch*, Naturrecht.

Klassische Felder gehören zu den Gegenständen von Dauerdiskussionen im Strafrecht. Dazu zählt etwa die Kriminalisierung von Vorfeldgefahren bei der Bekämpfung von organisierter Kriminalität und Terrorismus. In der Schweiz hat es in diesem Problembereich vor nicht langer Zeit im Zuge der Reform der Terrorismusgesetzgebung eine Volksabstimmung gegeben.[55] Auch Überwachungsbefugnisse von Strafverfolgungsbehörden werden in diesem Zusammenhang diskutiert. Andere Beispiele liefert das Versammlungsstrafrecht oder der strafrechtliche Umgang mit zivilem Ungehorsam. In Deutschland ist etwa die Bedeutung des Gewaltbegriffs der Nötigung ein Klassiker der Auseinandersetzung.[56] In der Schweiz erregte das Tennisspiel in einer Credit Suisse Filiale nationale Aufmerksamkeit. Konnten sich die tennisspielenden Klimaaktivisten auf eine Rechtfertigung durch Notstand berufen? Eine erste Instanz bejahte dies sogar, nicht aber höhere Instanzen.[57] Wie ist es mit Wissenschaftlern, die sich mit Superkleber an Regierungsgebäuden befestigen? Von Klimawissenschaftlerinnen wurde durchaus prominent zu solchem zivilen Ungehorsam aufgerufen.[58] Dieser Fragenkomplex ist ein weiterer Grund, warum uns der Klimawandel vermutlich in Zukunft auch rechtlich zunehmend ins Schwitzen bringen wird.

55 Vgl. Bundesgesetz über polizeiliche Massnahmen zur Bekämpfung von Terrorismus (PMT), BBl 2020 7741, das z.B. in das Bundesgesetz vom 21. März 1997 über Massnahmen zur Wahrung der inneren Sicherheit (BWIS) (Stand am 1. Juni 2022), Art. 23e Abs. 2 eingefügt hat: „Als terroristische Aktivität gelten Bestrebungen zur Beeinflussung oder Veränderung der staatlichen Ordnung, die durch die Begehung oder Androhung von schweren Straftaten oder mit der Verbreitung von Furcht und Schrecken verwirklicht oder begünstigt werden sollen." Darauf gestützte präventivpolizeiliche Massnahmen sind strafbewehrt, Art. 29*a* BWIS. Der Regelungskomplex ist auch ein Beispiel für die Verzahnung von präventiver Polizeiarbeit und strafrechtlichen Repressionszielen.

56 Vgl. im Überblick zur schwankenden Rechtsprechung *Schönke/Schröder*, Vorbemerkungen zu den §§ 234 bis 241a Rn. 10b, c, § 240 Rn. 14 f., Rn. 15 ff.

57 Vgl. BGer 26.5.2021 – 6B_1295/2020.

58 *Capstick* et al., Civil disobedience by scientists helps press for urgent climate action, Nat. Clim. Chang. 12 (2022), 773 f., https://doi.org/10.1038/s41558-022-01461-y (abgerufen am 26.1.2023).

3. Strafrecht als Schutzinstrument der Demokratie

Unter dem Begriff der „wehrhaften Demokratie“ werden verschiedene Mechanismen des Schutzes einer Verfassung durch Recht diskutiert.[59] Zu diesem Instrumentarium gehören auch strafrechtliche Mittel, die dem Schutz von politischen Rechten und anderen Elementen einer demokratischen Kultur zu dienen bestimmt sind.[60]

Viele Rechtsordnungen enthalten spezialisierte Normen des Staats- und Verfassungsschutzes, die klassische Objekte der Kritik bilden, weil sie im Verdacht stehen, illegitime Machtstrukturen zu befestigen. Ob solche Regelungen grundsätzlich rechtlich und politisch sinnvoll sind, kann man gerade in den USA in der Auseinandersetzung um Trumps mögliche Rechtsbrüche überprüfen. Dabei geht es um einen Problemkomplex, den man als Verfassungskriminalität bezeichnen kann.[61] Eine ganze Reihe von Normen werden dabei in der Diskussion über die Bewertung seines Handelns und Unterlassens während des Sturms auf das Kapitol in Betracht gezogen.[62] Dafür, dass Verfassungskriminalität einer Qualität wie von Trumps Handeln verkörpert auch mit strafrechtlichen Mitteln beantwortet werden sollte, spricht vieles. Das Problem liegt deswegen wie so häufig im Detail der Würdigung der entsprechenden Normen und der durch sie geschützten Rechtsgüter. Der Schutz von staatlichen Symbolen wie Flaggen oder sonstigen Hoheitszeichen durch Strafrecht erscheint dabei etwa weniger naheliegend, als die strafrechtliche Sanktionierung von Kernelemente demokratischer Strukturen verletzender Verfassungskriminalität – bis hin zum Versuch einer Vielzahl von Akteuren, ein Wahlergebnis zu fälschen

---

59 *Loewenstein*, Militant Democracy and Fundamental Rights, The American Political Science Review 1937, 417 ff., 638 ff.

60 *Mahlmann*, Schutz, S. 211 ff.

61 Vgl. dazu *Mahlmann*, Das Pence-Trump-Problem – Mechanismen der Normbindung am Beispiel der Verfassungskriminalität (im Erscheinen).

62 Vgl. die strafrechtliche Würdigung im Final Report of the Select Committee to Investigate the January 6th Attack on the United States Capitol, 22 December 2022, https://www.govinfo.gov/content/pkg/GPO-J6-REPORT/pdf/GPO-J6-REPORT.pdf (abgerufen am 26.1.2023), S. 98 ff. zu „Obstruction of an Official Proceeding (18 U.S.C. § 1512(c))“; „Conspiracy to Defraud the United States (18 U.S.C. § 371)“; „Conspiracy to Make a False Statement (18 U.S.C. §§ 371, 1001)“; „“Incite,” “Assist” or “Aid and Comfort” an Insurrection (18 U.S.C. § 2383)“; Überprüfung von „Other Conspiracy Statutes (18 U.S.C. §§ 372 and 2384)“ und „concerns regarding possible obstruction of its investigation“, neben anderen Normverletzungen, etwa der internen Regeln des Repräsentantenhauses.

oder eines abgewählten Präsidenten, sich illegal als Staatsoberhaupt eines Verfassungsstaates zu inthronisieren.

Auch andere Strafrechtsnormen haben eine demokratieerhaltende Funktion. Man sollte vielleicht an eine Einsicht erinnern, die eine Binsenwahrheit bildet, aber nicht banal ist: Schon der Schutz von grundlegenden Rechtsgütern ist für demokratische Kulturen wichtig. Das gilt selbst für die Ur-Rechtsgüter Leben und körperliche Integrität: Eine, und zwar keine irgendwie selbstverständlich gesicherte Voraussetzung der Demokratie ist ja, dass diejenigen, die sich für Demokratie einsetzen, am Leben bleiben und zwar nicht nur überhaupt, sondern uneingeschüchtert und unverletzt am Leben bleiben. Das zeigen schon die Todesstatistiken von politisch und journalistisch arbeitenden Menschen in vielen Ländern. Auch die Verhältnisse in den USA sind hier aufschlussreich. Hat die Waffengewalt in den USA, ja schon die Tatsache der umfassenden Bewaffnung grosser Teile der Bevölkerung der USA nicht auch Folgen für die Demokratie? Was ist die Folge der Bemerkung des Senators Lindsey Graham, dass, wenn Trump verurteilt werde, „riots“, gewalttätige Unruhen zu befürchten seien? Einer Bemerkung, die er als Prognose, nicht als Drohung verstanden wissen wollte?[63]

In anderen Regelungsbereichen haben weitere strafrechtliche Normen demokratiefunktionale Wirkungsdimensionen: Straftatbestände, die dem Schutz der Persönlichkeit dienen, können etwa helfen, eine bestimmte Form des zivilen Umgangs zu erhalten – ein Effekt mit durchaus politischen Konsequenzen. Der Schutz vor der Verbreitung von Unwahrheiten über Personen kann demokratierelevant sein – im digitalen Zeitalter und seinen Beschleunigungs- und Verbreitungseffekten durch seine Medien eine vielleicht sogar besonders bedeutsame Schutzaufgabe des Strafrechts. Auch klassische Probleme wie die Kriminalisierung der Leugnung bestimmter historischer Tatsachen wie des Holocaust gewinnen in der Welt digitaler Medien eine neue Dimension. Gleiches gilt für *Hate Speech*, der in der digitalen Informationsumgebung ein neues Schädigungspotential besitzt.[64] Die Regulierung des Internets, womöglich auch mit den Mitteln des Strafrechts, ist deshalb zu einem Dauerbrenner der rechtspolitischen Diskussion geworden.

63 *Weisman*, Graham Predicts ‘Riots in the Streets’ if Trump Is Prosecuted, New York Times, 29.8.2022.

64 Vgl. aus der schweizerischen Rechtsprechung z.B. den Tweet „vielleicht brauchen wir wieder eine Kristallnacht (...) diesmal für Moscheen“, was zu einer Geldstrafe führte, BGer 4.11.2015 – 6B_627/2015.

Dieser Fragenkreis berührt das auch strafrechtlich verfolgte Ziel, die soziale Anerkennung der Gleichwertigkeit von Menschen, die Gleichbehandlungsansprüche von Menschen begründet, zu sichern. Die EU und in ihrer Folge die Mitgliedstaaten haben dazu ein differenziertes Regelungswerk erlassen, dass strafrechtliche Instrumente umfassen kann, aber nicht muss.[65] In der Schweiz gibt es wie auch in anderen Ländern ein strafrechtliches Diskriminierungsverbot.[66] Demokratie ist schwer vorstellbar ohne rechtlich gesicherte Inklusion von allen Menschen, unabhängig von bestimmten Merkmalen und Identitäten, die sie besitzen und wählen. Deswegen sind solche Normen auch demokratierelevant.

Die strafrechtliche Erfassung von Korruption betrifft eine weitere Bedrohung demokratischer Entscheidungsfindung, nicht nur, wenn es um das Handeln von Wählenden oder Mandatsträgern und -trägerinnen geht,[67] sondern auch in den vielen möglichen Grauzonen der Einflussnahme auf politische Entscheidungen nicht durch Argumente, sondern Geld.[68]

Die Liste lässt sich verlängern, wobei im Detail offensichtlich schwierige Fragen des Ob und Wie der Regulierung aufgeworfen werden. Dass Strafrecht aber eine vielfältige demokratieschützende Funktion erfüllen kann und muss, haben diese Beispiele deutlich gemacht. Diese Beispiele illustrieren gleichzeitig, dass normativen Prinzipien der Freiheit, Gleichheit und Würde von Menschen immer wieder als kritische Massstäbe herangezogen

65 Vgl. z.B. RL 2000/43/EG des Rates vom 29. Juni 2000 zur Anwendung des Gleichbehandlungsgrundsatzes ohne Unterschied der Rasse oder der ethnischen Herkunft, OJ L 180, 19.7.2000, S. 22 ff.; RL 2000/78/EG zur Festlegung eines allgemeinen Rahmens für die Verwirklichung der Gleichbehandlung in Beschäftigung und Beruf, OJ L 303, 2.12.2000, S. 16 ff.

66 Art. 261bis Abs. 5 CH-StGB.

67 Vgl. dazu z.B. § 108b D-StGB, (Wählerbestechung); § 108e D-StGB (Bestechung und Bestechlichkeit von Mandatsträgern).

68 Der BGH, Beschluss, StB 7–9/22 vom 5. Juli 2022, Rn. 70, hat in der sog. Maskenaffäre zu § 108e StGB-D festgehalten, dass eine etwaige Strafbarkeitslücke in Bezug auf das ausserparlamentarische Wirken von Mandatsträgern vom Gesetzgeber zu schliessen sei, nicht von Gerichten, „selbst wenn die hier zu beurteilenden Handlungen ähnlich strafwürdig erscheinen mögen wie das pönalisierte Verhalten". Vgl. a. Art. 322ter ff. CH-StGB. Vgl. als Beispiel internationaler Regulierungsabkommen Criminal Law Convention on Corruption, Strasbourg, 27.1.1999, CETS No. 173. In der Präambel wird betont "that corruption threatens the rule of law, democracy and human rights, undermines good governance, fairness and social justice, distorts competition, hinders economic development and endangers the stability of democratic institutions and the moral foundations of society". Zu den Vertragsstaaten gehören sowohl Deutschland als auch die Schweiz.

werden müssen, um die Frage zu beantworten, ob strafrechtliche Normen der anspruchsvollen Sache der Demokratie dienen oder nicht.

V. Die politisch-philosophische Anthropologie des Strafrechts

Nach diesen Klärungen zu den normativen Grundlagen von Strafrecht und Demokratie und ihren Konsequenzen für das Verständnis einer demokratienahen Strafrechtskonzeption und damit zur Erläuterung meiner zweiten These, soll nun noch eine weitere wichtige Dimension des Strafrechts angesprochen werden, die für unser Thema von Belang ist: Ein überzeugend konzipiertes Strafrecht impliziert schon in seinen Grundbegriffen eine bestimmte politisch-philosophische Anthropologie. Ihren Umrissen kann man sich auf verschiedenen Wegen nähern. Das Strafrecht verweist durch die normativen Gründe von Grundsätzen wie *nulla poena sine lege* etwa auf die zu bewahrende gleiche, würdebegründende Autonomie von Menschen als wesentlicher materialer Massstab legitimen Strafrechts. Die Unschuldsvermutung schafft kognitive Bürden der Beweislast, die im Strafverfahren ausbuchstabiert werden. Der Instanzenzug etabliert Mechanismen der Selbstkontrolle im Strafrechtssystem, die ebenfalls der Autonomie von Menschen dienen. Ein Prinzip wie die Unschuldsvermutung und die prozessuale Sicherung der Rechte von Beschuldigten nehmen sie als Subjekte ernst. Diese Normen und Grundsätze setzen dabei voraus, dass Menschen tatsächlich autonome Subjektivität geniessen. Lockerungen des *nulla poena* Satzes und des Rückwirkungsverbots im Lichte materialer ethischer Prinzipien, etwa verkörpert in den normativen Voraussetzungen der *Nürnberger Prozesse*, in Art. 7 Abs. 2 EMRK, in Spezialregelungen zum Befehlsnotstand im internationalen Strafrecht[69] oder in Deutschland in der Rspr. von BGH[70] und BVerfG[71]zu den Mauerschützen in unterschiedlicher Form konzipiert, setzen Menschen als moralisch urteils- und material orientierungsfähige Wesen voraus. Diese Normen und Rechtsprechungslinien implizieren, dass alle Menschen jedenfalls in bestimmten Fällen erkennen können, was Gerechtigkeit bedeutet, auch entgegen den Geboten positiven Rechts.

69 Art. 33 IStGH.

70 BGH 3.11.1992 – 5 StR 370/92, BGHSt 39, 1; BGH 25.3.1993 – 5 StR 418/92, 39, 168; BGH 20.3.1995 – 5 StR 111/94, BGHSt 41, 101.

71 BVerfG 24.10.1996 – 2 BvR 1851, 1853, 1875 und 1852/94, BVerfGE 95, 96 – Mauerschützen.

Strafrecht als Schuldstrafrecht bestätigt und vertieft diese anthropologischen Annahmen: Menschen werden als normativ einsichtsfähige Wesen angesehen, die sich aufgrund ihrer praktischen Urteilskraft selbst bestimmen können. Schuldstrafrecht setzt voraus, dass Menschen freie Subjekte sind, die nicht nur unter Prinzipien instrumenteller Rationalität stehen, feinere oder gröbere Egoismen pflegen, sondern sich normativ orientiert selbst bestimmen können. Die Realität einer differenzierten Welt moralisch relevanter Kategorien als Teil der natürlichen psychischen Konstitution menschlicher Subjekte ist die anthropologische Bedingung dieser Strafrechtskonzeption – z.B. besonders wichtig unterschiedliche subjektive, kognitive und voluntative Einstellungen zu Handlungen und ihren Folgen, die als Vorsatz und Fahrlässigkeitsformen in verschiedenen Rechtssystemen mit unterschiedlichen Nuancen, aber wesentlich ähnlich dogmatisch rekonstruiert werden. Dass diese subjektiven, fein differenzierten Haltungen und Zustände normativ relevant sind, wird weithin als unbestreitbar angesehen. Das ist historisch und rechtsvergleichend gesehen dabei keine einfach kontingente präkonstitutionelle Annahme, die vom demokratischen Gesetzgeber übernommen wurde, sondern erfasst eine notwendige Grundstruktur legitimen Strafrechts. Diese Beobachtung wirft die weitreichende Frage auf, ob es notwendige Eigenschaften von legitimem Recht gibt und was eigentlich der Ursprung dieser Notwendigkeit sein könnte.

Auch die Suche nach überzeugenden Strafzwecklehren, in all ihren Verästelungen und Varianten seit Platons Sanktionsbegründungen aus dem Grund der Prävention,[72] zeigt, dass Strafregime die straffälligen Personen als Subjekte ernst nehmen müssen, um legitim zu sein.

Es gibt in einigen Teilen der modernen Neurowissenschaften, die gerade im Strafrecht rezipiert werden, die These vom wissenschaftlich bewiesenen Ende der Idee menschlicher Freiheit.[73] Entsprechend wurden verschiedene Versuche unternommen, Strafrecht auch unter der Annahme der Determiniertheit menschlichen Wollens und Handelns etwa als sozialtechnologisches Normbekräftigungsinstrument zu rekonstruieren.[74] Diese Versuche scheitern aber schon an internen Widersprüchen, weil sie die Möglich-

72 *Platon*, Protagoras, 324 a, b; ders., Nomoi, 862 c, d, e, 863a. Für die Unbelehrbaren müsse aber die Todesstrafe verhängt werden.

73 Vgl. z.B. *Greene/Cohen*, For the Law, Neuroscience Changes Nothing and Everything, Phil. Trans. R. Soc. Lond. B. Biol. Sci. (2004) 359, 1775 ff.

74 Vgl. z.B. *Merkel*, Willensfreiheit und rechtliche Schuld: Eine strafrechtsphilosophische Untersuchung, Baden-Baden 2008.

keit von Entscheidung und Wahl (z.B. des Strafrechtsgesetzgebers) immer schon unterstellen. Es gibt auch keine guten Gründe, sich überhaupt auf die Suche einer kompatibilistischen Lösung des Problems zu begeben, denn der Beweis, dass menschliche Freiheit bestenfalls ein kognitives Epiphänomen sei, ist neurowissenschaftlich keineswegs erbracht.[75] Materiell ist ein kritischer Reflexion standhaltendes Strafrecht deswegen am Schutz der Rechte anderer orientiert, die als gleiche und freie, legitim sich selbstbestimmende Wesen verstanden werden.

VI. Strafrechtsreflexion als Ressource der demokratischen Lebenswelt

Es hat sich gezeigt, dass Strafrecht kein anthropologisch neutrales Gebiet ist. Dies gilt offensichtlich auch für die die Analyse von Demokratie und Verfassungsstaat. Die herausgearbeiteten Annahmen zur Existenzform der Menschen decken sich mit der politisch-philosophischen Anthropologie der Demokratie, der dritten hier vertretenen These. Denn Demokratie ist nicht denkbar ohne die Annahme der Urteilskraft, gerade auch der normativen, ethischen Urteilskraft von Menschen. Sie ist auch nicht denkbar, ohne die Vorstellung, dass sich Menschen entsprechend den im besten Fall reflexiv gesicherten Urteilsakten verhalten können und in einer differenzierten Welt normativer Vorstellungen, Prinzipien und Kategorien leben, wodurch sie zu freien Subjekten werden, die die Bürden der Verantwortung für ihr Handeln und Unterlassen im Kleinen und im Grossen schultern müssen. Demokratie ist an menschlicher Gleichheit, an der von allen in gleicher Weise geteilten humanen Existenzform orientiert, die die Grundlage für die Annahme des gleichen Wertes jedes menschlichen Lebens bildet, den auch das Strafrecht schützt.

Legitimes, kritisch-reflexiv gesichertes Strafrecht ist mithin wie Demokratie normativ an zentralen Elementen dessen orientiert, was Nietzsche voller Spott, Bosheit und Verachtung, die Herdenmoral seiner Zeit nannte, die sich in solchen Ideen des sklavischen Zwergengeistes wie gleichen Rechten, Demokratie oder repräsentativer Verfassung ausdrücke.[76]

Für Nietzsches Ideen des Übermenschen, die These, dass die Vielen den kulturschaffenden Wenigen dienen müssten, ja ihrem Wohlergehen sogar

75 Vgl. *Mahlmann*, Rechtsphilosophie, § 33.
76 Vgl. o. Fn. 16.

geopfert werden dürften,[77] spricht dabei offensichtlich normativ nichts, für eine egalitäre Kultur der Freiheit und Würde dagegen alles. Auch aus anthropologischer Sicht gilt nichts anderes: In den Grundelementen und -erfahrungen ihrer Existenz unterscheiden Menschen sich gerade nicht.

Nietzsche Kritik und ihre Rezeption, auch in der Gegenwart, erinnert uns aber daran, dass nichts an diesen Orientierungen selbstverständlich ist. Man kann beim notwendigen Versuch, den vielen Feinden der verfassungsstaatlichen Demokratie, die wir am Anfang in Erinnerung gerufen haben, entgegenzutreten also nicht einfach darauf rechnen, dass jedenfalls im politisch so wichtigen Territorium der Ideen dem Kampf um Demokratie und Verfassungsstaat keine Gefahr drohe.

Es ist von grosser Bedeutung, ausdauernd und selbstkritisch eigene Einschätzungen überprüfend zu fragen, welchen Massstäben ein demokratisch legitimiertes Strafrecht eigentlich genügen müsse. Eine demokratische Kultur stellt ein Reservoir an fundamentalen Prinzipien zur Verfügung, die helfen können, Strafrecht nach ihrem eigenen anziehenden Bilde zu formen und gegen illegitime Veränderungsversuche zu verteidigen. Wenn das Strafrecht in seinen Inhalten und seiner Anwendung diesen Prinzipen treu bleibt und an ihnen immer wieder kritisch gemessen wird, dient es aber gleichzeitig selbst der notwendigen Erneuerung der axiologischen Grundlagen der Demokratie als Teil der politischen Realität einer normativen Lebenswelt des Respekts vor autonomen Menschen, deren Leben einen gleichen intrinsischen Wert besitzt. Dies ist ein ermutigender Befund für alle, denen die Beschwörung von Gegenwelten wie etwa Nietzsches Anrufung des Übermenschen schal und fade schmeckt und jedes Loblied auf die gerechtfertigte Verachtung der „Herde“ wie eine am Ende doch sehr peinliche narzisstische Selbsterhöhungsphantasie verstörend in den Ohren klingt, weil ihr Herz an einer freien und egalitären Lebenswelt des sichtbar gezollten Respekts der Menschen voreinander hängt. Er bildet einen Ausgangspunkt für politisches Handeln, dessen es zur Verteidigung von Demokratie und Rechtsstaat auch mit den Mitteln des Strafrechts dringend bedarf.

77 Vgl. z.B. *Nietzsche*, Jenseits von Gut und Böse, Aphorismus 61, S. 79, zu den „gewöhnlichen Menschen endlich, den Allermeisten, welche zum Dienen und zum allgemeinen Nutzen dasind und nur insofern dasein dürfen“ (Herv. i. Org.); *ders.*, Also Sprach Zarathustra, Kritische Studienausgabe Bd. 4, München 1999, S. 55.

Matthias Mahlmann, Prof. Dr. iur. | Ordentlicher Professor für Philosophie und Theorie des Rechts, Rechtssoziologie und Internationales Öffentliches Recht an der Universität Zürich.

Extradition et droit à un procès équitable : la pratique suisse face à l'hésitante confiance mutuelle au sein de l'Union européenne

Francesca Bonzanigo & Maria Ludwiczak Glassey, Genève

I. Introduction

La démocratie, en particulier sa composante liée à l'État de droit, est une condition indispensable à l'octroi de l'extradition par la Suisse. Se traduisant dans les droits fondamentaux des particuliers par la garantie de l'accès à un tribunal indépendant et impartial, son absence peut constituer un motif de refus au sens de l'art. 2 let. a de la Loi fédérale sur l'entraide internationale en matière pénale (EIMP)[1]. Il en va de même au sein de l'Union européenne dans laquelle prévaut une coopération rapprochée entre les États membres, fondée sur le principe de la confiance mutuelle. En effet, depuis 2018, la Cour de justice de l'Union européenne (CJUE) admet qu'un État membre puisse refuser d'exécuter un mandat d'arrêt européen émis par un autre État membre lorsqu'existe un risque de violation du droit à un accès à un tribunal indépendant et impartial[2]. Voisine de cet espace de confiance et coopération rapprochée, la Suisse semble avancer en vase clos dans le domaine de l'extradition, sans prendre en considération le vent de méfiance qui souffle au sein de l'Union européenne à l'égard de certains États.

Après un bref rappel sur le contenu du droit d'accès à un tribunal indépendant et impartial tel que garanti par la Convention de sauvegarde des droits de l'homme et des libertés fondamentales (CEDH) (II), nous présenterons les évolutions récentes relatives au mandat d'arrêt européen et les motifs de sa non-exécution à l'aune du risque d'un traitement contraire aux droits fondamentaux dans l'État d'émission du mandat (III). Enfin, nous analyserons la pratique suisse d'extradition, avec un regard particulier sur l'influence (ou son absence) de la jurisprudence de l'Union européenne (IV).

1 RS 351.1.
2 CJUE 25.7.2018 – C-216/18 PPU (LM).

II. L'accès à un tribunal indépendant et impartial

Un procès équitable, tel que garanti par l'art. 6 CEDH, implique, entre autres garanties procédurales, la possibilité pour la personne d'accéder à un tribunal indépendant et impartial. Bien que l'indépendance et l'impartialité soient deux caractéristiques distinctes que doit présenter le tribunal, la Cour européenne des droits de l'homme (CourEDH) les analyse conjointement[3]. En effet, procéder à une distinction claire entre indépendance et impartialité peut s'avérer difficile, ces deux caractéristiques étant étroitement liées.

D'après la CourEDH, l'indépendance d'un tribunal s'évalue en fonction du mode de désignation et de la durée du mandat de ses membres, de l'existence d'une protection contre les pressions extérieures, mais aussi par le fait de savoir s'il y a ou non, une apparence d'indépendance[4]. C'est en particulier à l'égard des autres pouvoirs de l'État, les pouvoirs exécutif et législatif, qu'il est fondamental que le tribunal soit indépendant, non seulement dans les faits, mais aussi en apparence[5]. Quant à l'impartialité, elle revêt aussi bien une composante subjective qu'objective[6]. L'impartialité subjective est présumée et il appartient à la personne qui prétend qu'elle fait défaut de le démontrer[7]. L'impartialité objective se réfère, de manière similaire à l'un des critères utilisés pour juger de l'indépendance, à l'apparence de partialité qui peut résulter de certains faits vérifiables[8].

L'accès à un tribunal indépendant et impartial, au-delà de constituer une garantie minimale de procédure, est une composante de la séparation des pouvoirs[9]. Il s'agit d'une garantie illustrant très clairement la manière dont certaines valeurs démocratiques se traduisent dans les droits fondamentaux des particuliers[10]. Cette synergie entre droits fondamentaux, d'une

---

3 Voir notamment CourEDH 25.2.1995 – n° 22107/93 (Findlay c. Royaume-Uni), § 73.

4 CourEDH 22.11.1995 – n° 19178/91 (Bryan c. Royaume-Uni), § 37 ; CourEDH 25.2.1995 – n° 22107/93 (Findlay c. Royaume-Uni), § 73.

5 *Jeanneret/Kuhn*, Précis de procédure pénale, 2e éd., Berne, 2018, N 4010. Voir aussi *Hänni*, Unabhängigkeit der Gerichte – worum geht`es? Im Lichte der Rechsprechung des Bundesgerichts und unter Berücksichtigung der EMRK, RDS 2022, 551, 566.

6 Entre autres, CourEDH 25.6.1992 – n° 13778/88 (Thorgeirson c. Islande), § 49.

7 CourEDH 20.5.1996 – n° 22399/93 (Pullar c. Royaume-Uni), §§ 31 s.

8 CourEDH 25.6.1992 – n° 13778/88 (Thorgeirson c. Islande), § 51 ; CourEDH 24.2.1993 – n° 14396/88 (Fey c. Autriche), § 30.

9 *Verniory*, in : CR CPP art. 4 N 10; *Wiprächtiger*, in : BSK StPO art. 4 N 3; voir aussi *Jeanneret/Kuhn*, N 4010. À ce sujet voir aussi *Hänni*, RDS 2022, 551.

10 À ce sujet voir *Zünd*, Rechtsstaat und Menschenrechte, RDS 2022, 497.

part, et valeurs démocratiques, d'autre part, peut s'avérer délicate pour les tribunaux qui devront prendre en considération des éléments de nature politique dans leurs analyses juridiques. Cette difficulté est d'autant plus accentuée en matière de coopération internationale puisque ces aspects de nature politique concernent un État tiers. De ce fait, la décision des tribunaux est susceptible d'avoir des conséquences importantes sur les relations interétatiques[11].

III. Droit à un procès équitable et motifs de non-exécution du mandat d'arrêt européen

1. Le principe

Fondé sur le principe de la confiance mutuelle et concrétisant son corollaire de la reconnaissance mutuelle[12], le système de remise de personnes prévalant entre les États membres de l'Union européenne s'écarte du système classique de l'extradition tel qu'il existe en Suisse. Depuis 2002, les États membres de l'Union européenne se remettent réciproquement les personnes recherchées sur la base du mandat d'arrêt européen. Le mandat d'arrêt européen permet d'engager une procédure simplifiée de remise. Il prend la forme d'une décision judiciaire émise par un État membre en vue de l'arrestation et de la remise d'une personne recherchée par un autre État membre pour l'exercice de poursuites pénales ou l'exécution d'une peine ou d'une mesure privative de liberté.

Ce système de coopération rapprochée se caractérise en particulier par une liste exhaustive des motifs de non-exécution, ressortant des art. 3 (motifs de non-exécution obligatoire) et 4 (motifs de non-exécution facultative) de la décision-cadre du conseil du 13 juin 2002 relative au mandat d'arrêt européen et aux procédures de remise entre États membres (décision-cadre

---

11 Voir à cet égard *Polemans*, Etat de droit et mandat d'arrêt européen : quel rôle pour la Cour de justice ?, 26.10.2018, disponible sur http://www.gdr-elsj.eu/2018/10/26/informations-generales/etat-de-droit-et-mandat-darret-europeen-quel-role-pour-la-cour-de-justice/ (dernière consultation le 09.01.2023), qui relève les difficultés rencontrées par la CJUE lorsqu'elle s'est prononcée sur l'affaire LM le 25.7.2018.

12 Décision-cadre du conseil du 13.6.2002 relative au mandat d'arrêt européen et aux procédures de remise entre États membres, 2002/584/JAI, c. 6.

2002)[13]. L'on peut relever à titre d'exemple en particulier le motif de refus découlant de la garantie *ne bis in idem* (art. 3 ch. 2 décision-cadre 2002), ou encore celui lié à l'âge de la personne pour lequel elle serait pénalement irresponsable dans l'État d'exécution (art. 3 ch. 3 décision-cadre 2002). Le risque de violation des droits fondamentaux dans l'État d'émission du mandat n'est pas mentionné parmi les motifs de non-exécution exhaustivement énumérés dans la décision-cadre 2002. En effet, dans un espace gouverné par la confiance mutuelle, il convient de partir du principe que les États membres respectent le droit de l'Union, en particulier les droits fondamentaux qui y sont reconnus[14]. À défaut de figurer dans la liste, le risque de violation des droits fondamentaux dans l'État d'émission ne constitue donc pas, en tant que tel, un motif de non-exécution du mandat d'arrêt européen[15].

2. L'exception

Depuis 2016, la CJUE est confrontée à la délicate question tendant à savoir si un État membre peut refuser d'exécuter le mandat d'arrêt européen émis par un autre État membre, dans lequel existe un risque de violation des droits fondamentaux de la personne concernée. Face à cette question, deux grands principes de l'Union européenne sont en tension : l'obligation pour les États membres de respecter les droits fondamentaux reconnus par le droit de l'Union d'une part, et le principe de la confiance mutuelle, nécessaire au bon fonctionnement de l'espace de liberté, sécurité et justice communes qu'elle institue, d'autre part[16].

L'affaire Aranyosi et Căldăraru a apporté les premiers éléments de réponse s'agissant de la possibilité de refuser l'exécution du mandat d'arrêt européen en raison d'un risque de violation des droits fondamentaux de

13 Décision-cadre du conseil du 13.6.2002 relative au mandat d'arrêt européen et aux procédures de remise entre États membres, 2002/584/JAI.

14 CJUE 18.12.2014 – Avis 2/13, § 191 ; CJUE 10.11.2016 – C-452/16 PPU (Poltorak), § 26. Voir aussi *Asi Efrat*, Assessing mutual trust among EU members : evidence from the European Arrest Warrant, Journal of European Public Policy 2019, 656, 658.

15 En ce sens CJUE 16.7.2015 – C-237/15 PPU (Lanigan), § 36 ; CJUE 5.4.2016 – C-404/15 + C-659/15 PPU (Aranyosi et Căldăraru), § 80.

16 À ce propos, voir *Szilàrd Gàspàr-Szilàgwi*, Joined Cases Aranyosi and Căldăraru : Converging Human Rights, Mutual Trust and a New Ground for Postponing a European Arrest Warrant, European Journal of Crime, Criminal Law and Criminal Justice 2016, 197, 209 ss.

la personne concernée dans l'État membre d'émission. Saisie par le Tribunal supérieur de Hambourg avec une question préjudicielle concernant la suite à donner à des mandats d'arrêts européens émis respectivement par la Hongrie et la Roumanie, toutes deux condamnés par la CourEDH en raison des conditions précaires dans leur système carcéral[17], la CJUE a décidé que des limitations aux principes de reconnaissance et de confiance mutuelles pouvaient être apportées dans des « circonstances exceptionnelles »[18]. Or, le risque d'un traitement dégradant et inhumain, contraire à l'art. 4 de la Charte des droits fondamentaux de l'Union européenne que l'art. 1 par. 3 de la décision-cadre 2002 commande de respecter, constitue une telle circonstance exceptionnelle[19]. Afin de déterminer s'il y a lieu de retenir l'existence de cette circonstance exceptionnelle, la CJUE exige de l'autorité d'exécution un examen en deux étapes. Dans une première étape, l'autorité d'exécution doit déterminer s'il existe des défaillances systémiques ou généralisées s'agissant du respect des droits fondamentaux dans l'État d'émission, permettant de retenir, cas échéant, l'existence d'un risque de traitement dégradant et inhumain[20]. Dans une deuxième étape, elle doit procéder à un examen du cas concret afin d'évaluer si la personne concernée courra elle-même le risque constaté en cas de remise[21]. Une situation de défaillance générale ne saurait suffire à elle seule pour refuser d'exécuter le mandat d'arrêt européen[22].

Des précisions aux contours de l'analyse tendant à évaluer l'existence d'une circonstance exceptionnelle ont été apportées par la CJUE en 2018 et 2020. Répondant à des questions préjudicielles sur la suite à donner à des mandats d'arrêt européens émis par la Pologne[23], la CJUE a d'abord confirmé que le risque de violation du droit à un accès à un tribunal indépendant et impartial peut aussi constituer une circonstance exceptionnelle permet-

---

17 Pour la Hongrie, voir notamment CourEDH 10.3.2015 – n^{os}14097/12 + 45135/12 + 73712/12 + 34001/13 + 44055/13 + 64586/13 (Varga et autres c. Hongrie). Pour la Roumanie, voir notamment CourEDH 24.7.2012 – n° 35972/05 (Iacov Stanciu c. Roumanie).

18 CJUE 5.4.2016 – C-404/15 + C-659/15 PPU (Aranyosi et Căldăraru), § 82.

19 CJUE 5.4.2016 – C-404/15 + C-659/15 PPU (Aranyosi et Căldăraru), § 88.

20 CJUE 5.4.2016 – C-404/15 + C-659/15 PPU (Aranyosi et Căldăraru), § 89.

21 CJUE 5.4.2016 – C-404/15 + C-659/15 PPU (Aranyosi et Căldăraru), § 92.

22 CJUE 5.4.2016 – C-404/15 + C-659/15 PPU (Aranyosi et Căldăraru), § 91.

23 Sur les réformes législatives en Pologne et leur conséquence quant à la garantie d'indépendance des juridictions, voir *Maiani*, L'Union européenne face au défi de la « démocratie illibérale », RDS 2022, 535, 540. Voir aussi de manière plus générale et relevant certaines décisions de la CourEDH à cet égard, *Zünd*, RDS 2022, 497, 510.

tant de ne pas exécuter le mandat d'arrêt européen[24]. Elle a ensuite ajouté que l'examen en deux étapes, développé dans l'affaire Aranyosi et Căldăraru, s'applique également lorsque les défaillances systémiques constatées sont liées au non-respect de l'État de droit par l'État d'émission[25]. À cet égard, la juridiction de renvoi considérait que dans de telles circonstances, l'État d'émission ne pouvait pas garantir la conduite d'un procès équitable justement en raison des défaillances constatées, de sorte qu'un examen du cas concret n'était pas nécessaire[26]. Ce raisonnement n'a pas été suivi par la CJUE. Enfin, elle a considéré qu'une présomption de l'existence d'un risque concret de violation des droits fondamentaux de la personne concernée ne découle pas directement de la constatation de défaillances systémiques ou généralisées concernant l'indépendance du pouvoir judiciaire de l'État membre d'émission[27].

Ainsi, le principe de la reconnaissance mutuelle, fondement du système du mandat d'arrêt européen, n'empêche pas l'État d'exécution de vérifier que les droits fondamentaux des personnes concernées sont bien respectés dans l'État d'émission. Lorsqu'existent des doutes à cet égard, l'État d'exécution pourra solliciter des « informations complémentaires » auprès de l'État d'émission pour l'évaluation de la situation, en application de l'art. 15 par. 2 de la décision-cadre 2002[28]. En l'état, la jurisprudence de la CJUE révèle que les États membres doutent du respect de certains droits fondamentaux en particulier en Pologne, en Hongrie et en Roumanie.

IV. Respect des droits fondamentaux et refus de l'extradition par la Suisse

1. En général

Les droits de procédure pénale garantis par les conventions internationales relatives aux droits de l'homme ne s'appliquent pas en tant que tels dans la procédure d'extradition suisse. Celle-ci est de nature administrative, ne constitue pas une accusation en matière pénale et ne porte pas non plus

---

24 CJUE 25.7.2018 – C-216/18 PPU (LM), § 47 ss.
25 CJUE 25.7.2018 – C-216/18 PPU (LM), § 69 ss.
26 CJUE 25.7.2018 – C-216/18 PPU (LM), § 24.
27 CJUE 17.12.2020 – C-354/20 PPU + C-412/20 PPU (L et P), § 59.
28 CJUE 25.7.2018 – C-216/18 PPU (LM), § 76 ss ; CJUE 5.4.2016 – C-404/15 + C-659/15 PPU (Aranyosi et Căldăraru), § 95 ss ; CJUE 17.12.2020 – C-354/20 PPU + C-412/20 PPU (L et P), § 55.

sur des contestations sur des droits et obligations de nature civile au sens de l'art. 6 par. 1 CEDH[29]. En revanche, le respect des droits fondamentaux dans l'État requérant apparaît comme une condition indispensable à l'octroi de l'extradition. En effet, l'art. 2 let. a EIMP dispose que la demande de coopération en matière pénale est irrecevable si la procédure à l'étranger ne respecte pas les droits de procédure garantis par la CEDH ou le Pacte ONU II. Le non-respect des droits de procédure garantis par ces instruments internationaux constitue donc un motif de refus de l'extradition.

L'examen des motifs de refus de l'art. 2 let. a EIMP appelle une analyse délicate pour le juge de l'entraide devant statuer sur le recours d'une personne qui s'oppose à son extradition. La jurisprudence rappelle régulièrement qu'il implique un jugement de valeur porté sur les affaires internes de l'État requérant, en particulier son régime politique, ses institutions, sa conception des droits fondamentaux, leur respect effectif, mais aussi l'indépendance et l'impartialité du pouvoir judiciaire[30]. Par conséquent, le juge doit faire preuve d'une « prudence particulière » lorsqu'il se prête à cette analyse[31]. Alors que l'autorité d'exécution de l'entraide analyse d'office si des motifs de refus tirés de l'art. 2 EIMP empêchent l'extradition, le juge ne le fait en principe que si ce grief est soulevé par le recourant[32]. Depuis l'offensive militaire de février 2022 menée par la Russie en Ukraine, le Tribunal pénal fédéral a apporté une exception à ce principe : lorsqu'existe un changement substantiel de la situation diplomatique et politico-juridique, un contrôle d'office des motifs de refus de l'art. 2 EIMP par le juge de l'entraide s'impose[33].

Afin de déterminer si l'extradition doit être refusée en raison d'un risque de violation des droits fondamentaux, le juge suisse procède à un examen en deux étapes, similaire à celui qu'exige la CJUE des États membres de l'Union[34]. Dans un premier temps, il s'agira de déterminer si l'État requérant est en proie à des défaillances systémiques qui attestent d'une situation générale préoccupante relative aux droits humains. Ces défaillances systémiques sont généralement déduites de l'analyse des rapports d'or-

29 Entre autres, TPF RR.2021.49 du 3.8.2022 c. 2.1. Voir aussi *Zimmermann*, La coopération judiciaire internationale en matière pénale, 5e éd., Berne, 2019, N 225.

30 ATF 123 II 511 c. 5b ; ATF 123 II 161 c. 6b ; ATF 111 Ib 138 c. 4. Voir plus récemment aussi TF 1C_349/2022 du 30.08.2022 c. 2.2.

31 ATF 123 II 511 c. 5b.

32 TPF RR.2021.91 du 13.05.2022 c. 3.2.2.

33 TPF RR.2021.76 du 30.08.2022c. 4.2 ; TPF RR.2021.91 du 13.05.2022 c. 3.2.3.

34 Voir *supra* III. 2.

ganisations non gouvernementales (ONG)[35] ainsi que des condamnations prononcées par la CourEDH à l'encontre de l'État requérant[36]. Une telle situation générale dans l'État requérant n'étant pas à elle seule suffisante pour refuser l'extradition[37], il est, dans un deuxième temps, exigé de la personne concernée qu'elle démontre l'existence d'un risque sérieux et objectif d'une violation des droits fondamentaux qui est susceptible de la toucher de manière concrète[38]. Seule une approche personnelle venant compléter l'analyse globale peut justifier le refus de l'extradition.

Afin de favoriser la coopération internationale et éviter que des personnes demeurent impunies en se réfugiant sur le territoire de l'État requis, le juge de l'entraide ne refusera pas nécessairement l'extradition lorsqu'existe un risque sérieux et concret de violation des droits fondamentaux dans l'État requérant. En effet, un outil fréquemment utilisé par les autorités suisses, découlant de l'art. 80*p* EIMP[39], vient s'ajouter à l'analyse : les garanties diplomatiques. Lorsque le risque de violation des droits fondamentaux peut être pallié par la fourniture de garanties diplomatiques préalablement à l'extradition, celle-ci sera accordée nonobstant le risque constaté[40]. C'est ainsi que la jurisprudence retient que la fourniture de garanties diplomatiques peut être de nature à éliminer le risque d'une violation des droits fondamentaux de la personne concernée, ou de le réduire à tel point qu'il n'apparaît que théorique[41].

Les expériences passées et le comportement de l'État requérant à l'égard des garanties diplomatiques peuvent être déterminants pour évaluer leur aptitude à atteindre le but visé. En effet, le système de garanties diplomatiques se fonde sur le principe de la confiance internationale[42]. Si celle-ci est

35 Voir notamment ATF 148 IV 314 c. 4.3 ; TF 1A.149/2004 du 20.07.2004 c. 4.1.

36 Par exemple TPF RR.2019.222 du 9 octobre 2019 c. 4.1 ss.

37 TPF 2012 144 c. 5.1.1 ; TPF RR.2020.23 + RR.2020.49 du 7.4.2020 c. 9.2.1. Vois aussi *Charrière*, Extradition et garanties diplomatiques : examen de la pratique suisse, en particulier lorsque l'extradable a été jugé par défaut dans l'Etat requérant, PJA 2016, 879, 881 ; *Zimmermann*, N 683.

38 ATF 129 II 268 c. 6.1 ; ATF 123 II 161 c. 6b.

39 ATF 123 II 511 c. 4. Voir à cet égard aussi *Wehrenberg/Bernhard*, Auslieferung trotz kritischer Menschenrechtslage – Einhaltung von Menschenrechten durch diplomatischen Garantien ?, Jusletter 21.4.2008, N 10 ss.

40 Entre autres, ATF 134 IV 156 c. 6.7 ; ATF 148 IV 314 c. 3 ; TPF 2010 56 c. 6.3.2 ; *Wehrenberg/Bernhard*, Jusletter 24.4.2008, N 8.

41 ATF 134 IV 156 c. 6.7 ; TPF RR.2011.115 du 6.7.2011 c. 6.1.2.

42 En ce sens et critique à cet égard, *Harbour*, *in* Address by Louise Harbour, UN High Commissioner for Human Rights at Chatham House and the British Institute

présumée dans les relations interétatiques, des éventuelles violations passées par l'État requérant des engagements internationaux qu'il aurait pris peuvent être de nature à renverser cette présomption. C'est ainsi que dans une affaire concernant une extradition à la Russie, la personne concernée relevait le fait que la Russie n'avait pas respecté les garanties diplomatiques données aux États-Unis à la suite de l'extradition de détenus de Guantanamo[43]. Cependant, le Tribunal fédéral a retenu que ce cas était particulier puisqu'il concernait le domaine du terrorisme. En revanche, les infractions reprochées au recourant dans le cas d'espèce concernaient le domaine du droit pénal économique, de sorte que cette violation passée ne pouvait pas mettre en doute l'aptitude de la Russie à fournir des garanties diplomatiques[44]. Il a ensuite relevé que la Suisse a, quant à elle, de nombreuses fois accordé l'extradition à la Russie moyennant la fourniture de garanties, sans qu'aucune violation ne soit constatée. Partant, la fourniture de garanties diplomatiques préalablement à l'extradition était propre à pallier le risque d'une violation des droits fondamentaux de la personne concernée[45].

Si les garanties diplomatiques sont principalement utilisées pour pallier un risque de traitements inhumains ou dégradants, en lien en particulier avec les conditions de détention de la personne concernée[46], il ressort de la jurisprudence qu'elles peuvent aussi pallier le risque d'un procès inéquitable en réservant l'accès à un tribunal indépendant et impartial. Tel a été le cas notamment dans une affaire d'extradition vers le Kazakhstan, où l'une des garanties exigées était qu'en sa qualité de chef d'État, le Président « s'engage en particulier à respecter le principe d'indépendance et d'impartialité des autorités judiciaires chargées de la procédure pénale dirigée contre A. pour les faits visés dans la demande d'extradition du 9 janvier 1996, tant dans la phase de l'instruction, qu'à l'audience de jugement ou devant l'instance de recours juridictionnel »[47]. De même, dans une affaire plus récente concernant le Venezuela, l'une des garanties exigées de l'État requérant était qu'il s'engage à ce que la personne concernée ait « le

---

of International and Comparative Law, 16.2.2006, selon laquelle : « [i]t is difficult to make a case that if a Government does not comply with binding law, it will respect legally non-binding bilateral agreements, that are concluded on the basis of trust only, without enforcement or sanctions if violated ».

43 ATF 134 IV 156 c. 6.6.1.

44 ATF 134 IV 156 c. 6.11.

45 ATF 134 IV 156 c. 6.13.

46 Voir par exemple ATF 148 IV 314 c. 4 ; TPF RR.2019.339 du 2.1.2020 c. 3.2.

47 ATF 123 II 511 dispositif.

droit d'être jugée publiquement, dans un délai raisonnable, par un tribunal indépendant et impartial »[48].

2. La théorie des trois cercles

Dans le cadre de l'examen de l'art. 2 EIMP, la jurisprudence a développé la théorie dite des « trois cercles » qui sépare les États en trois catégories[49]. Dans le premier cercle se trouvent les États à tradition démocratique (Länder mit bewährter Rechtsstaatskultur), dans lesquels il est généralement admis qu'il n'existe pas de risques sérieux de violation des droits garantis par la CEDH et le Pacte ONU II. L'extradition à ces États est accordée sans qu'aucune garantie ne soit requise. À teneur de la casuistique jurisprudentielle, sont en l'état classés dans le premier cercle tous les États membres de l'Union européenne, sauf la Roumanie qui est ponctuellement classée dans le deuxième cercle[50]. Font partie du deuxième cercle les États dans lesquels un risque de violation des droits fondamentaux existe, celui-ci pouvant néanmoins être pallié par la fourniture de garanties préalablement à l'extradition. Une condition supplémentaire à l'extradition à ces États sera la fourniture des garanties requises. Enfin, sont classés dans le troisième cercle les États dans lesquels un risque de violation des droits fondamentaux existe et ne peut pas être pallié, même avec la fourniture de garanties préalablement à l'extradition. L'extradition à ces États sera donc refusée.

La classification développée par la jurisprudence n'est pas fixe : les cercles sont perméables et sensibles aux évolutions politiques et diplomatiques. Ces évolutions peuvent conduire à une reconsidération des conditions auxquelles est soumises l'extradition à l'État concerné, celui-ci pouvant d'une part glisser dans un cercle où l'extradition est soumise à des exigences plus

48 TPF RR.2017.204 – 206 du 7.11.2017 c. 5.1. À préciser néanmoins qu'à la suite du recours au TF interjeté par les personnes concernées, le TF a précisé qu' « [e]n raison des incertitudes et de l'évolution rapide de la situation dans l'État requérant, il y a lieu d'admettre à titre exceptionnel que l'OFJ puisse, comme il l'envisage lui-même, disposer d'une certaine latitude pour réévaluer la situation après la décision de principe accordant l'entraide judiciaire. Il lui appartiendra ainsi de demeurer attentif au développement de la situation particulière du Venezuela, en ce qui concerne notamment l'indépendance et l'impartialité des institutions judiciaires [...] » (TF 1C_633/2017 du 12.2.2018 c. 2.4).

49 *Ludwiczak Glassey*, Extradition vers les États à tradition démocratique, quo vadis ? État des lieux en droits suisse et de l'Union européenne, Jusletter 30.11.2020, N 6.

50 *Ludwiczak Glassey*, Jusletter 30.11.2020, N 7.

strictes, ou, à l'inverse, être promu dans un cercle fixant des exigences plus basses. S'agissant plus particulièrement de la déclassification des États, elle reste rare, en raison de son caractère diplomatiquement sensible. À titre d'exemple nous pouvons relever la déclassification récente de la Russie du deuxième au troisième cercle, à la suite de l'offensive militaire qu'elle a lancée en Ukraine[51]. Le Tribunal pénal fédéral a jugé qu'en raison de la violation de ses engagements internationaux, de son retrait du Conseil de l'Europe et de sa dénonciation de la CEDH, l'on ne pouvait plus partir du principe que la Russie respecterait les obligations internationales qui lui incombent, en particulier s'agissant des droits de l'homme, de sorte que le principe de la confiance ne peut plus s'appliquer[52]. Avant la Russie, uniquement deux États avaient, à notre connaissance, fait l'objet d'une déclassification : la Turquie qui, à la suite du coup d'État de 2016, était passée du deuxième au troisième cercle[53], pour être ensuite reclassifiée dans le deuxième cercle en 2019 après une nouvelle évaluation de la situation[54], et la Roumanie, déclassifiée en 2019 du premier au deuxième cercle, en raison des conditions précaires dans son système carcéral[55]. La déclassification de la Roumanie a été en particulier induite par les diverses condamnations de cet État par la CourEDH[56].

3. L'impact en Suisse de la pratique de l'Union européenne

Dans certains cas récents d'extradition vers la Pologne qui se sont présentés devant les autorités suisses, les extradables ont soulevé la problématique de l'indépendance du système judiciaire polonais et du respect des garanties procédurales liées à l'État de droit[57]. Les tribunaux suisses ont alors rappelé

51 TPF RR.2021.91 du 13.5.2022 ; TPF RR.2021.84 du 13.5.2022 ; TPF RR.2021.239 + RR.2021.246 du 17.5.2022 ; TPF RR.2021.76 du 30.08.2022.

52 TPF RR.2021.91 du 13.5.2022 c. 3.6.

53 TPF RR.2016.126 du 6.9.2016 c. 4.3.

54 TPF RR.2019.120 du 21.08.2019 c. 4.3 ; voir à ce propos aussi *Ludwiczak Glassey*, Jusletter 30.11.2020, N 15.

55 TPF RR.2019.222 du 9.10.2019 c. 4.7.3 ; voir à ce propos aussi *Ludwiczak Glassey*, Jusletter 30.11.2020, N 35.

56 En particulier CourEDH 25.4.2017 – n°s 61467/12 + 39516/13 + 48231/13 + 68191/13 (Rezmiveş et autres c. Roumanie) ; CourEDH 24.7.2012 – n° 35972/05 (Iacov Stanciu c. Roumanie).

57 TPF RR.2018.235 c. 5 ; TPF RR.2020.23 + RR.2020.49 et TF 1C_197/2020 + 1C_198/2020 + 1C_199/2020 ; TPF RR.2021.114 et TF 1C_146/2022 ; TPF RR.2021.282.

que, du point de vue suisse, la question doit être analysée à l'aune des obligations internationales auxquelles la Suisse est soumise, tels le Pacte ONU II et la CEDH. Par ailleurs, les principes de la confiance et de la bonne foi internationales ont pour conséquence qu'il doit être présumé que la Pologne respectera ses obligations et mettra en œuvre les garanties fondamentales dans la procédure pénale[58]. Finalement, il appartient à la personne concernée de démontrer en quoi son extradition serait incompatible avec les garanties fixées par ces instruments[59].

Dans un cas traité en 2020, les tribunaux suisses se sont penchés sur la situation de l'État de droit en Pologne et plus particulièrement les réformes du système judiciaire de cet État. Dans ce cadre, il a été tenu compte de la jurisprudence rendue par la CourEDH mais aussi de rapports d'organisations non gouvernementales comme sources d'informations sur l'état de la situation. S'agissant de la jurisprudence de la CJUE, elle a été relevée parmi les éléments faisant état de la situation en Pologne, sans pour autant que la solution à laquelle sont parvenus les juges européens n'ait été analysée et prise en considération dans la prise de décision[60]. Au terme de l'analyse, il a été décidé qu'il serait en principe concevable que, dans certains cas, le processus décisionnel des juges polonais puisse être influencé (indirectement) par des considérations politiques, dans la mesure où certains juges pourraient craindre que des procédures disciplinaires soient engagées contre eux en raison du contenu de leurs décisions juridiques. Toutefois, le risque d'une telle influence indirecte existerait surtout dans les affaires à connotation politique, alors que le cas en cause concernait des infractions de droit commun, l'extradable n'étant, partant, pas exposé au risque en question[61]. Le *status quo* a ainsi été maintenu et la Suisse continue à accorder l'extradition à la Pologne, comme par le passé, sans solliciter de garanties, et sans tenir compte de l'analyse opérée depuis par la CJUE et des hésitations empreintes de méfiance qui prévalent au sein de l'Union européenne. Nous précisons néanmoins que depuis 2020, le Tribunal pénal fédéral ne s'est plus prononcé sur les conditions de l'admissibilité de l'extradition à la Pologne à des fins de poursuite pénale. Les cas qu'il a tranchés

---

58 Voir en particulier TPF RR.2020.23 + RR.2020.49 du 7.4.2020 c. 9, confirmé par le TF *in* TF 1C_197/2020 + 1C_198/2020 + 1C_199/2020 du 27.4.2020 ; TPF RR.2021.282 du 25.1.2022 c. 5.

59 TPF RR.2021.282 du 25.1.2022 c. 5.

60 TPF RR.2020.23 + RR.2020.49 du 7.4.2020 c. 9.3.

61 TPF RR.2020.23 + RR.2020.49 du 7.4. 2020 c. 9.

traitaient tous de décisions d'extradition à des fins d'exécution d'une peine privative de liberté, dans le cadre desquels les recourants n'ont pas soulevé le grief du manque d'indépendance et d'impartialité de la justice polonaise[62].

Récemment, la CourEDH a rendu plusieurs arrêts concernant des affaires jugées par des juges polonais élus à la suite des réformes du système judiciaire entreprises depuis 2015 et a retenu une violation de l'art. 6 par. 1 CEDH du fait que l'on ne pouvait considérer que les tribunaux dont émanait la décision querellée avaient été « établis par la loi »[63]. À l'aune de ces développements, il n'est donc pas exclu que la jurisprudence des tribunaux suisses évolue et reconsidère la classification de la Pologne, à laquelle elle s'est jusqu'à présent tenue. Si tel devait être le cas, se profilerait alors le constat selon lequel l'absence de prise en considération de la jurisprudence de la CJUE ne fait que repousser une inévitable reclassification et reconsidération des conditions auxquelles est accordée l'extradition à certains États. Tel a été du moins le cas s'agissant de la Roumanie : à la suite de l'affaire Aranyosi et Căldăraru sur laquelle la CJUE s'est prononcée en avril 2016, le Tribunal fédéral jugeait encore en janvier 2017 que la Roumanie faisait partie des États du premier cercle auxquels la Suisse accordait l'extradition sans requérir de garanties préalables, malgré le risque de traitements inhumains et dégradants soulevés par le recourant en raison de la surpopulation carcérale[64]. Ce n'est qu'après la condamnation de cet État par la CourEDH en avril 2017, faisant état de défaillances systémiques auxquelles il était confronté, que les tribunaux suisses ont reconsidéré sa classification en 2019[65].

V. Conclusion

La coopération internationale en matière pénale en général, et plus particlièrement encore la remise de personnes, implique un degré élevé de confiance entre les États, qui se réservent la possibilité de refuser de prêter

---

62 TPF RR.2021.243 du 6.4.2022 ; TPF RR.2021.11 du 17.2.2022 ; TPF RR.2021.282 du 25.1.2022 ; TPF RR.2020.147 du 30.11.2021.

63 CourEDH 7.5.2021 – n° 4907/18 (Xero Flor w Polsce sp. z o.o. c. Pologne) ; CourEDH 22.7.2021 – n°4347/19 (Reczkowicz c. Pologne) ; CourEDH 3.2.2022 – n°1469/20 (Advance Pharma sp. z o.o c. Pologne).

64 TF 1C_10/2017 du 17.1.2017c. 2.3.

65 Voir *supra* IV.2.

leur concours à des procédures pénales qui ne seraient pas compatibles avec leur standards en matière de droits fondamentaux. L'accès à un tribunal indépendant et impartial, comme composante de l'État de droit, fait partie des exigences posées par le droit de l'extradition suisse. La prise de décision sur l'octroi de l'extradition implique de tenir compte de la situation, concrète et actuelle, dans l'État requérant l'extradition. Au sein de l'Union européenne, où le mécanisme de l'extradition a été remplacé par celui du mandat d'arrêt européen, concrétisation fondamentale de la confiance mutuelle comme pierre angulaire de la coopération entre les États de l'Union, le non-respect des droits fondamentaux ne fait en principe pas partie des motifs de refus prévus par la décision-cadre 2002.

Alors que la confiance au sein de l'Union européenne subit des perturbations et que la jurisprudence de la CJUE a tenu compte de la péjoration, au regard des garanties de l'État de droit, de la situation dans certains États membres, en particulier en Pologne, la Suisse s'en tient à sa pratique antérieure. Stable et constante, cette approche a le défaut de se désolidariser de la position de l'Union et créé un paradoxe : la confiance qu'accorde la Suisse aux États de l'Union est plus grande que celle que s'accordent entre eux lesdits États, et ce bien qu'ils revendiquent, comme fondement de leur fonctionnement réciproque, la confiance mutuelle.

De toute évidence, en sa qualité d'État non-membre de l'Union européenne, la Suisse n'est en rien tenue de se conformer à la pratique de l'Union et d'appliquer la jurisprudence de la CJUE. Toutefois, l'on pourrait se demander s'il ne serait pas opportun, face à l'évolution de la situation dans un État étranger, et en particulier s'il s'agit d'un État membre de l'Union européenne, que la Suisse coordonne son action à celle de cette dernière et accorde, à cette fin, une certaine place à la jurisprudence de la CJUE lorsqu'elle statue sur des cas de remise de personne à l'État en question.

Une telle prise en considération, à titre de source d'inspiration et sans qu'elle ne soit contraignante, contribuerait à la mise en place d'une vision transnationale européenne commune de la notion d'État de droit et des garanties procédurales qui en découlent.

Francesca Bonzanigo | MLaw, Assistante-doctorante au Département de droit pénal de l'Université de Genève
Maria Ludwiczak Glassey | Dr iur., Professeure aux Universités de Genève et Neuchâtel

Zum Einfluss der direkten Demokratie auf das Strafrecht

Giulia Canova & Tommaso Giardini, St. Gallen

Die 8. Tagung Junges Strafrecht in Zürich fand unter der Prämisse statt, dass eine demokratische Ausgestaltung des Strafrechts zu begrüßen ist. Das Strafrecht verankert die Regeln gesellschaftlichen Verhaltens und kann die Grundrechte von Individuen gravierend einschränken. Die Demokratie ermöglicht dem Individuum eine Einflussnahme auf die gesellschaftliche Ordnung. Wenn somit ein Rechtsgebiet demokratisch durch Bürgerinnen zu gestalten ist, dann das Strafrecht – in der Theorie.

Was in der Realität geschieht, wenn Bürgerinnen das Strafrecht direkt gestalten, offenbart die direkte Demokratie der Schweiz. Die Volksinitiative (nachfolgend «Initiative») ermöglicht Bürgerinnen die direkte Revision der Bundesverfassung: Volkseigene Vorschläge für Verfassungsänderungen werden dem Volk unterbreitet, welches direkt über die Gestaltung der Verfassung abstimmt. Dieser Prozess kann jedes Rechtsgebiet tangieren, auch das Strafrecht.[1] Bürgerinnen können somit in einem direktdemokratischen Prozess das Strafrecht selbst mitgestalten.

Dass von dieser Möglichkeit Gebrauch gemacht wird, zeigen zahlreiche Initiativen zur Änderung des Strafrechts, die in der Öffentlichkeit, den Medien und der Wissenschaft besondere Aufmerksamkeit erhalten haben. Der vorliegende Beitrag untersucht die strafrechtlichen Initiativen der letzten 50 Jahre und geht der Frage nach, welche Spannungsfelder bei direktdemokratischer Einflussnahme des Volkes auf das Strafrecht entstehen.[2]

Hierzu wird vorab eine Einführung in die direkte Demokratie der Schweiz gegeben. Danach wird eine Auswahl von angenommenen Initiativen der letzten 50 Jahre zur Gestaltung des Strafrechts vorgenommen.

1 Für eine Übersicht zu Volksinitiativen und deren Umsetzung *Musliu*, Die Umsetzung eidgenössischer Volksinitiativen, Diss. Zürich 2019, S. 5 ff., 37 ff. (zitiert als: *Musliu*).

2 Dieses breite Forschungsobjekt bedingt inhaltliche Eingrenzungen. Der Beitrag adressiert internationale Strafrechtlerinnen und fokussiert sich auf strafrechtliche statt verfassungs- bzw. völkerrechtliche Fragestellungen. Das Novum des Beitrags ist ein deduktiver Problemaufriss zu Spannungsfeldern zwischen direkter Demokratie und Strafrecht, weshalb Einblicke in praktische Probleme vor theoretischen Abhandlungen priorisiert werden.

Vier Initiativen werden auf Herausforderungen in Theorie und Praxis untersucht. Dadurch werden Spannungsfelder der demokratischen Einflussnahme auf das Strafrecht identifiziert und abschließend Lösungsansätze diskutiert.

I. Direkte Demokratie: Initiativen in der Schweiz

Die schweizerische Demokratie kennt die wohl weitreichendsten direktdemokratischen Elemente.[3] Das Volk als Souverän kann durch die Initiative einzigartig Einfluss auf die Rechtsordnung nehmen, indem Stimmberechtigte eigene Vorschläge zur Änderung der Verfassung einbringen, die dem Volk zur Abstimmung unterbreitet werden. Als „Antrag aus dem Volk an das Volk" ist die Initiative ein radikaldemokratisches Instrument.[4]

Durch eine Initiative kann die Änderung der gesamten Verfassung (Totalrevision) oder die Aufhebung, Änderung oder Annahme von Verfassungsbestimmungen (Teilrevision) verlangt werden, letztere gar als ausgearbeiteter Entwurf mit definitivem Wortlaut.[5] Der Lebenszyklus einer Initiative beginnt mit deren Einreichung bei der Bundeskanzlei, welche nach einer formellen Vorprüfung den Text der Initiative publiziert.[6] Um zustande zu kommen, muss die Initiative innert 18 Monaten von 100'000 Stimmberechtigten unterzeichnet werden (Art. 139 Abs. 1 BV).

Kommt die Initiative zustande, unterbreitet der Bundesrat (Exekutive) der Bundesversammlung (Legislative) innert eines Jahres eine Botschaft und den Entwurf eines Bundesbeschlusses für eine Stellungnahme zur Gültigkeit der Initiative mitsamt einer Abstimmungsempfehlung. Die Bundesversammlung prüft daraufhin die Gültigkeit der Initiative: Gültigkeitsschranken sind das Beachten zwingender Bestimmungen des Völkerrechts[7] und die Einheit der Form und der Materie (Art. 139 Abs. 3 BV). Zudem darf

3 *Mayer*, Direkte Demokratie in der Schweiz, in: Merkel/Ritzi (Hrsg.), Die Legitimität direkter Demokratie, Cham 2017, S. 51.

4 Siehe zum Ganzen statt aller *Rhinow/Schefer/Uebersax*, Schweizerisches Verfassungsrecht, 3. Aufl., Basel 2016, Rn. 2157 (zitiert als: *Rhinow/Schefer/Uebersax*).

5 *Kley*, in: Biaggini/Gächter/Kiener (Hrsg.), Staatsrecht, 3. Aufl., Zürich 2021, § 24 Rn. 58 (zitiert als: *Kley*, in: Biaggini/Gächter/Kiener).

6 Art. 69 Bundesgesetz über die politischen Rechte (BPR).

7 *Baumann*, Völkerrechtliche Schranken der Verfassungsrevision, ZBl 2007, 181, 186 ff. Initiativen, die gegen nicht-zwingendes Völkerrecht verstoßen, werden Volk und Ständen vorgelegt und führen bei Annahme zu völkerrechtswidrigem Verfassungsrecht.

die Initiative keinen faktisch „undurchführbaren" Inhalt verfolgen.[8] Eine inhaltliche Kontrolle zur Vereinbarkeit mit der bestehenden Rechtsordnung oder nicht-zwingendem Völkerrecht erfolgt nicht.[9]

Gültige Initiativen empfiehlt die Bundesversammlung dem Volk zur Annahme oder Ablehnung.[10] Zudem kann sie der Vorlage einen (direkten oder indirekten) Gegenvorschlag gegenüberstellen.[11]

Volk und Ständen (Kantonen) wird der Wortlaut der Initiative mitsamt Empfehlungen und ggf. einem Gegenvorschlag zur Abstimmung unterbreitet.[12] Die Annahme bedingt die Mehrheit der Stimmberechtigten sowie der Stände (Art. 142 Abs. 2, Art. 195 BV).

Angenommene Initiativen werden wörtlich in die Verfassung aufgenommen.[13] Oft bedarf es einer Umsetzung durch Ausführungsbestimmungen der Bundesversammlung, da Initiativen selten direkt anwendbare justiziable Normen beinhalten.[14] Die neue Verfassungsbestimmung wird i.d.R. ausgelegt und durch eine Ausführungsgesetzgebung konkretisiert.[15] Die Umsetzung ist ausschlaggebend, weil keine Verfassungsgerichtsbarkeit für Bundesgesetze besteht – die Umsetzungsgesetzgebung wird nicht auf ihre Verfassungsmässigkeit bzw. Vereinbarkeit mit der Initiative überprüft.

Durch Initiativen eingeführte Verfassungsnormen können fast unbeschränkt Änderungen der Rechtsordnung bewirken und entsprechend tückisch umzusetzen sein. Einerseits können sie mit der bestehenden Rechtsordnung, inkl. völkerrechtlichen Garantien und rechtsstaatlichen Grundprinzipien, in Konflikt stehen.[16] Andererseits können sie dem gesetzgebe-

---

8 *Gächter*, in: Biaggini/Gächter/Kiener, § 23 Rn. 69.

9 *Häfelin/Haller/Keller/Thurnherr*, Schweizerisches Bundesstaatsrecht, 10. Aufl., Zürich 2020, Rn. 1794 (zitiert als: *Häfelin/Haller/Keller/Thurnherr*). Zudem findet keine (inhaltliche) Kontrolle durch das Bundesgericht statt.

10 *Häfelin/Haller/Keller/Thurnherr*, Rn. 1187.

11 *Häfelin/Haller/Keller/Thurnherr*, Rn. 1795; *Gächter*, in: Biaggini/Gächter/Kiener, § 23 Rn. 101 ff. Ein direkter Gegenentwurf ist eine direkte Alternative zur Materie auf Verfassungsstufe, während mit einem indirekten Gegenentwurf eine alternative Regelung (meist) auf Gesetzesstufe vorgeschlagen wird.

12 Art. 138 Abs. 2 und Art. 139 Abs. 4 und 5 BV.

13 *Wyss*, Die Umsetzung von Volksinitiativen, LEGES 2014, 491, 492.

14 *Wyss*, LEGES 2014, 493. Zur Umsetzung von Initiativen durch den Gesetzgeber *Musliu*, S. 319 ff.

15 Siehe dazu *Waldmann*, Die Umsetzung von Volksinitiativen aus rechtlicher Sicht, LEGES 2015, 521, 523.

16 Vgl. *Häfelin/Haller/Keller/Thurnherr*, Rn. 1800; zum Phänomen völkerrechtswidriger Initiativen *Baumann*, Die Umsetzung völkerrechtswidriger Initiativen, ZBl 2010, 241.

rischen Willen widersprechen und deshalb auf Widerstand stoßen.[17] Die Kombination dieser Tücken, d.h. die widerwillige Umsetzung von völkerrechtswidrigen Initiativen, ist bei Initiativen zum Strafrecht nicht selten.

II. Initiativen zur Änderung des Strafrechts

Um den Einfluss der direkten Demokratie auf das Strafrecht zu erforschen, werden verschiedene Initiativen untersucht. Forschungsobjekt sind Initiativen der letzten 50 Jahre, die angenommen wurden und eine Änderung des Strafrechts bewirkten. Letzteres umfasst die Änderung von Straftatbeständen, Strafrahmen, Strafarten sowie Änderungen des Allgemeinen Teils des Strafgesetzbuches oder des Strafprozessrechts.

Seit 1972 wurden 410 Initiativen bei der Bundeskanzlei eingereicht, wovon 260 zustande kamen.[18] Vierundzwanzig dieser Initiativen beabsichtigten eine Änderung des Strafrechts. Prominent vertreten waren dabei der strafrechtliche Umgang mit Schwangerschaftsabbrüchen,[19] Betäubungsmitteln[20] und Tierversuchen.[21]

Die nachfolgende Analyse beschränkt sich auf angenommene Initiativen, da nur solche die Spannungsfelder bei der direktdemokratischen Einflussnahme auf das Strafrecht offenbaren. Forschungsobjekt sind somit die «Verwahrungsinitiative»[22], die «Unverjährbarkeitsinitiative»[23], die «Pädophileninitiative»[24] und die «Ausschaffungsinitiative»[25]. Für diese vier Initiativen werden nachfolgend die Abstimmungsvorlage, die Argumente

---

17 Siehe dazu *Wyss*, LEGES 2014, 497.

18 Bereits im Sammelstadium scheiterten radikale Anpassungen des Strafrechtssystems, bspw. die Wiedereinführung der Todesstrafe in der Eidgenössischen Volksinitiative «Todesstrafe bei Mord mit sexuellem Missbrauch».

19 Siehe z.B. die Eidgenössische Volksinitiative «für die Fristenlösung (beim Schwangerschaftsabbruch)».

20 Siehe die Eidgenössische Volksinitiative «für eine vernünftige Drogenpolitik».

21 Siehe die Eidgenössische Volksinitiative «für die Abschaffung der Vivisektion».

22 Eidgenössische Volksinitiative «Lebenslange Verwahrung für nicht therapierbare, extrem gefährliche Sexual- und Gewaltstraftäter», Abstimmung am 8. Februar 2004.

23 Eidgenössische Volksinitiative «Für die Unverjährbarkeit pornografischer Straftaten an Kindern», Abstimmung am 30. November 2008.

24 Eidgenössische Volksinitiative «Pädophile sollen nicht mehr mit Kindern arbeiten dürfen», Abstimmung am 18. Mai 2014.

25 Eidgenössische Volksinitiative «Für die Ausschaffung krimineller Ausländer (Ausschaffungsinitiative)», Abstimmung am 28. November 2011.

im Wahlkampf, die Herausforderungen in der Umsetzung und letztlich die praktischen Probleme in der Anwendung dargelegt.

III. Analyse der Initiativen mit Einfluss auf das Strafrecht

1. Verwahrungsinitiative

Die Verwahrungsinitiative wurde am 3. Mai 2000 eingereicht, um Opfer vor rückfälligen Tätern zu schützen. Für nicht therapierbare, extrem gefährliche Sexual- und Gewaltstraftäter sollte eine lebenslängliche Verwahrung eingeführt werden:

> ***Artikel 123a***
> *1 Wird ein Sexual- oder Gewaltstraftäter in den Gutachten, die für das Gerichtsurteil nötig sind, als extrem gefährlich erachtet und nicht therapierbar eingestuft, ist er wegen des hohen Rückfallrisikos bis an sein Lebensende zu verwahren. Frühzeitige Entlassung und Hafturlaub sind ausgeschlossen.*
> *2 Nur wenn durch neue, wissenschaftliche Erkenntnisse erwiesen wird, dass der Täter geheilt werden kann und somit keine Gefahr mehr für die Öffentlichkeit darstellt, können neue Gutachten erstellt werden. Sollte auf Grund dieser neuen Gutachten die Verwahrung aufgehoben werden, so muss die Haftung für einen Rückfall des Täters von der Behörde übernommen werden, die die Verwahrung aufgehoben hat.*
> *3 Alle Gutachten zur Beurteilung der Sexual- und Gewaltstraftäter sind von mindestens zwei voneinander unabhängigen, erfahrenen Fachleuten unter Berücksichtigung aller für die Beurteilung wichtigen Grundlagen zu erstellen.*

Im Wahlkampf wurden verschiedene Argumente gegen die Vorlage vorgebracht.[26] Auf rechtsstaatlicher Ebene standen Konflikte mit völkerrechtlichen Garantien im Vordergrund, insbesondere dem Recht auf regelmäßige richterliche Haftprüfung (Art. 31 Abs. 4 BV, Art. 5 Abs. 4 EMRK, Art. 9 Abs. 3 UNO Pakt II). Dies, weil die Überprüfung der Verwahrung von neuen wissenschaftlichen Erkenntnissen abhängig gemacht werde, was eine

26 Siehe die kritische Würdigung der Initiative von *Forster*, Lebenslange Verwahrung: zur rundrechtskonformen Auslegung von Art. 123a BV, AJP 2004, 418.

periodische Überprüfung verhindern könne.[27] Zudem wurde die Wirksamkeit der Vorlage infrage gestellt. Die Gefährlichkeit bzw. das Rückfallrisiko könne auch aufgrund von täterbezogenen Elementen entfallen, ohne dass „neue, wissenschaftliche Erkenntnisse" vorlägen.[28] Bemängelt wurde zudem, dass die neue Maßnahme kaum je zur Anwendung gelangen werde, da Gutachter einen Ausschluss der Therapierbarkeit insbesondere bei jüngeren Tätern nicht aussprechen würden.[29] Bundesrat und Bundesversammlung empfahlen dem Volk die Ablehnung der Initiative. Dennoch wurde die Vorlage in der Abstimmung vom 8. Februar 2004 angenommen.[30]

Die Umsetzung der Initiative war von Beginn an kontrovers.[31] Aufgrund der Kollision mit der EMRK wurde eine Umsetzung auf Gesetzesstufe vollzogen. Im Parlament fanden jedoch mehrjährige Diskussionen statt, wie die Initiative menschenrechtskonform umzusetzen sei – bis hin zu Vorschlägen, die Umsetzung der Gesetzesänderung den Gerichten zu überlassen.[32] Am 1. August 2008 wurde die Initiative schließlich in Art. 64 ff. CH-StGB umgesetzt.

Der neue Art. 64 Abs. 1bis CH-StGB führte die Maßnahme der lebenslänglichen Verwahrung ein und sieht für deren Anordnung kumulative Erfordernisse vor: 1) die Begehung einer Anlasstat,[33] 2) die besonders schwere Beeinträchtigung der physischen, psychischen oder sexuellen Integrität des Opfers, und 3) das hohe Rückfallrisiko und die dauerhafte Untherapierbarkeit des Täters.

---

27 Siehe dazu CR CP-*Queloz/Balçin Renklicicek*, Art. 64c Rn. 20 ff.; BSK StGB-*Heer*, Art. 64c Rn. 1. Zudem wäre möglicherweise gar das Folterverbot verletzt (Art. 3 EMRK), weil eine zwingend lebenslange Bestrafung ohne Urlaub oder Aussicht auf Lockerung unmenschlich sei, siehe dazu PK StGB-*Trechsel/Borer*, Art. 64c Rn. 14a mit Hinweis auf die Urteile des EGMR.

28 Siehe BSK BV-*Göksu*, Art. 123a Rn. 10 für Beispiele.

29 Siehe dazu St. Galler BV Kommentar-*Vest*, Art. 123a Rn. 22 m.w.H.

30 Die Annahme erfolgte mit 56.2% Ja-Stimmen des Volkes und 19 5/2 Standesstimmen.

31 Siehe ausführlich *Seferovic*, Die Umsetzung der Verwahrungsinitiative – In zwei Schritten zur eingeschränkten Anwendbarkeit der lebenslänglichen Verwahrung, Sicherheit & Recht 2014, 105.

32 SDA-Meldung vom 25. Oktober 2007, Umsetzung der Verwahrungsinitiative, abrufbar unter: https://www.parlament.ch/de/services/news/Seiten/2007/mm_2007-10-25_999_01.aspx, zuletzt abgerufen am 21.12.2022.

33 Der Katalog umfasst Mord, vorsätzliche Tötung, schwere Körperverletzung, Raub, Vergewaltigung, sexuelle Nötigung, Freiheitsberaubung oder Entführung, Geiselnahme, Verschwindenlassen, Menschenhandel, Völkermord und Verbrechen gegen die Menschlichkeit oder Kriegsverbrechen. Eine parlamentarische Initiative mit dem Ziel, die Schändung (Art. 191) zum Katalog anzufügen wurde 2017 abgelehnt.

Art. 64*c* CH-StGB regelt das mehrstufige Entlassungsverfahren: Eine eidgenössische Fachkommission prüft neue wissenschaftliche Erkenntnisse zur Behandelbarkeit von Tätern (Abs. 1) und bietet ggf. die Behandlung an (Abs. 2). Bei Entfallen der Gefahr für die Öffentlichkeit wird die lebenslängliche Verwahrung von einem unabhängigen Gericht inkl. neuen Gutachten aufgehoben (Abs. 5) und in eine stationäre Maßnahme umgewandelt (Abs. 3). Darüber hinaus ermöglicht Abs. 4 eine unmittelbare bedingte Entlassung durch das Gericht bei Entfallen der Gefahr infolge hohen Alters und schwerer Krankheit.

Diese Umsetzung war umstritten. Der Gesetzgeber wandelte die Vorlage in verschiedener Hinsicht um. Die Dauerhaftigkeit der Untherapierbarkeit sowie die besonders schwere Form der Tatbegehung wurden hinzugefügt, was die Anwendung der Maßnahme weiter einschränkte.[34] Die Entlassung weicht zudem vom ursprünglichen zweistufigen Verfahren ab, dass zuerst neue wissenschaftliche Erkenntnisse und danach die Prüfung des Behandlungserfolgs umfasste, und berücksichtigt unter Umständen auch täterbezogene Elemente.[35] In offenem Widerspruch zur Initiative, die eine unmittelbare gerichtliche Entlassung aus der lebenslänglichen Verwahrung im Kern verhindern wollte, wurde zudem eine bedingte Entlassung in Ausnahmefällen vorgesehen.[36]

Rechtsstaatlich bedenklich bleibt, dass die lebenslängliche Verwahrung in eine stationäre Behandlung umgewandelt wird, obwohl die Bedingungen hierfür möglicherweise nicht gegeben sind.[37] Zudem wurde die Umsetzung als EMRK-widrig qualifiziert, weil nicht die betroffene Person die regelmäßige Überprüfung beantragen kann, sondern Behörden.[38]

In der Praxis bewahrheiteten sich die Vorhersagen zur limitierten Anwendbarkeit der neuen Maßnahme. Nur in einem Fall von wenigen[39] wur-

34 Siehe BSK StGB-*Heer*, Art. 64 Rn. 120 zur dauernden Untherapierbarkeit als „Crux der Verwahrung".

35 Dazu ausführlich St. Galler BV Kommentar-*Vest*, Art. 123a Rn. 31 m.w.H; PK StGB-*Trechsel/Borer*, Art. 64c Rn. 5 f. Kritisch CR CP-*Queloz/Balçin Renklicicek*, Art. 64c Rn. 9 f.

36 Siehe BSK StGB-*Heer*, Art. 64c Rn. 12.

37 *Mombelli*, Avenir de l'internement à vie pour les délinquants dangereux en Suisse, Jusletter vom 23. Juli 2012, Rn. 29 ff.

38 Siehe zur Unvereinbarkeit mit Art. 5 Abs. 4 EMRK BSK StGB-*Heer*, Art. 64c Rn. 4.

39 Siehe ausführlich zur Kasuistik der lebenslänglichen Verwahrung PK StGB-*Trechsel/Borer*, Art. 64 Rn. 26, sowie die Besprechung von *Wiprächtiger*, Urteilsbesprechung Nr. 13 Obergericht Aargau, 1. Strafkammer, Entscheid vom 18. Oktober 2012 i.S. Staatsanwaltschaft Baden gegen B. – SST.2012.128, forumpoenale 2013, 75.

de deren Anordnung rechtskräftig – und das auch nur, weil die Berufung zurückgezogen wurde.[40] Dies ist mitunter auf die strenge bundesgerichtliche Rechtsprechung zurückzuführen, die hohe Anforderungen an die Anordnung der lebenslänglichen Verwahrung stellt: So wurde in einem Grundsatzurteil eine 20-jährige Therapieunfähigkeit als unzureichend eingestuft, weil sie zwar langdauernd, aber nicht lebenslang sei.[41]

2. Unverjährbarkeitsinitiative

Am 1. März 2006 reichte der Verein Marche Blanche die Unverjährbarkeitsinitiative ein. Ziel der Initiative war es, die Verjährung bei an Kindern und Schutzbedürftigen begangenen Sexualdelikten aufzuheben.[42] Weil bei solchen Straftaten die Bindung zwischen Opfer und Täter die Strafanzeige erschweren könne, sei die Zeit für eine Anzeige durch die 15-jährige Verjährungsfrist zu stark eingeschränkt:

> ***Artikel 123b Unverjährbarkeit der Strafverfolgung und der Strafe bei sexuellen und bei pornografischen Straftaten an Kindern vor der Pubertät***
> *Die Verfolgung sexueller oder pornografischer Straftaten an Kindern vor der Pubertät und die Strafe für solche Taten sind unverjährbar.*

Kritikpunkte an der Vorlage betrafen erneut die rechtliche und praktische Sphäre.[43] Auf rechtsstaatlicher Ebene wurde die Formulierung als zu unbestimmt kritisiert.[44] Zudem bestanden Bedenken aufgrund der möglichen

40 Urteil BezGer Weinfelden, 07.10.2010, dazu ausführlich *Trechsel*, Urteilsbesprechung Nr. 16 Bezirksgericht Weinfelden, Urteil vom 7. Oktober 2010 i.S. Staat Thurgau, V.C., P.F. und P.M. gegen M.A. – S.2010.39, forumpoenale 2012, 138.

41 BGE 140 IV 1. Siehe des Weiteren BGE 141 IV 423, der die besonders schwere Beeinträchtigung bei einer sexuellen Nötigung während einer Schlafmittelbetäubung verneint; BGer 6B_13/2014 vom 03.06.2014, der einen extrem unwahrscheinlichen Behandlungserfolg nicht einer lebenslangen Untherapierbarkeit gleichgestellt. Siehe BGer 6B_35/2017 vom 26.02.2018; BGer 6B_34/2019 vom 05.09.2019 als weitere bundesgerichtliche Urteile, in denen die ordentliche Verwahrung statt der lebenslänglichen Verwahrung ausgesprochen wurde.

42 Siehe ausführlich zur Vorgeschichte der Verjährung im schweizerischen und internationalen Strafrecht *Frischknecht*, Zur Eidgenössischen Volksinitiative «für die Unverjährbarkeit pornografischer Straftaten an Kindern», ZStrR 2008, 434, 436 f.; BSK StGB-*Zurbrügg*, Art. 101 Rn. 1 ff.

43 Siehe *Frischknecht*, ZStrR 2008, 434 ff.

44 BBl 2011 5977, 5994 ff.

Aushebelung des Rückwirkungsverbots (Art. 1 f. CH-StGB, Art. 7 EMRK) bei bereits verjährten Straftaten. Rechtskräftig eingestellte Verfahren dürften nicht aufgrund der rückwirkenden Änderung der Verjährungsfristen wieder eröffnet werden.[45] Letztlich stufte der Bundesrat die kategorische Unverjährbarkeit als Verletzung des Verhältnismäßigkeitsgrundsatzes ein.[46]

In praktischer Hinsicht bestanden Zweifel an der Effektivität der Vorlage. Bei Serientätern hätte die Unverjährbarkeit keine Anwendung gefunden, da die Verjährung bei jeder Tat gesondert zu laufen beginnt. Bei Einzeltätern hingegen entstünden nach so langer Zeit Beweisprobleme. Weiter sei fraglich, ob ein Strafbedürfnis bzw. Präventionsbedarf solange fortbestehe.[47] Aufgrund dieser Bedenken wurde ein indirekter Gegenvorschlag auf Gesetzesstufe ausgearbeitet, mit dem die Verjährung erst mit der Mündigkeit des Opfers zu laufen beginnen würde, die Verjährung de facto erst eintreten könnte, wenn das Opfer 33 Jahre alt wäre.[48] An der Abstimmung vom 30. November 2008 wurde die Vorlage entgegen der Empfehlung zur Ablehnung des Bundesrats und der Bundesversammlung und anstatt des Gegenvorschlags angenommen.[49]

Die Umsetzung wurde im Sinne der Rechtssicherheit auf Gesetzesstufe durchgeführt. Anfang 2013 wurde Art. 101 CH-StGB zur Unverjährbarkeit ergänzt. Die Norm statuiert seither folgende kumulative Erfordernisse für die Unverjährbarkeit: 1) die Begehung einer Anlasstat nach Art. 101 Abs. 1 lit. e CH-StGB, welche verschiedene Sexualdelikte aufführt,[50] 2) ein Opfer das jünger als 12 Jahre alt ist, 3) die Anwendbarkeit des Erwachsenenstrafrechts[51] auf den Täter und 4) noch keine Verjährung der Straftat am 30. November 2008 nach damaligem Recht (Rückwirkungsverbot).[52]

In der Debatte zur Umsetzung wurde zunächst die Ausweitung der Katalogtaten auf Vergehen kritisiert.[53] Zudem kamen Sorgen bezüglich der

45 Siehe dazu ausführlich St. Galler BV Kommentar-*Vest*, Art. 123 Rn. 7.

46 BBl 2007 5369, 5382.

47 Siehe hierzu *Capus*, Ewig still steht die Vergangenheit?, Bern 2006, passim (zitiert als: *Capus*).

48 Eingehend zum Gegenvorschlag *Frischknecht*, ZStrR 2008, 439.

49 Die Annahme erfolgte mit 51.9% Ja-Stimmen des Volkes und 16 4/2 Standesstimmen.

50 Lit. e ergänzt den Katalog von unverjährbaren Delikten in Art. 101 Abs. 1 lit. a–d, bestehend aus Völkermord, Verbrechen gegen die Menschlichkeit, Kriegsverbrechen und schweren Terrorakten.

51 BBl 2011 5977, 6003.

52 BBl 2011 5977, 6014.

53 Siehe dazu BSK StGB-*Zurbrügg*, Art. 101 Rn. 15, welcher symbolische Gründe vermutet.

praktischen Anwendung der Regelung auf. Die Verjährung ermögliche eine effiziente Strafverfolgung, weil verzögerte Verfahren oft von Beweisproblemen behaftet seien.[54] Die Katalogtaten führten oft zu aussagebasierten Verfahren, bei denen sich die Beweisfindung nach vielen Jahren schwierig gestalte.[55] Insgesamt wurde hinterfragt, ob der Opferschutz oder das öffentliche Interesse an der Verbrechensaufklärung im Zentrum stehe.[56] So könne die Verjährung im Interesse des Opfers sein, da Verfahren auch durch Drittanzeigen[57] eingeleitet werden könnten und bei Opfern sowohl zu psychischer Belastung (bei detaillierten Befragungen) als auch zu erheblicher Frustration (bei Verfahrenseinstellung) führen könnten.[58]

3. Pädophileninitiative

Am 20. April 2011 reichte der Verein Marche Blanche die Pädophileninitiative ein. Die Initiative hatte zum Ziel, ein lebenslängliches Tätigkeitsverbot für pädophile Täter einzuführen, um Kinder und abhängige Personen vor rückfälligen Tätern zu schützen:

> ***Artikel 123c Massnahme nach Sexualdelikten an Kindern oder an zum Widerstand unfähigen oder urteilsunfähigen Personen***
> *Personen, die verurteilt werden, weil sie die sexuelle Unversehrtheit eines Kindes oder einer abhängigen Person beeinträchtigt haben, verlieren endgültig das Recht, eine berufliche oder ehrenamtliche Tätigkeit mit Minderjährigen oder Abhängigen auszuüben.*

Im Abstimmungskampf wurden erneut Argumente zur Rechtsordnung und Wirksamkeit der Initiative vorgebracht. Auf rechtlicher Ebene wurde zunächst die Diskrepanz zwischen dem Titel „Pädophilie“ und dem weitreichenderen Inhalt der Initiative bemängelt.[59] Aus rechtsstaatlicher Sicht wurde die zwingende Verhängung einer lebenslänglichen, auch bei

54 BBl 2007 5369, 5387; *Frischknecht*, ZStrR 2008, 444.
55 Siehe PK StGB-*Trechsel/Schultze*, Art. 101 Rn. 9 m.w.H.; *Frischknecht*, ZStrR 2008, 445 ff.
56 *Frischknecht*, ZStrR 2008, 441 ff.; *Nydegger*, Wenn Polanski nicht Polanski wäre, forumpoenale 2010, 49 ff.
57 *Capus*, Die Annahme der Unverjährbarkeits-Initiative, forumpoenale 2009, 110, 113.
58 *Frischknecht*, ZStrR 2008, 441 ff.
59 OFK BV-*Biaggini*, Art. 123c Rn. 2.

Entfallen der Gefahr nicht widerruflichen Maßnahme,[60] als Verletzung des Verhältnismässigkeitsgrundsatzes (Art. 5 Abs. 2 BV) bewertet.[61] Letztlich wurde die „Fiktion der Gefahr“[62] bei gewissen Tätern, d.h. das Abstellen auf den schlechten Leumund statt der schlechten Prognose, als unvereinbar mit den Grundprinzipien des Maßnahmenrechts eingestuft.[63]

Erneut wurden Zweifel an der Wirksamkeit der Vorlage laut. Dass nur Sexualdelikte und nicht auch Gewaltdelikte aufgeführt werden sollen, mindere den Opferschutz.[64] Dass bei Entfallen der Gefährlichkeit und somit des Schutzinteresses keine Aufhebung der Maßnahme möglich sein soll, scheine ineffizient. Diese Problematiken wurden in einem indirekten Gegenvorschlag aufgegriffen, welcher ein Tätigkeits- und Rayonverbot einführen wollte, das sich auf Gewaltdelikte erstrecken und in gewissen Ausnahmefällen auch sollte aufgehoben werden können. An der Abstimmung vom 18. Mai 2014 empfahl der Bundesrat die Ablehnung der Initiative, während die Bundesversammlung keine Abstimmungsempfehlung gab. Die Vorlage wurde anstelle des indirekten Gegenvorschlags vom Volk und Ständen klar angenommen.[65]

Die Initiative wurde aufgrund unzureichender Normbestimmtheit und Kollision mit völkerrechtlichen Vorgaben auf Gesetzesstufe umgesetzt.[66] Die Umsetzung war erneut kontrovers[67] und stellte einen Spezialfall dar, weil die im indirekten Gegenvorschlag vorgesehene Gesetzesänderung trotz der Annahme der Initiative durchgeführt wurde: Nachdem das Tätigkeitsverbot Anfang 2015 in Art. 67 CH-StGB bereits eingeführt wurde, waren für die Umsetzung der Initiative per Anfang 2019 nur noch kleine Anpassungen nötig.[68]

---

60 BBl 2016 6115, 6116 und 6136; HK StGB-*Wohlers*, Art. 67 Rn. 16 betont, dass es kein richterliches Ermessen gibt.

61 BSK StGB-*Hagenstein*, Art. 67 Rn. 81; BBl 2016 6115, 6116.

62 HK StGB-*Wohlers*, Art. 67 Rn. 15.

63 Siehe BSK StGB-*Hagenstein*, Art. 67 Rn. 59; HK StGB-*Wohlers*, Art. 67 Rn. 13; BBl 2012 8819, 8850.

64 Siehe BSK BV-*Göksu*, Art. 123c Rn. 9: «wer Kinder zu verprügeln pflegt, wird nicht vom Verbot erfasst»; BBl 2012 8819, 8836 ff.

65 Die Annahme erfolgte mit 63.5% Ja-Stimmen des Volks und 23 Standesstimmen.

66 Siehe dazu ausführlich OFK BV-*Biaggini*, Art. 123c Rn. 3; a.A. BSK BV-*Göksü* Art. 123c, Rn. 2.

67 Siehe *Hasler*, Pädophilen-Initiative – Der BR eröffnet die Vernehmlassung, forumpoenale 2015, 249; *Raselli*, Die Attacke auf das Verhältnismässigkeitsprinzip, AJP 2015, 1351.

68 Siehe HK StGB-*Wohlers*, Art. 67 Rn. 1.

Das vorab in Art. 67 CH-StGB verankerte (allgemeine und qualifizierte) Tätigkeitsverbot wurde durch zwei zwingende Tätigkeitsverbote in Art. 67 Abs. 3 und 4 CH-StGB ergänzt.[69] Diese statuieren das lebenslängliche Tätigkeitsverbot für Straftaten an Kindern und Abhängigen und führen je einen Katalog von Anlasstaten auf.[70] Opfer bzw. Subjekt verbotener Pornografie müssen Minderjährige oder Abhängige sein, allerdings muss die Tat nicht in Ausübung der zu verbietenden Tätigkeit begangen werden.[71] Rechtsfolge ist zwingend ein Verbot aller beruflichen und organisierten außerberuflichen Tätigkeiten "mit regelmäßigem Kontakt zu Minderjährigen“ bzw. „direktem Patientenkontakt“.[72]

Art. 67 Abs. 4bis CH-StGB führt eine Härtefallklausel mit Ausnahmen ein, wenn kumulativ eine gute Prognose und ein besonders leichter Fall einer Katalogtat vorliegen.[73] Diese Ausnahmeregelung kommt bei gewissen Katalogtaten (inkl. Schändung) sowie einer Klassifikation des Täters als pädophil nicht zur Anwendung.[74]

Die Umsetzung geht über das im Zentrum der Abstimmung stehende Phänomen der „Pädophilie“ hinaus: Die Initiative sollte die sexuelle Unversehrtheit von Kindern schützen, die Umsetzung knüpft jedoch an die Minderjährigkeit des Opfers an. Ebenso weitet der Katalog an Anlasstaten, der Antrags- bzw. Bagatelldelikte beinhaltet, den Anwendungsbereich der Maßnahme aus.[75]

In der Praxis entwickelte sich eine uneinheitliche Rechtsprechung zum lebenslänglichen Tätigkeitsverbot. Insbesondere die Auslegung der Ausnahmeregelung für besonders leichte Fälle ist unklar. In Einzelfällen des Be-

---

69 Siehe zur Unterscheidung zwischen allgemeinem, qualifiziertem und zwingendem Tätigkeitsverbot HK StGB-*Wohlers*, Art. 67 Rn. 1.

70 Die abschliessenden Kataloge umfassen verschiedene Sexualdelikte, mit Ausnahme des Menschenhandels, der allerdings einen sexuellen Bezug aufweisen muss. Es reicht die versuchte Tatbegehung einer Katalogtat (OGer ZH SB180258 vom 23.11.2018, E. IV.3 und IV.4).

71 PK StGB-*Trechsel/Bertossa*, Art. 67 Rn. 14

72 OFK StGB-*Heimgartner*, Art. 67 Rn. 10. Erfasst werden auch Tätigkeiten mit kurzfristigen oder sporadischen Kontakten mit zu schützenden Personengruppen, was wiederum als unverhältnismäßig gilt, siehe BSK StGB-*Hagenstein*, Art. 67 Rn. 57; HK StGB-*Wohlers*, Art. 67 Rn. 15.

73 Die Ausnahmeregelung betrifft Bagatellfälle und dient der Einhaltung des Verhältnismäßigkeitsgrundsatzes, siehe dazu HK StGB-*Wohlers*, Art. 67 Rn. 17.

74 HK StGB-*Wohlers*, Art. 67 Rn. 13

75 HK StGB-*Wohlers*, Art. 67 Rn. 21 mit Bezug zu den Tatbeständen des Exhibitionismus (Art. 194) und der sexuellen Belästigung (Art. 198)

sitzes harter Pornographie wird teils auf Bestrafung verzichtet, teils ein lebenslängliches Tätigkeitsverbot ausgesprochen. Diese Problematik wird dadurch verschärft, dass ein drohendes Tätigkeitsverbot nicht ausreicht, um eine notwendige Verteidigung zu gewähren.[76]

4. Ausschaffungsinitiative

Die Ausschaffungsinitiative wurde am 15. Februar 2008 von der Schweizerischen Volkspartei (SVP) eingereicht, damit Täter gewisser Katalogtaten automatisch ihr Aufenthaltsrecht in der Schweiz verlieren:

> ***Artikel 121 Abs. 3–6 BV***
> [3] *Sie [Ausländerinnen und Ausländer] verlieren unabhängig von ihrem ausländerrechtlichen Status ihr Aufenthaltsrecht sowie alle Rechtsansprüche auf Aufenthalt in der Schweiz, wenn sie:*
> *wegen eines vorsätzlichen Tötungsdelikts, wegen einer Vergewaltigung oder eines anderen schweren Sexualdelikts, wegen eines anderen Gewaltdelikts wie Raub, wegen Menschenhandels, Drogenhandels oder eines Einbruchsdelikts rechtskräftig verurteilt worden sind; oder*
> *missbräuchlich Leistungen der Sozialversicherungen oder der Sozialhilfe bezogen haben.*
> [4] *Der Gesetzgeber umschreibt die Tatbestände nach Absatz 3 näher. Er kann sie um weitere Tatbestände ergänzen.*
> [5] *Ausländerinnen und Ausländer, die nach den Absätzen 3 und 4 ihr Aufenthaltsrecht sowie alle Rechtsansprüche auf Aufenthalt in der Schweiz verlieren, sind von der zuständigen Behörde aus der Schweiz auszuweisen und mit einem Einreiseverbot von 5–15 Jahren zu belegen. Im Wiederholungsfall ist das Einreiseverbot auf 20 Jahre anzusetzen.*
> [6] *Wer das Einreiseverbot missachtet oder sonstwie illegal in die Schweiz einreist, macht sich strafbar. Der Gesetzgeber erlässt die entsprechenden Bestimmungen.*

Die Debatte zur Vorlage betraf Konflikte mit rechtsstaatlichen Garantien und dem Völkerrecht. Die als Automatismus ausgestaltete Vorlage kollidiere mit dem Schutz des Privat- und Familienlebens (Art. 13 BV) und dem

---

76 Zum Ganzen Tagesanzeiger vom 04.09.2021 (Wie die Pädophileninitiative die Zürcher Justiz überfordert), sowie Tagesanzeiger vom 11.09.2021 (Mann verbreitet Pornografie – und kriegt kein lebenslängliches Tätigkeitsverbot).

Verhältnismäßigkeitsgrundsatz (Art. 5 Abs. 2 BV).[77] Zudem stehe sie im Spannungsfeld mit Art. 8 EMRK, Art. 1 des 7. Zusatzprotokolls zur EMRK und dem Freizügigkeitsabkommen (FZA) zwischen der Schweiz und der EU.[78] Aus diesen Gründen erarbeitete das Parlament einen direkten Gegenvorschlag, der an einer gewissen Schwere des Delikts bzw. der Strafe anknüpfte.[79] An der Abstimmung am 28. November 2010 wurde die Vorlage angenommen,[80] entgegen der Empfehlung des Bundesrats und der Bundesversammlung.

Die neuen Verfassungsbestimmungen wurden entlang des ausdrücklichen Konkretisierungsauftrags (Art. 121 Abs. 4 BV) auf Gesetzesstufe umgesetzt.[81] Zur Einführung der obligatorischen „Landesverweisung" im CH-StGB wurden zwei Varianten vorgeschlagen.[82] Die erste Variante setzte eine Mindeststrafe von sechs Monaten voraus.[83] Die zweite Variante sah einen absoluten Ausschaffungsautomatismus für bestimmte Delikte vor, wobei nur das Non-Refoulement-Gebot eine Schranke darstellen sollte.[84]

Als Reaktion auf den ersten, vermittelnden Vorschlag reichte die SVP zwei Wochen nach Eröffnung des Vernehmlassungsverfahrens die Initiative „zur Durchsetzung der Ausschaffung krimineller Ausländer (Durchsetzungsinitiative)" ein.[85] Die Initiative bezweckte die Durchsetzung des Volkswillens durch eine verfassungsrechtliche Verankerung der Umsetzung der Ausschaffungsinitiative.[86] Kritik entstand aufgrund des Konflikts mit dem nicht-zwingenden Völkerrecht und dem Entfallen jeglichen Er-

---

77 BSK StGB-*Zurbrügg/Hauschka*, Vor Art. 66a Rn. 30; BBl 2009 5097, 5098; siehe zur rechtlichen Debatte auch *Hangartner*, Unklarheiten bei Volksinitiativen – Bemerkungen aus Anlass des neuen Art. 121 Abs. 3–6 BV (Ausschaffungsinitiative), AJP 2011, 471, 474 f.; *Gächter/Kradolfer*, Von schwarzen Schafen – Gedanken zur Ausschaffungsinitiative aus juristischer Sicht, Asyl 2008, 12.

78 BBl 2009 5097, 5098.

79 Siehe den konkreten Vorschlag in BBl 2010 4243, 4244; dazu BSK StGB-Achermann, Vor Art. 66 Rn. 32.

80 Die Annahme erfolgte mit 52.3% Ja-Stimmen des Volks und 15 5/2 Standesstimmen.

81 *Musliu*, S. 101; BSK StGB-*Achermann*, Vor Art. 66a Rn. 33.

82 *Weber*, Die gesetzlichen Umsetzungsvarianten der SVP-Ausschaffungsinitiative im Lichte des FZA und der Rechtsprechung des EGMR zu Art. 8 EMRK, AJP 2012, 1436, 1440; *Musliu*, S. 101 ff.; BSK StGB-*Achermann*, Vor Art. 66a Rn. 34.

83 *Weber*, AJP 2012, 1140.

84 BSK StGB-*Achermann*, Vor Art. 66a Rn. 34.

85 BSK StGB-*Achermann*, Vor Art. 66a Rn. 34.

86 *Uebersax*, Zur Zulässigkeit der Durchsetzungsinitiative – eine Einladung zur Reflexion, ZBl 2014, 600.

messensspielraums für Behörden.[87] Die Initiative nehme Verletzungen des nicht-zwingenden Völkerrechts ausdrücklich in Kauf, insbesondere Art. 8 EMRK und Art. 1 des 7. Zusatzprotokolls zur EMRK, welche bei Ausweisungen von Ausländerinnen eine Einzelfallprüfung verlangen. Mit Annahme der Initiative würde direkt anwendbares, aber offensichtlich völkerrechtswidriges Verfassungsrecht geschaffen, was Behörden in der Schweiz vor große Herausforderungen stelle.[88] In der Abstimmung vom 28. Februar 2016 wurde die Durchsetzungsinitiative, entlang der Empfehlung von Bundesrat und Bundesversammlung, abgelehnt.[89]

Die Umsetzung der Ausschaffungsinitiative folgte somit dem ursprünglich vorgesehenen Prozess. Sie erweiterte den Katalog, führte eine Härtefallklausel ein und verzichtete unter dem Druck der Durchsetzungsinitiative auf das Erfordernis der Mindeststrafe.[90] Die Bestimmungen zur Landesverweisung traten am 1. Oktober 2016 in Kraft.

Artikel 66*a* CH-StGB sieht vor, dass das Gericht einen Ausländer oder eine Ausländerin – unabhängig von der Höhe der Strafe – für 5–15 Jahre aus der Schweiz verweist, wenn eine Verurteilung für eine Katalogtat vorliegt. Der Deliktskatalog besteht größtenteils aus Verbrechen, umfasst jedoch auch Vergehen, die im Einzelfall gar Bagatellen sein können.[91]

Artikel 66*a* Abs. 2 CH-StGB regelt den Härtefall: Ausnahmsweise kann das Gericht von einer Landesverweisung absehen, wenn diese einen schweren persönlichen Härtefall bewirken würde und die öffentlichen Interessen an der Landesverweisung gegenüber den privaten Interessen am Verbleib in der Schweiz nicht überwiegen. Damit wird dem Verhältnismäßigkeitsgrundsatz Rechnung getragen. Das Verhältnis zu völkerrechtlichen Bestimmungen bleibt problematisch und verlangt eine gerichtliche Einzelfallprüfung der Vereinbarkeit der Landesverweisung mit völkerrechtlichen Verträgen.[92]

---

87 Volksabstimmung vom 28. Februar 2016, Erläuterungen des Bundesrates, 16 ff.

88 Zum Ganzen *Hangartner*, Bundesgerichtlicher Positionsbezug zum Verhältnis von Bundesverfassung und Völkerrecht, AJP 2013, 698, 705 ff.

89 Die Ablehnung erfolgte mit 58.9% Nein-Stimmen des Volks und 17 $^{3}/_{2}$ verwerfenden Standesstimmen.

90 AK StGB-*Vetterli*, Art. 66a Rn. 1.

91 AK StGB-*Vetterli*, Art. 66a Rn. 10, z.B. Diebstahl i.V.m. Hausfriedensbruch, unrechtmäßiger Bezug von Sozialleistungen sowie Pornografie.

92 Siehe dazu eingehend *Burri/Priuli*, Landesverweisung und Freizügigkeitsabkommen, AJP 2017, 886; BSK StGB-*Zurbrügg/Hruschka*, Art. 66a Rn. 58 ff.; *Oberholzer*, Landesverweisung – aktueller Stand der bundesgerichtlichen Rechtsprechung, ZBJV 2020, 227, 243 f.

Die praktischen Auswirkungen der Initiative sind von zwei strafprozessualen Gegebenheiten geprägt. Einerseits muss die obligatorische Landesverweisung vom Strafgericht ausgesprochen werden. Eine Landesverweisung per Strafbefehl, womit in der Schweiz über 90% der Straffälle erledigt werden,[93] ist ausgeschlossen (Art. 252 Abs. 1 lit. d StPO *e contrario*). Andererseits muss bei einer drohenden Landesverweisung eine notwendige Verteidigung gestellt werden.[94] Wenn die Begehung einer Katalogtat durch einen ausländischen Täter infrage steht, muss ein ordentliches Verfahren samt notwendiger Verteidigung durchgeführt werden.

Das Bundesamt für Statistik liefert Einblick in die Anwendungsquote der Landesverweisung je nach Sanktionsart.[95] Die Anwendungsrate im Jahr 2021 lag bei Freiheitsstrafen von mehr als 6 Monaten bei über 75%, bei Geldstrafen betrug sie allerdings nur 5.3% – in allen anderen Fällen griff die Härtefallklausel.[96] Dies suggeriert eine große Anzahl an Bagatellfällen,[97] bei denen ein beträchtlicher Mehraufwand für die Strafjustiz entsteht.[98]

---

93 *Mattmann/Eschle/Rader/Walser/Thommen*, Heimliche Verurteilungen, ZStrR 2021, 253, 254.

94 Art. 130 lit. b StPO.

95 *Oberholzer*, ZBJV 2020, 248.

96 BFS Statistik „Ausländer(innen): Verurteilungen aufgrund von Straftaten nach Art. 66a StGB, mit oder ohne Landesverweisung (LV), nach Sanktionsart", abrufbar unter: https://www.bfs.admin.ch/asset/de/22665431, zuletzt abgerufen am 21.12.2022.

97 Exemplarisch hierfür ist das «Eselvideo», das in sozialen Medien kursiert. Das Video zeigt einen Buben, der hinter einem Esel Kopulationsbewegungen ausführt (aber nicht klar entblösst ist). Das Video erfüllt den Pornografietatbestand i.S.v. Art. 197 Abs. 4 StGB, ein Katalogdelikt. Verschickt eine ausländische Person das Video, muss ein ordentliches Strafverfahren mit notwendiger Verteidigung durchgeführt werden, auch wenn die Härtefallklausel offensichtlich greift. Siehe zur Prominenz des Videos bei Behörden die Vernehmlassung des Regierungsrats Kanton Aargau «18.043s Strafrahmenharmonisierung und Anpassung des Nebenstrafrechts an das neue Sanktionenrecht», 7.

98 Vgl. dazu bereits *Brun/Fabbri*, Die Landesverweisung – neue Aufgaben und Herausforderungen für die Strafjustiz, recht 2017, 231, 242 ff. Um diesen Missständen entgegenzutreten, bestehen Reformvorschläge zum Umgang mit Bagatellfällen. Vorgeschlagen wird die Anpassung des Deliktskatalogs sowie die Anordnung der Landesverweisung per Strafbefehl.

IV. Spannungsfelder zwischen direkter Demokratie und Strafrecht

1. Spannungsfelder

Die Untersuchung der einzelnen Initiativen offenbart Spannungsfelder zwischen direkter Demokratie und Strafrecht. Dass diese entweder theoretischer oder praktischer Natur sind, legt die chronologische Unterteilung von Initiativen in drei Phasen nahe: Wahlkampf, Umsetzung und Praxis.

Während des Wahlkampfs dominieren theoretische Probleme. Auf nationaler Ebene bestehen rechtsstaatliche Bedenken, weil die untersuchten Initiativen regelmäßig mit dem Verhältnismäßigkeitsgrundsatz konfligieren.[99] Die Initiativen beabsichtigen Automatismen ohne Raum für Einzelfallbetrachtungen. Basierend auf Täterprofilen und Katalogtaten – nicht der Schuld im Einzelfall – drohen auch bei Bagatelldelikten gar lebenslängliche Konsequenzen. Darüber hinaus bestehen Widersprüche mit Prinzipien des Strafrechts wie dem Rückwirkungsverbot (Unverjährbarkeitsinitiative) und den Grundprinzipien des Maßnahmenrechts (Pädophileninitiative). Auf der internationalen Ebene entstehen Spannungen mit völkerrechtlichen Verpflichtungen. So konfligiert die Unverjährbarkeitsinitiative mit Art. 7 EMRK, die Pädophilen- und Ausschaffungsinitiative mit Art. 8 EMRK und die Verwahrungsinitiative mit Art. 5 EMRK. Zudem ist das Verhältnis der Ausschaffungsinitiative zum FZA problematisch.[100]

Die Umsetzung der Initiativen durch den Gesetzgeber entschärft – auch gegen den Volkswillen – viele dieser Probleme. Um der Verhältnismäßigkeit Raum zu schaffen, wurden die Bestimmungen zur Umsetzung der Verwahrungsinitiative, Pädophileninitiative und Ausschaffungsinitiative mit Ausnahmeregelungen abgeschwächt. Die Umsetzung der Verwahrungsinitiative enthält gar eine – offen im Widerspruch zum Volkswillen stehende – unmittelbare gerichtliche bedingte Entlassung. Für die Unverjährbarkeitsinitiative wurde hingegen die Rückwirkung im Gesetz ausgeschlossen.

Die praktische Anwendung dieser Umsetzungsregelungen bringt Probleme unterschiedlicher Natur. Die Verwahrungsinitiative kam mit einer einzigen Ausnahme nicht zur Anwendung, mitunter aufgrund einer restriktiven bundesgerichtlichen Auslegung. Die Pädophileninitiative mündete in einer uneinheitlichen Rechtsprechung. Die Ausschaffungsinitiative verursachte – oft auch für Bagatellfälle – erheblichen Mehraufwand für die Strafjustiz.

---

99 Zur Attacke von Initiativen auf den Verhältnismäßigkeitsgrundsatz *Raselli*, AJP 2015, 1351 ff.

100 *Burri/Priuli*, AJP 2017, 886 ff.; *Oberholzer*, ZBJV 2020, 243 ff.

Eine Ursache für die Varietät an Problemen bei direktdemokratischer Gestaltung des Strafrechts könnten unrealistische Erwartungen des Volks an das Strafrecht sein. Die Annahme der vier Initiativen deutet an, dass der Volkswille auf einem fehlenden Verständnis für die Realität des Strafrechts basiert. Die Initiativen führen Automatismen ein, mit einer unterschwelligen Forderung nach Nulltoleranz bei gewissen Tätern. Dabei verkennen sie die Daseinsberechtigung der Verhältnismäßigkeit und anderer rechtsstaatlicher Prinzipien als Schutzschild des Individuums vor dem schärfsten Schwert des Staates.[101] Zudem überschätzen sie den Handlungsspielraum der Schweiz im internationalen Kontext, indem sie das Verhältnis zum Völkerrecht unzureichend abhandeln. Letztlich besteht eine Wissenslücke zur Realität der Strafrechtspraxis, sowohl in Bezug auf die Kosten als auch auf die tatsächliche Anwendbarkeit von Initiativen.

Die direktdemokratische Einflussnahme auf das Strafrecht verursacht somit Spannungen auf zwei Ebenen. Einerseits entstehen Konflikte mit der bestehenden nationalen und internationalen Rechtsordnung und andererseits besteht ein fehlendes Verständnis für die Prinzipien und Realitäten des Strafrechts.

2. Lösungsansätze

Zur Minderung dieser Spannungen bestehen zwei Arten von Lösungsansätzen. Einerseits könnte die geltende Rechtsordnung angepasst werden. Um die Vereinbarkeit von Initiativen mit der Rechtsordnung sicherzustellen, könnte die direktdemokratische Einflussnahme auf das Strafrecht entweder geschwächt oder gestärkt werden. Andererseits könnte besser zwischen Volk und Strafrechtsrealität vermittelt werden.

Eine naheliegende Änderung der Rechtsordnung wäre die Beschränkung der direktdemokratischen Einflussnahme auf das Strafrecht. Einerseits könnten die Gültigkeitsvoraussetzungen strikter gestaltet werden, um völkerrechtswidrige oder rechtsstaatlich bedenkliche Initiativen zu verhindern.[102] Andererseits könnte man das Objekt von Initiativen eingrenzen, bzw. das Strafrecht davon ausnehmen. Solch erhebliche Einschränkungen

101 Siehe zum Ganzen *Raselli*, AJP 2015, 1351 ff.

102 Siehe *Kley*, Volksinitiativen: Das Parlament als Vermittler zwischen Volk, Regierung und Gerichten? Parlament 2015, 36, 42 f. Striktere Gültigkeitsvoraussetzungen müssten sehr präzise formuliert und genauso präzise angewendet werden. Es wäre wohl nicht angemessen, der Bundesversammlung als Legislative diese erweiterte Kom-

der zentralen Rechtsfigur der schweizerischen Demokratie erscheinen jedoch weder wünschenswert noch realistisch. Das Volk sollte weiterhin zu jeder Sachfrage effektiv Stellung nehmen und Vorschläge vorbringen können. Zudem wären solche Änderungen nur über eine Revision der Verfassung und damit durch eine Initiative umzusetzen, was vom Volk die Beschränkung eigener Mitwirkungsmöglichkeiten verlangen würde.

Eine gegenteilige Änderung der Rechtsordnung wäre zumindest in der Theorie auch möglich: Die direkte Demokratie könnte priorisiert und die politischen Rechte des Volkes vor andere Verpflichtungen gestellt werden. Angenommene Initiativen würden der übrigen Rechtsordnung vorgehen, inkl. dem Völkerrecht und rechtsstaatlichen Prinzipien. Dieser Lösungsansatz ist ebenso weder wünschenswert noch realistisch. Die Rechtsordnung der Schweiz, geleitet von einer Pflicht zur Beachtung rechtsstaatlicher Grundsätze und des Völkerrechts (Art. 5 BV), würde in ihren Grundfesten erschüttert. Das Volk scheint sich dem bewusst: Initiativen, die einen generellen Vorrang der Bundesverfassung gegenüber Völkerrecht normieren, mitunter die Durchsetzungsinitiative sowie zuletzt die Selbstbestimmungsinitiative[103], sind bisher an der Urne gescheitert.

Die Unzulänglichkeiten rechtlicher Lösungsansätze sind offensichtlich. Konstruktiver wäre es, bei der Vermittlung zwischen Volk und Strafrechtsrealität anzusetzen. Ein Aspekt hiervon liegt in der Entwicklung politischer Strategien, welche die rechtlichen und praktischen Konsequenzen von Initiativen rational thematisieren und gleichzeitig Emotionen, Ängsten und Bedürfnissen des Volks in nicht technokratischer Sprache begegnen. Lücken in der politischen Strategie offenbaren die von Bundesversammlung oder Bundesrat ausgearbeiteten Gegenvorschläge: Meist wird damit versucht, Vereinbarkeit zwischen den Absichten der Initiativen mit der geltenden Rechtsordnung herzustellen, in den hier analysierten Initiativen allerdings erfolglos.[104]

Doch schlichtes Bemängeln politischer Strategie ist unzureichend – die Wissenschaft ist ebenso gefordert. Empirische Forschung zur Realität des Strafrechts und zu den Konsequenzen von Rechtsänderungen, insbesondere bei Initiativen, ist angezeigt. Beispielsweise könnte zur Problematik der

---

petenz zu überlassen. Würde man striktere juristisch präzise Kriterien vorsehen, müsste die Kompetenz zur Beurteilung der Gültigkeit auch dem Schweizerischen Bundesgericht übertragen werden.

103 Eidgenössische Volksinitiative «Schweizer Recht statt fremde Richter (Selbstbestimmungsinitiative)», abgelehnt am 25. November 2018.

104 Siehe zum Ganzen *Forster*, AJP 2004, 418 f.

Härtefälle bei der Ausschaffungsinitiative der ökonomische Mehraufwand für das Strafjustizsystem per Delikt untersucht werden. Dies würde aufzeigen, welche Katalogtatbestände unverhältnismäßige Kosten verursachen, auch im Hinblick auf die Anwendung der Härtefallklausel. Dies würde die Erarbeitung von Deliktskatalogen bei zukünftigen Initiativen bzw. die Abstimmungsdebatte dazu bereichern. Doch solch faktenbasierte Untersuchungen sind selten. Theoretische Auseinandersetzungen zur Gestaltung der Rechtsordnung selbst, statt deren praktischen Konsequenzen, überwiegen. Dem muss nicht so sein.

Die direkte Demokratie ermöglicht eine einzigartige Gestaltung der Rechtsordnung. Sie bietet entsprechend einzigartige Forschungsobjekte. Schon die Initiativen, die hier nicht untersucht wurden, können wertvolle Einblicke zur Dynamik zwischen Volk und Strafrecht bieten: Welche strafrechtlichen Thematiken interessieren das Volk (Zustandekommen von Initiativen), wofür kann die Mehrheit nicht begeistert werden (Ablehnung von Initiativen) und welchen Einfluss haben hierbei politische Strategie und Timing?

Auch über die direkte Demokratie hinaus sollten Änderungen der Rechtsordnung auf ihre Konsequenzen erforscht werden. Nur mit empirisch fundierten Einblicken zu praktischen Gegebenheiten lässt sich ein angemessener Diskurs zwischen Volk und Strafrecht führen.

V. Fazit

Die Initiative bildet den Kern der direkten Demokratie der Schweiz. Dass eine direkte Einflussnahme des Volkes auf die Rechtsordnung in Theorie und Praxis Probleme hervorbringen kann, liegt nahe. Dass solche Problematiken im sensiblen Bereich des Strafrechts vorkommen, hat dieser Beitrag anhand einer systematischen Untersuchung aller Initiativen der letzten 50 Jahre aufgezeigt. Die detaillierte Analyse der vier angenommenen Initiativen zum Strafrecht hat die Spannungsfelder zwischen direkter Demokratie und Strafrecht dargelegt.

Auf der theoretischen Ebene konfligieren Initiativen mit rechtsstaatlichen Prinzipien (insbesondere dem Verhältnismäßigkeitsgrundsatz), Garantien und bestehenden Verpflichtungen des Völkerrechts sowie Prinzipien des Strafrechts. Auf der praktischen Ebene können Initiativen die Gerichte überfordern und übermäßige Kosten verursachen, ihre Ziele nicht effektiv verfolgen oder gar nicht angewendet werden.

Diese theoretischen und praktischen Probleme sind Symptome einer vorgelagerten Ursache: der Diskrepanz zwischen dem Volkswillen und der Realität des Strafrechts. Fehlendes Verständnis für den Zweck und die Grundprinzipien des Strafrechts kann zu unrealistischen Erwartungen führen. Da letztere die Formulierung und die Argumentation im Wahlkampf beeinflussen, bleibt die Umsetzung und praktische Anwendung des Volkswillens oft ernüchternd.

Lösungsansätze rechtlicher Natur scheinen weder wünschenswert noch realistisch. Strengere Gültigkeitsvoraussetzungen sowie die Verhinderungen von Initiativen zum Strafrecht würden vom Volk die Verengung eigener Mitspracherechte verlangen. Die kategorische Priorisierung des Volkswillens gegenüber der Rechtsordnung wäre rechtlich schwer umzusetzen.

Stattdessen sollte das Defizit des demokratischen Diskurses, das Missverständnis des Strafrechts, zum Objekt neuer Denkanstöße werden. Es mangelt an volksnaher Kommunikation zur Strafrechtsrealität. Hieran ist die rechtswissenschaftliche Forschung mitschuldig, weil theoretische Auseinandersetzungen überwiegen und faktenbasierte Untersuchungen rar sind. Oft ist die Gestaltung der Rechtsordnung Forschungsobjekt, zu selten ihre Konsequenzen.

Um dies zu ändern, bietet die direkte Demokratie der Schweiz fruchtbare Erde. Der Fokus dieses Beitrags lag auf den tatsächlichen Auswirkungen von Initiativen auf das Strafrechtssystem. Doch weitere empirische Forschung zur direktdemokratischen Gestaltung des Strafrechts sollte versuchen, die Schere zwischen Theorie und Realität zu schmälern.

In Theorie ist ein demokratisches Strafrecht zu begrüßen. In Realität ist es, wegen der Diskrepanz zwischen Volkserwartungen und Strafrechtsrealität, ein Damoklesschwert. Dieser Beitrag hat anhand der direkten Demokratie der Schweiz gezeigt, dass theoretische Prämissen durch Forschung zu realen Gegebenheiten zu komplementieren sind – mit dem Ziel, auch außerhalb der Schweiz als Anstoß zur Erforschung realer Auswirkungen von Rechtsänderungen zu dienen.

Giulia Canova, M.A. Law and Economics | Wissenschaftliche Mitarbeiterin am Kompetenzzentrum für Strafrecht und Kriminologie an der Universität St.Gallen.
Tommaso Giardini, M.A. Law and Economics | Associate Director, Digital Policy Alert, St.Gallen Endowment for Prosperity Through Trade.

Demokratisierung des Strafrechts? Zur Rolle der Strafrechtswissenschaft in der Gesetzgebung

Ivó Coca-Vila, Barcelona & Freiburg

Seit einigen Jahren stellt eine bedeutende und wachsende Zahl von Stimmen in der Literatur die klassischen kriminalpolitischen Ambitionen der Strafrechtswissenschaft in Frage. Deren Bemühungen, einen materiellen Verbrechensbegriff zu entwickeln, um dem Gesetzgeber Grenzen zu setzen, würde von einem radikalen Mangel an demokratischer Sensibilität zeugen. Ziel meines Beitrages ist es zu zeigen, dass die Kritik auf einem Missverständnis der Ansprüche der wissenschaftlichen Kriminalpolitik beruht und dass die Strafrechtswissenschaft weiterhin die Legitimität von Strafgesetzen jenseits verfassungsrechtlicher Grenzen hinterfragen sollte. Damit maßen sich die Strafrechtswissenschaftler nicht eine Macht an, die ihnen nicht zusteht, sondern leisten einen entscheidenden Beitrag zur demokratischen Praxis der Strafgesetzgebung.

I. Einleitung

Herkömmlich hat sich die Strafrechtswissenschaft auf drei Hauptaufgaben konzentriert: erstens auf die Pflege der Rechtsdogmatik, das heißt auf die Erfassung und Auslegung von geltenden Gesetzestexten sowie gerichtlichen Entscheidungen, also auf die hermeneutische Arbeit. Zweitens umfasst die Aufgabe der Strafrechtswissenschaft auch die materielle Grundlagenforschung, etwa die Ausarbeitung von Theorien der Allgemeinen Verbrechenslehre und der Funktion von Strafe. Schließlich – und im Gegensatz zu sonstigen rechtswissenschaftlichen Disziplinen – hat sich die Strafrechtswissenschaft intensiv auch der Rechtspolitik gewidmet. Dabei geht es um die Suche nach materiellen, dem Strafgesetzbuch vorgelagerten Kriterien, um zu bestimmen, wie ein Verhalten beschaffen sein muss, damit der Staat *berechtigt* ist, es unter Strafe zu stellen.[1] Die Entwicklung des sogenannten

1 Vgl. z. B. *Roxin/Greco*, Strafrecht Allgemeiner Teil I, 5. Aufl., 2020, § 2 Rn. 1 (zitiert als: *Roxin/Greco*, StrafR AT I); *Robles Planas*, Zur Dogmatik der Kriminalpolitik, in:

„materiellen Unrechtsbegriffs" – man denke im deutschsprachigen Diskussionsraum vor allem an den Rechtsgutsbegriff – wie auch komplementärer, einschränkender Prinzipien des *ius puniendi* (zum Beispiel des *Ultima-Ratio*-Grundsatzes) ist das Produkt der von der Strafrechtswissenschaft betriebenen Bemühungen zur Bestimmung der inhaltlichen Qualität strafbaren Handelns.

Dem Anspruch, dem Gesetzgeber einen kriminalpolitischen, also metarechtlichen Maßstab dafür an die Hand zu geben, was er bestrafen darf und was straflos bleiben soll, liegt das Anliegen der Strafrechtswissenschaft zugrunde, die Grenzen der Strafgesetzgebung so eng wie möglich zu setzen.[2] Im Gegensatz zu anderen Rechtswissenschaftlern geht der Strafrechtler traditionell in der Regel davon aus, dass die Strafe immer ein (qualitativ besonderes) Übel ist,[3] das erhebliche Legitimationsbemühungen erfordert[4] – nicht nur wegen seiner rechtsverletzenden Kraft in faktischer Hinsicht, sondern auch wegen seiner damit verbundenen stigmatisierenden Wirkung.[5] Wegen des massiven (stigmatisierenden) Grundrechtseingriffs, den eine Strafe mit sich bringt, ergibt sich die Notwendigkeit, diese erst beim Vorliegen besonders anspruchsvoller Bedingungen anzudrohen und zuzufügen. Genau der Feststellung dieser Bedingungen sollte sich die Strafrechtswissenschaft in ihrer kriminalpolitischen Aufgabe widmen.[6]

Freund et al. (Hrsg.), Festschrift für Wolfgang Frisch zum 70. Geburtstag, Berlin, 2013, S. 115 f. (zitiert als: *Robles Planas*, in: FS Frisch).

2 Siehe z.B. *Vormbaum*, „Politisches" Strafrecht, ZStW 1995, 744 f., 747: die Kriminalwissenschaft als „Strafbegrenzungswissenschaft", die „gegenüber staatlicher Dispositionsfreiheit über das Strafrecht einen Gegenpol bilden [sollte]".

3 Siehe nur *Schünemann*, Vom schwindenden Beruf der Rechtswissenschaft unserer Zeit, speziell der Strafrechtswissenschaft, in: Hilgendorf/Schulze-Fielitz (Hrsg.), Selbstreflexion der Rechtswissenschaft, 2. Aufl., Tübingen, 2021, S. 259, 269: „Denn das staatliche Reaktionsmittel der Strafe ist im Kern unverhältnismäßig".

4 So *Robles Planas*, Das Wesen der Strafrechtsdogmatik, ZIS 2010, 357, 363, 365: Die Legitimitätsfrage sei für die Strafrechtsdogmatik spezifisch und identitätsstiftend.

5 Zur Kriminalstrafe als sozialethischem Vorwurf siehe *Frisch*, Voraussetzungen und Grenzen staatlichen Strafens, NStZ 2016, 16, 19; *Silva Sánchez*, Tadel als *public policy*? Der strafrechtliche Vorwurf und die Arten von Straftaten, in: Brunhöber et al. (Hrsg.), Festschrift für Cornelius Prittwitz, Baden-Baden, 2023, S. 193: „[D]as Strafrecht [ist] nicht nur ein scharfes, verletzendes Schwert [...], sondern auch und vor allem ein glühendes Eisen, das denjenigen, die es trifft, das Zeichen der Schande aufdrückt."

6 Siehe dazu *Roxin/Greco*, StrafR AT I, § 2 Rn. 1. Ähnlich *Noltenius*, Strafbegründung und der Grundsatz der Verhältnismäßigkeit, in: Jaeckel/Zabel/Zimmermann (Hrsg.), Grundrechtspolitik und Rechtswissenschaft, Tübingen, 2015, S. 93, 102 f. Dass ein wichtiger Teil der modernen wissenschaftlichen Kriminalpolitik eher pönalisierungsfordernd ist, wird allerdings gezeigt bei *Kölbel*, Die dunkle Seite des Strafrechts. Eine

Seit einigen Jahren stellt jedoch eine bedeutende und wachsende Zahl von Stimmen in der Literatur die kriminalpolitische Arbeit der Strafrechtswissenschaft als Ganzes in Frage. Die Kritik setzt auf zwei Ebenen an. Auf der einen Seite werden die praktischen Ergebnisse der wissenschaftlichen Kriminalpolitik in Abrede gestellt: Weder der Rechtsgutsbegriff noch andere Begrenzungskonzepte wie das *Ultima-Ratio*-Prinzip seien in der Lage, die quantitative Expansion und qualitative Degradierung des Strafrechts einzudämmen.[7] Die wichtigsten Errungenschaften der Rechtsgütertheorie, etwa die Entkriminalisierung großer Teile des Sexualstrafrechts, seien in Wirklichkeit auf eine Veränderung der gesellschaftlichen Rahmenbedingungen zurückzuführen.[8] Noch mehr: Die heutige Strafrechtswissenschaft – *Kubiciel* zufolge – verfüge „nicht über ein Theorierepertoire, mit dessen Hilfe sie die Gesetzgebung anleiten könnte".[9] Ihre Bemühungen, so *Burchard*, seien sogar kontraproduktiv: Argumente der Strafrechtslimitation mutieren zum Motor der Strafrechtsexpansion.[10] Dieses praktisches Versagen habe darüber hinaus dazu geführt, dass die Strafrechtswissenschaft sich zunehmend in ihren Elfenbeinturm zurückgezogen habe und sich in der Regel damit begnüge, eine dauerhafte Fundamentalkritik gegen die

---

kriminologische Erwiderung auf die Pönalisierungsbereitschaft in der strafrechtswissenschaftlichen Kriminalpolitik, NK 2019, 249, 254 f.

7 So z. B. *Kubiciel/Weigend*, Maßstäbe wissenschaftlicher Strafgesetzgebungskritik, KriPoZ 2019, 35; *Walter*, Die Vergeltungsidee als Grenze des Strafrechts, JZ 2019, 649, 651 f.; *Jahn/Brodowski*, Das Ultima Ratio-Prinzip als strafverfassungsrechtliche Vorgabe zur Frage der Entbehrlichkeit von Straftatbeständen, ZStW 2017, 363. Grundlegend dazu bereits *Silva Sánchez*, Die Expansion des Strafrechts, Frankfurt a.M., 2003 (zitiert als: *Silva Sánchez*, Expansion).

8 Eingehend *Pawlik*, Das Unrecht des Bürgers, Tübingen, 2012, S. 135 (zitiert als: *Pawlik*, Unrecht); *Frisch*, NStZ 2016, 16, 22; *Stuckenberg*, Rechtsgüterschutz als Grundvoraussetzung von Strafbarkeit?, ZStW 2017, 349, 361.

9 *Kubiciel*, Kriminalpolitik und Strafrechtswissenschaft, JZ 2018, 171, 173. Ähnlich *Stuckenberg*, Grundrechtsdogmatik statt Rechtsgutslehre. Bemerkungen zum Verhältnis von Strafe und Staat, GA 2011, 653, 659. Dass der Einfluss der Strafrechtswissenschaft auf die Strafgesetzgebung gering ist, wird auch von *Kölbel*, NK 2019, 249, 251, festgestellt.

10 So *Burchard*, Strafrechtslimitation als Motor der Strafrechtsexpansion, in: Kuhli/Asholt (Hrsg.), Strafbegründung und Strafeinschränkung als Argumentationsmuster, Baden-Baden, 2017, S. 21, 26 ff., 28 ff.; *ders.*, Criminal Law Exceptionalism as an Affirmative Ideology, and ist Expansionist Discontents, Criminal Law and Philosophy 2021, 17, 21.

Irrationalität des „modernen Strafrechts" zu formulieren, der es aber an jeglicher Fähigkeit mangele, den heutigen Gesetzgeber zu beeinflussen.[11]

Auf der anderen Seite propagieren zahlreiche Kritiker seit einigen Jahren einen noch grundsätzlicheren, zweiten Einwand gegen die traditionell von der Strafrechtswissenschaft gepflegte Kriminalpolitik. Ihre Bemühungen, mithilfe eines materiellen Verbrechensbegriffs dem Gesetzgeber Grenzen zu setzen, zeugten von einem radikalen Mangel an demokratischer Sensibilität.[12] Der Mainstream der deutschen Strafrechtstheorie, so *Gärditz*, fremdele „oft mit herkömmlichen Formen demokratischer Zweckhaftigkeit: mit inhaltlicher Kontingenz, mit gesellschaftlicher Instrumentalität und mit der Gestaltbarkeit durch Mehrheiten".[13] Im Rahmen eines demokratischen Staates sei es aber Sache des Volkes (oder ihrer demokratisch gewählten Vertreter), die im Wesentlichen politische Frage zu entscheiden, was kriminalisiert werden sollte – und nicht die einer „aristokratischen Wissenschaft",[14] die höchst arrogant immer noch glaube, eine „strafrechtspolitische

11 In diesem Sinne *Kubiciel*, JZ 2018, 171, 177; *ders.*, Die Strafrechtswissenschaft als kritische Wissenschaft, in: Barton et al. (Hrsg.), Festschrift für Thomas Fischer, München, 2018, S. 143, 150 f. (zitiert als: *Kubiciel*, in: FS Fischer); *ders.*, Die Wissenschaft vom Besonderen Teil des Strafrechts, Frankfurt a.M., 2013, S. 16 f.; *Höffler*, „Evidence based" Kriminalpolitik?, in: Zabel (Hrsg.), Strafrechtspolitik, Baden-Baden, 2018, S. 225, 230 f. Fn. 32; *Gärditz*, Juristenkultur(en), Politik und demokratische Herrschaftsform, in: Barton et al. (Hrsg.), Festschrift für Thomas Fischer, München, 2018, S. 963, 974 (zitiert als: *Gärditz*, in: FS Fischer); *Hörnle*, Stärken und Schwächen der deutschen Strafrechtswissenschaft, in: Dreier (Hrsg.), Rechtswissenschaft als Beruf, Tübingen, 2018, S. 220 f.

12 Dazu frühzeitig *Appel*, Verfassung und Strafe, Berlin, 1998, S. 329; *Vogel*, Europäische Kriminalpolitik europäische Grundrechtsdogmatik, GA 2002, 517, 534; *Donini*, Strafrechtstheorie und Strafrechtsreform, Berlin, 2006, S. 11 ff.; *Stratenwerth*, Tötung und Körperverletzung mit Einwilligung des Betroffenen, in: Böse/Sternberg-Lieben (Hrsg.), Festschrift für Knut Amelung zum 70. Geburtstag, Berlin, 2009, S. 355, 363. Ebenso *Stuckenberg*, ZStW 2017, 349, 349; *ders.*, GA 2011, 653, 659; *Gärditz*, Strafbegründung und Demokratieprinzip, Der Staat 2010, 331, 334 ff., 351 ff.; *ders.*, Staat und Strafrechtspflege, Paderborn, 2015, S. 39 ff.; *ders.*, Demokratizität des Strafrechts und Ultima Ratio-Grundsatz, JZ 2016, 641, 648 f.; *Pawlik*, Unrecht, S. 102 ff.; *ders.*, Normbestätigung und Identitätsbalance, Baden-Baden, 2017, S. 42 f. (zitiert als: *Pawlik*, Normbestätigung); *Engländer*, Revitalisierung der materiellen Rechtsgutslehre durch das Verfassungsrechts?, ZStW 2015, 616, 618 ff.; *Burchard*, Strafverfassungsrecht: Vorüberlegungen zu einem Schlüsselbegriff, in: Tiedemann et al. (Hrsg.), Die Verfassung moderner Strafrechtspflege, Baden-Baden, 2016, S. 27, 41 ff.; *Wilfert*, Strafe und Strafgesetzgebung im demokratischen Verfassungsstaat, Tübingen, 2017, S. 116 f.

13 *Gärditz*, Demokratische Sonderstellung des Strafrechts?, in: Bäcker/Burchard (Hrsg.), Strafverfassungsrecht, Tübingen, 2022, S. 15, 22.

14 *Donini*, S. 7 f.

Wahrheit" besser zu kennen. Als Modus der Politik, so *Vogel*, sollte die Kriminalpolitik nicht Gegenstand strafrechtswissenschaftlicher Behandlung sein.[15]

Ziel meines Beitrages ist es, zu zeigen, dass die „demokratisierende Kritik" sowie das sich daraus ergebende Verständnis der Rolle der Strafrechtswissenschaft bei der Gesetzgebung in ihrem Kern unberechtigt ist. Die Kritik beruht auf einem Missverständnis der Leistungsfähigkeit und der Ansprüche der wissenschaftlichen Kriminalpolitik. Die aktuelle Diskussion läuft aus meiner Sicht Gefahr, zu einer Diskussion über ein Scheinproblem zu werden. Wie ich im Folgenden zeigen werde, soll es auch innerhalb eines demokratischen Rechtssystems Platz für eine Strafrechtswissenschaft geben, die sich weiterhin mit den vorpositiven (sogar aus einer vorkonstitutionellen Zeit übertragenen) Legitimationsbedingungen des materiellen Strafrechts beschäftigt und diese prominent in den Gesetzgebungsprozess einbindet.

Zu diesem Zweck habe ich meinen Aufsatz in drei Teile gegliedert. Im anschließenden zweiten Teil (II) werde ich den sogenannten „demokratisierenden Ansatz" im Detail darlegen. Auf der Grundlage eines absoluten Werterelativismus bzw. -nihilismus und eines streng formalistischen Demokratiebegriffs (1) zielt er darauf ab, Kriminalisierungsentscheidungen auf das – von materiellen Gründen befreite – Spiel der Politik zu reduzieren (2). Im dritten Teil (III) werde ich erörtern, warum diese Kritik zwar zu Recht einige Schwächen der klassischen Kriminalwissenschaft aufgezeigt hat (1), im Ergebnis aber unzutreffend ist. Weder führt der Pluralismus der heutigen Gesellschaft zwangsläufig zu einem absoluten Werterelativismus bei Kriminalisierungsfragen, noch ist es überzeugend, die Demokratie auf einen bloßen Akt der Mehrheitsmacht reduzieren zu wollen (2). Auch wenn der Gesetzgeber nicht verpflichtet ist, sich an strafrechtswissenschaftliche Konzepte zu halten, nur weil sie gut begründet oder zwischen Strafrechtslehrern gut vertreten sind, kann und soll die wissenschaftliche Kriminalpolitik – auch bei wertenden Fragen – eine wichtige Rolle spielen (3). Der Beitrag schließt mit einem knappen Ausblick (IV).

---

15 So *Vogel*, Strafgesetzgebung und Strafrechtswissenschaft – Überlegungen zu einer diskurstheoretischen Strafgesetzgebungslehre, in: Schünemann et al. (Hrsg.), Festschrift für Claus Roxin, Berlin, 2001, S. 105 Fn. 2 (zitiert als: *Vogel*, in: FS Roxin). Tendenziell auch *Burchard*, in: Kuhli/Asholt (Hrsg.), S. 35 f.; *Wilfert*, S. 174.

II. Zur Demokratieferne der „wissenschaftlichen“ Kriminalpolitik

1. Kontinuitäten in der „wissenschaftlichen“ Kriminalpolitik

Die Kritik zur Demokratieferne der Strafrechtswissenschaft räumt ein, dass das Anliegen, das *ius puniendi* einzuschränken, in seinen Ursprüngen sinnvoll und folgerichtig gewesen sei, als es darum ging, die (absolute) Macht eines despotischen Monarchen einzuschränken.[16] In ihrem Bestreben, das heutige Strafrecht weiterhin auf der Grundlage vorpositiver, aufklärerischer Parameter zu bestimmen, habe die Strafrechtswissenschaft jedoch zwei grundlegende Veränderungen übersehen: den Aufschwung des Werterelativismus sowie die demokratische (verfassungsrechtliche) Einbindung des Strafrechts. Das Ergebnis sei eine muffige Kriminalpolitik, die nicht nur an einem staatstheoretischen zentralen Defizit leide, sondern auch keinen Einfluss mehr auf die reale Gesetzgebung habe.[17]

a. Pluralismus und Werterelativismus

Vielleicht gab es eine Zeit, zu der es noch möglich war eine Reihe gemeinsamer liberaler Prinzipien auszumachen, aus denen ein rationales Strafrecht abgeleitet werden konnte. Vielleicht hat es dieses „gute alte, liberale Strafrecht“ aber in Wirklichkeit auch nie gegeben.[18] Klar sei jedenfalls, dass in den heutigen pluralistischen Gesellschaften, die sich durch eine Vielzahl unterschiedlicher kultureller Wertvorstellungen auszeichnen, keine *minima moralia* existiere, aus der sich ein sog. "rationales Strafrecht" ableiten ließe.[19] Da es keine Erkenntnis der absoluten Wahrheit und keine Einsicht in

16 Bereits *Appel*, S. 331. Neuerdings *Brunhöber*, Grundrechtliche Sonderstellung des Strafrechts? in: Bäcker/Burchard (Hrsg.), Strafverfassungsrecht, Tübingen, 2022, S. 53, 57.

17 Dezidiert *Stuckenberg*, GA 2011, 653, 659; *Gärditz*, Staat und Strafrechtspflege, S. 39 ff.

18 Skeptisch *Silva Sánchez*, Expansion, S. 79 ff.; *Hilgendorf*, Punitivität und Rechtsgutslehre, NK 2010, 125.

19 So *Hirsch*, Das Verbrechen als Rechtsverletzung, Berlin, 2021, S. 200; *Lucke*, Die Suche nach einem Legitimationsmaßstab für Pönalisierungsentscheidungen, Berlin, 2017, S. 87 f. Zu den (strafrechtlichen) Folgen der Fragmentierung innerhalb westlicher Gesellschaften *Hörnle*, Das Ideal des Bürgerstrafrechts vor dem Hintergrund gesellschaftlicher Fragmentierung, in: Bublitz et al. (Hrsg.), Festschrift für Reinhard Merkel, Bd. I, Berlin, 2020, S. 511, 522 ff.; *Kubiciel*, Das Strafrecht einer fragmentierten Gesellschaft, in: Bublitz et al. (Hrsg.), Festschrift für Reinhard Merkel, Bd. I, Berlin, 2020, S. 529, 529 ff. Zum Pluralismus als Herausforderung für das Strafrecht siehe

absolute Werte mehr gebe, können Konzepte wie Wahrheit oder Vernunft nicht mehr als Grundlage für eine Kriminalisierungstheorie dienen.[20] Auch diese Begriffe seien bloße subjektive Wertungen, die nicht rein verstandesmäßig letztbegründbar seien.[21] Das „Streben der strafrechtsbegrenzenden Rechtsgutslehre nach der ‚Wahrheit' des strafrechtlichen Rechtsgüterschutzes, nach der einzig richtigen Bestimmung des Verbrechens und den wahren Grenzen der Strafbarkeit [sei] eine Illusion".[22]

b. Vernachlässigung der demokratisch-grundrechtlichen Einbindung der Kriminalpolitik

Auf der anderen Seite habe die Strafrechtswissenschaft die Demokratisierung (und Konstitutionalisierung) der westlichen Rechtssysteme übersehen. Sie begegnet dem demokratischen Gesetzgeber mit demselben Misstrauen, mit dem sie den absoluten Souverän behandelte.[23] Anders als in anderen Rechtsgebieten habe sich die Strafrechtswissenschaft nie damit abgefunden, dass allein der demokratische Gesetzgeber für die Gesetzgebung zuständig ist und ihre (kriminalpolitischen) Konstruktionen in diesem Prozess keine bindende Kraft haben. Sie sei, so *Stuckenberg*, in „eine[r] Art normative[r] Parallelwelt"[24] gefangen. Oder in den Worten *Gärditz'*: „Dem Strafrecht, in idealistischen, vordemokratischen und antipositivistischen Traditionen tief verwurzelt, ist es [...] nie wirklich gelungen, sich

Jung, Pluralismus und Strafrecht – ein unauflösbarer Widerspruch?, JZ 2012, 926 ff.; *Hilgendorf*, Strafrechtspolitik und Rechtsgutslehre, in: Hilgendorf et al. (Hrsg.), Handbuch des Strafrechts, Bd. 1, Heidelberg, 2019, S. 791, 849.

20 *Gärditz*, JZ 2016, 641, 649; *Stuckenberg*, ZStW 2017, 349, 355: die Strafgesetze fänden ihre „Legitimität nicht aus inhaltlicher Richtigkeit oder Gebrechlichkeit [...], die auch nicht garantiert werden kann". Ebenso *Engländer*, ZStW 2015, 616, 632; *Brunhöber*, in: Bäcker/Burchard (Hrsg.), S. 53, 66.

21 So *Wilfert*, S. 68.

22 *Appel*, S. 388. Ebenso *Vogel*, in: FS Roxin, S. 105.

23 In diesem Sinne *Appel*, S. 329 ff.; *Lagodny*, Strafrecht vor den Schranken der Grundrechte, Tübingen, 1996, S. 143 ff., 162 f. Ebenso *Stuckenberg*, ZStW 2017, 349, 355; *ders.*, GA 2011, 653, 659; *Pawlik*, Normbestätigung, S. 42; *Gärditz*, Staat und Strafrechtspflege, S. 39 ff.

24 *Stuckenberg*, GA 2011, 653, 655. Ebenso *Burchard*, in: Kuhli/Asholt (Hrsg.), S. 21, 37 f.; *Gärditz*, in: Bäcker/Burchard (Hrsg.), S. 24: „Die tradierten Kernstrukturen (insbesondere die allgemeinen Zurechnungslehren) sind indes wie eine Zeitkapsel aus dem Kaiserreich weitgehend unberührt geblieben."

aus dem Griff der Metaphysik zu befreien."[25] In ihrem Beharren, die Strafgesetzgebung von vorpositiven bzw. idealistischen Kriterien abhängig zu machen, zeige sich deutlich ihre mangelnde demokratische Sensibilität und metaphysische Übersättigung.[26] Die Frustration der deutschen Strafrechtswissenschaft nach dem Abschied vom Gebot des Rechtsgüterschutzes im Inzest-Urteil[27] sei das beste Beispiel für die – bereits von *Appel* frühzeitig verkündete[28] – gravierende Vernachlässigung der demokratisch-grundrechtlichen Einbindung des Strafrechts durch die Strafrechtswissenschaft.[29]

2. Das Demokratisierungsprogramm

Das Demokratisierungsprogramm zielt darauf ab, die Strafrechtswissenschaft und das Strafrecht demokratisch-grundrechtlich einzubinden.[30] Es stützt sich auf vier Grundpfeiler: die Ersetzung der Figur der materiellen Quellen des Rechts zugunsten jener des politischen Kompromisses; die Enttarnung des rein politischen Charakters der kriminalpolitischen Vorschläge einer „aristokratischen" Strafrechtswissenschaft; die Leugnung jeglicher (verfassungsrechtlicher) Sonderregime für die Strafgesetze; und schließlich – in jüngster Zeit – warnen einige Stimmen auch vor den Gefahren für das demokratische Prinzip durch eine übermäßige Überkonstitutionalisierung der kriminalpolitischen Konflikte.

---

25 *Gärditz*, Staat und Strafrechtspflege, S. 42; *ders.*, Das andere Öffentliche Recht: Die Staatsrechtslehrervereinigung im Vergleich mit der Strafrechtslehrervereinigung, in: Cancik et al. (Hrsg.), Streitsache Staat, Tübingen, 2022, S. 951, 966 f.

26 *Gärditz*, Staat und Strafrechtspflege, S. 39 ff.; *ders.*, in: Bäcker/Burchard (Hrsg.), S. 15, 21 f. Ebenso *Stuckenberg*, GA 2011, 653, 658; *Wilfert*, S. 114 ff.

27 BVerfGE 120, 224, 242: Das Rechtsgut stelle „keine inhaltlichen Maßstäbe bereit, die zwangsläufig in das Verfassungsrecht zu übernehmen wären".

28 Dazu *Appel*, S. 329 ff.

29 In diesem Sinne *Hilgendorf*, in: Hilgendorf et al. (Hrsg.), S. 129.

30 Siehe z. B. *Gärditz*, in: FS Fischer, S. 963, 974 f.; *Burghardt*, (Straf-)Recht als Modus der Politik, in: Albrecht et al. (Hrsg.), Strafrecht und Politik, Baden-Baden, 2017, S. 13 ff.; *ders.*, Was ist das Problem mit der Prävention im Strafrecht?, in: Brunhöber (Hrsg.), Strafrecht im Präventionsstaat, Stuttgart, 2014, S. 91 f.; *Burchard*, in: Tiedemann et al. (Hrsg.), S. 53: Zielrichtung sei eine „Demokratisierung" und die damit verbundene „Ent-Aristokratisierung" strafrechtswissenschaftlicher Theorien.

a. Von der materiellen Wahrheit zum politischen Kompromiss

Da es keine absoluten Wahrheiten gebe – oder es unmöglich sei, auf sie zuzugreifen – und rechtliche Entscheidungen immer auf subjektiven Wertungen basierten, könnten die Strafgesetze ihre Legitimität nicht aus inhaltlicher Richtigkeit oder Gerechtigkeitsvorstellungen beziehen. „Ein Rekurs auf eine höhere Vernunft, die sich nicht in legislative Vernunft übersetzen lässt, ist ebenso wenig ein taugliches Argument zur Freiheitsbeschränkung wie ein *Deus vult*."[31] Präziser formuliert: „Gute Gründe schaffen keine Legitimation."[32] Die Legitimität der Strafgesetze ergebe sich ausschließlich aus prozedural ordnungsgemäßen Mehrheitsentscheidungen.[33]

Darüber hinaus wird das demokratische Verfahren rein formalistisch verstanden, als bloßer voluntaristischer Akt der Mehrheit (*auctoritas non veritas facit legem*). Es gewährleiste nicht die materielle Rationalität oder Gerechtigkeit der getroffenen Entscheidungen. Das sei auch nicht der Zweck des Gesetzgebungsverfahrens im Rahmen eines demokratischen Staates, wie aber deliberative Demokratiekonzeptionen in der Regel irrtümlicherweise annehmen.[34] In den Worten *Wilferts*: „Kann das Ziel der demokratischen Entscheidung nicht materielle Richtigkeit sein, so verbleibt nur eine formale, sich aus dem Verfahren ergebende Richtigkeit."[35] Demokratie, so *Gärditz*, „ist daher auch Befreiung von den Gerechten".[36] An die Stelle der materiellen Wahrheit tritt nun die Figur des politischen Kompromisses als kontingentem Treffpunkt zwischen widersprüchlichen und unversöhnlichen Standpunkten. „Das Handwerk der Gesetzgebung besteht in konkreter Konfliktbewältigung durch kompromisshaften Ausgleich, fokussiert auf

31 *Gärditz*, in: Bäcker/Burchard (Hrsg.), S. 15, 40 f.

32 *Gärditz*, Der Staat 2010, 331, 350. Ebenso *Wilfert*, S. 64, 68; *Stuckenberg*, ZStW 2017, 349, 353.

33 Eingehend *Stuckenberg*, ZStW 2017, 349, 355; *Gärditz*, JZ 2016, 641, 647. Ebenso *Nettesheim*, Verfassungsrechtliche Kriminalisierungspflichten und -grenzen, in: Bäcker/Burchard (Hrsg.), Strafverfassungsrecht, Tübingen, 2022, S. 93, 110; *Brunhöber*, Was ist freiheitlich-demokratische Strafrechtsbegrenzung?, in: Brunhöber et al. (Hrsg.), Festschrift für Cornelius Prittwitz, Baden-Baden, 2023, S. 59, 73 (zitiert als *Brunhöber*, in: FS Prittwitz).

34 Darauf hinweisend *Donini*, S. 32 f.

35 *Wilfert*, S. 73.

36 *Gärditz*, Staat und Strafrechtspflege, S. 41. Kürzlich *ders.*, in: Bäcker/Burchard (Hrsg.), S. 15, 29 Fn. 69. Etwas anderes gelte allerdings, wenn es um naturwissenschaftliche Erkenntnisse geht. Dazu *Gärditz*, Plädoyer für ein Naturwissenschaftsrecht, Berlin, 2022, S. 10: Demokratie und Rechtsstaat haben hier wohl einen inhärenten Wahrheitsbedarf.

das Machbare und Akzeptanzfähige; es ist keine konsequente Durchrationalisierung des Rechts als Ordnungsinstrument."[37]

Dass das „moderne Strafrecht" nicht den pseudowissenschaftlichen Vorstellungen der Strafrechtswissenschaft entspreche, sondern sich – entgegen einer weit verbreiteten Meinung – als das unreine Produkt einer Reihe widersprüchlicher und unvereinbarer politischer Interessen darstelle, sei daher kein Makel, den es zu verbergen gelte.[38] Vielmehr sei das zeitliche, inhaltliche und kulturelle Kontingent, die Relativität und Reversibilität des Strafrechts kein Übel, sondern, wie *Pawlik* betont, ein Wert im Rahmen eines pluralistischen demokratischen Staates als „genuiner und schätzenswerter Ausdruck bürgerlicher Freiheit".[39] Oder noch drastischer: „Die demokratische Freiheit schließt es indes ein, sich gegen ‚vernünftiges' oder ‚richtiges' Recht zu entscheiden."[40] Demokratie, kurz gesagt, hat Vorrang vor Rationalität.[41]

b. Die Enttarnung der „strafrechtlichen Aristokratie"

Sobald der Werterelativismus verordnet und die Strafgesetzgebung auf die Entscheidung der Mehrheit reduziert wird, wird die Ambition der traditionellen Strafrechtswissenschaft, dem Gesetzgeber rationale Maßstäbe anzubieten, als eine tiefgreifende demokratische Anomalie dargestellt. Der Anspruch der Strafrechtswissenschaft, Einfluss auf die Gesetzgebung zu nehmen, wird dementsprechend als „Herrschaftsanspruch einer Gerechtig-

---

37 *Gärditz*, Kompromissloses Strafrecht? Zur verfassungsrechtlichen Rolle des Gesetzgebers bei der Entscheidung existentieller Fragen, in: Beckmann et al. (Hrsg.), Gedächtnisschrift für Herbert Tröndle, Berlin, 2019, S. 729, 735 (zitiert als: *Gärditz*, in: GS Tröndle). Ähnlich *Wilfert*, S. 63 f.; *Burchard*, in: Tiedemann et al. (Hrsg.), S. 50 f.; *Stuckenberg*, The Constitutional Deficiencies of the German 'Rechtsgutslehre', in: Bengoetxea et al. (Hrsg.), Ultima Ratio, a principle at risk. European Perspectives, 2013, S. 31, 37: Es sei „the supreme prerogative of a democratic legislator to enact bad or even stupid laws".

38 So aber *Greco/Roger*, Strafrechtsreform als Wissenschaft – zum 50-jährigen Jubiläum des Alternativ-Entwurfs eines Strafgesetzbuches 1966, JZ 2016, 1125, 1133; *Wrage*, Grenzen der staatlichen Strafgewalt, Frankfurt a.M., 2009, 205 ff.

39 *Pawlik*, Unrecht, S. 104; *ders.*, Normbestätigung, S. 43. Ebenso *Gärditz*, Der Staat 2010, 331 ff.; *ders.*, Staat und Strafrechtspflege, S. 43; *ders.*, JZ 2016, 641, 648; *ders.*, in: GS Tröndle, S. 737; *Burchard*, in: Kuhli/Asholt (Hrsg.), S. 21, 38.

40 *Gärditz*, Der Staat 2010, 331, 365.

41 Ausführlich zu dieser Vorrang-These siehe *Steinbach*, Rationale Gesetzgebung, Tübingen, 2017, S. 212 f.

keitsexpertokratie" diskreditiert[42] oder als „aristokratische[r] Zugriff" auf die Gewaltenteilung durch diejenigen, die sich als vierte, verfassungsrechtlich nicht legitimierte Macht aufspielen wollen.[43]

Das Hauptproblem bestehe nicht darin, dass Strafrechtsprofessoren in der politischen Debatte Partei ergreifen, sondern dass sie auf der Ebene des allgemeinen philosophischen bzw. politischen Diskurses eigene Richtigkeitsvorstellungen als wissenschaftliche Argumente setzten.[44] Wie *Kuhlen* anmerkt: „Es gibt keinen Grund für die Annahme, dass Strafrechtswissenschaftler ‚richtiger' oder ‚besser' werten als Rechtspolitiker oder nicht juristisch gebildete Bürger."[45] Die Kriminalpolitik, als Modus der Politik reduziert (zumindest in ihrer wertenden Dimension), lasse aber keine wissenschaftliche Betrachtung zu. „In einer Gesellschaft der Freien und Gleichen ist die Meinung und Anschauung eines jeden Einzelnen gleich zu achten."[46]

c. Gegen strafrechtlichen Exzeptionalismus

Die demokratisch-grundrechtliche Einbindung des Strafrechts setzt auch einem alten Mantra der Strafrechtswissenschaft ein Ende, nämlich ihrem (verfassungsrechtlichen) Sonderstatus. Der „Mainstream der Strafrechtswissenschaft" habe sich „zu oft und zu lange hinter metaphysischen Rechtsgutslehren, idealistischer Rechtskritik und Ultima-Ratio-Rhetorik zurückgezogen und eine Sonderrolle des Strafrechts beansprucht, die ihm in einer demokratischen Rechtsordnung so nicht zukommen kann".[47] Das Strafrecht sei allerdings ein Recht wie jedes andere, und es gebe keinen Grund, seine Legitimität ständig in Frage zu stellen. Eine Welt ohne Strafrecht, so

---

42 So *Gärditz*, Der Staat 2010, 331, 337.

43 So *Donini*, S. 9. Auf die öffentlich-rechtliche Literatur zur Machtaffinität einer Rechtswissenschaft, die durch Metaphysik die Gewaltenteilung erodiert, eingehend *Lindner*, Rechtswissenschaft als Metaphysik, Tübingen, 2017, S. 10, 54 ff.

44 *Gärditz*, in: Bäcker/Burchard (Hrsg.), S. 15, 47. Ebenso *Mañalich*, El principialismo político-criminal como fetiche, Revista de Estudios de la Justicia 2018, 59, 62 f. Grundlegend zur Diskursebenenüberschreitung der Rechtswissenschaftler *Lindner*, S. 50 ff., 55.

45 *Kuhlen*, in: Eser et al. (Hrsg.), Die Deutsche Strafrechtswissenschaft vor der Jahrtausendwende, München, 2000, S. 57, 64.

46 *Wilfert*, S. 69.

47 *Gärditz*, in: Bäcker/Burchard (Hrsg.), S. 15, 38; *Wilfert*, S. 82.

Gärditz, wäre wohl noch viel schlechter, da andere, weniger freiheitliche Formen sozialer Kontrolle an seine Stelle treten würden.[48]

Die von den Kritikern angenommene Normalität des Strafrechts bezieht sich auf zwei Ebenen. Erstens wird (aus der Mikro-Perspektive) festgestellt, dass weder die Strafe eine Rechtsfolge sei, die sich qualitativ von anderen Sanktionen unterscheide, noch das kriminelle Unrecht Merkmale aufweise, die es qualitativ von einem nicht-kriminellen Unrecht unterscheide.[49] Die Differenzen seien bestenfalls quantitativ, insofern man zwischen der Intensität der Grundrechtsbeeinträchtigung garantierter Rechte unterscheiden könne.[50] Die Strafvorschriften seien „normale" Grundrechtseingriffe, die (wie jede andere Norm) allein anhand der abwehrrechtlichen Dimension des Grundgesetzes zu überprüfen seien. Damit wird die verfassungsrechtliche Überprüfung zum einzigen Maßstab für die Legitimationsprüfung von Strafnormen.[51] Aus einer Makro-Perspektive betrachtet, wird zweitens das Strafrecht als eine weitere *public policy* bzw. als ein weiteres Instrument einer umfassenden Sozialtechnologie begriffen, ebenso wie die Bildungs- oder Gesundheitspolitik.[52] Der Strafrechtler habe es daher nicht mit etwas Außergewöhnlichem zu tun, sondern mit „einem Instrument unter vielen", d. h. mit „eine[r] reguläre[n] Form der Ausübung öffentlicher Gewalt"[53] unter dem allumfassenden Deckmantel der Verfassung.

48 *Gärditz*, Staat und Strafrechtspflege, S. 14.

49 *Gärditz*, Der Staat 2010, 331, 365.

50 *Burchard*, in: Tiedemann et al. (Hrsg.), S. 30 f., 37 f.

51 Hierzu *Brunhöber*, in: Bäcker/Burchard (Hrsg.), S. 53, 63 ff.; *dies.*, in: FS Prittwitz, S. 65 ff.; *Burchard*, in: Tiedemann et al. (Hrsg.), S. 37 f. So bereits *Stuckenberg*, ZStW 2017, 349, 356.

52 Tendenziell so *Burghardt* (Fn. 29), S. 91 ff. Aus der angloamerikanischen Diskussion paradigmatisch *Chiao*, Criminal Law in the Age of the Administrative State, Oxford, 2019.

53 *Burchard*, in: Tiedemann et al. (Hrsg.), S. 37 f. Ebenso *Jahn/Brodowski*, Krise und Neuaufbau eines strafverfassungsrechtlichen Ultima Ratio-Prinzips, JZ 2016, 969, 972; *Gärditz*, in: Bäcker/Burchard (Hrsg.), S. 15, 21, der allerdings einräumt, dass das Strafrecht als „gesellschaftliches Kommunikationsformat über gesetzte soziale Minima" in verstärktem Maße von vordemokratischen Normen, Institutionen und Symboliken abhängig ist.

d. Gegen die Überkonstitutionalisierung der Kriminalpolitik

Auch wenn die Demokratisierungsströmung zunächst grundsätzlich für die Konstitutionalisierung des Strafrechts und der Kriminalpolitik eintrat,[54] wurden in letzter Zeit auch Stimmen gegen eine Überkonstitutionalisierung laut.[55] In der Strafrechtswissenschaft gebe es die Tendenz, die gleichen kriminalpolitischen Postulate aus der Verfassung abzuleiten, die früher aus aufgeklärten Grundsätzen abgeleitet wurden.[56] Deshalb besteht *Gärditz* zunächst einmal darauf, dass „die Verfassung kein strafrechtliches Wahrheitsreservoir"[57] sei, aus dem sich ein bestimmtes kriminalpolitisches Programm ergebe.[58] Es sei vor allem unberechtigt, aus dem Grundrechtskatalog konkrete Lösungen für strafrechtspolitische Fragen ableiten zu wollen. Die Verfassung enthalte auch keinen materiellen Verbrechensbegriff, insbesondere nicht das Rechtsgüterprinzip oder den *Ultima-Ratio*-Grundsatz.[59]

Vielmehr sei die kaum begrenzende Kraft des Verhältnismäßigkeitsprinzips sowie die weitgehende Zurückhaltung der Verfassungsgerichte gegenüber dem demokratischen Gesetzgeber, wenn es um die Beurteilung der Legitimität von Strafgesetzen gehe, als Form von Respekt gegenüber der inhaltlichen Kontingenz, Politizität und Demokratizität des Strafrechts zu loben.[60] Sowohl die Beseitigung politischer Konflikte durch petrifizierende Verfassungsinterpretationen des einfachen (Straf-)Rechts, die jeder Konfliktlösung die Politizität und Kontingenz abspreche, als auch die Ableitung sehr konkreter Pönalisierungsgebote aus Schutzpflichten seien hingegen

---

54 Paradigmatisch *Lagodny*, S. 19 ff.

55 So bereits *Appel*, S. 597; *Sternberg-Lieben*, Rechtsgut, Verhältnismäßigkeit und die Freiheit des Strafgesetzgebers, in: Hefendehl et al. (Hrsg.), Die Rechtsgutstheorie, Baden-Baden, 2003, S. 65, 77 ff. Ähnlich *Burchard*, in: Tiedemann et al. (Hrsg.), S. 50 f.

56 Anstatt vieler siehe *Mir Puig*, Der Verhältnismäßigkeitsgrundsatz als Verfassungsgrundlage der materiellen Grenzen des Strafrechts, in: Neumann/Herzog (Hrsg.), Festschrift für Winfried Hassemer, Heidelberg, 2010, S. 521, 524 ff., 536: „Das Erfordernis von Geeignetheit und Erforderlichkeit schließt die Prinzipien der *Strafnotwendigkeit* für den Rechtsgüterschutz – *Subsidiarität, ultima ratio, Fragmentarität* und *Minimaleingriff* – direkt ein."

57 *Gärditz*, in: GS Tröndle, S. 739; *ders.*, in: Bäcker/Burchard (Hrsg.), S. 15, 38 f.

58 In diesem Sinne bereits *Appel*, S. 390, 597.

59 Zur Kritik an der verfassungsrechtlichen Anbindung der suprapositiven Grenzen an die Strafgesetzgebung siehe *Wilfert*, S. 131 ff. Ebenso *Gärditz*, in: Bäcker/Burchard (Hrsg.), S. 15, 44; *Nettesheim*, in: Bäcker/Burchard (Hrsg.), S. 93, 130.

60 In diesem Sinne *Gärditz*, JZ 2016, 641, 649; *ders.*, in: Bäcker/Burchard (Hrsg.), S. 15, 28 ff.

höchst problematische, demokratieferne Manöver.[61] Ebenso seien sowohl die (von einigen Stimmen in der Literatur vorgeschlagenen) verstärkten Mehrheiten für die Verabschiedung von Strafgesetzen[62] sowie das für das Strafrecht klassischerweise befürwortete verfassungsrechtliche Sonderregime Anomalien im Rahmen eines demokratischen Strafrechts.[63] Die schwer zu reformierende Verfassung in den Händen von nicht (direkt) demokratisch legitimierten Richtern könne ein ebenso furchterregender Rivale des demokratischen Prinzips sein wie die pseudowissenschaftlichen Ansätze von Strafrechtsprofessoren.[64]

Wie weit soll aber der Demokratisierungsprozess der Strafgesetzgebung gehen? Während sich die meisten Befürworter des „demokratisierenden Ansatzes“ damit begnügen, der Kriminalpolitik der Strafrechtswissenschaft jede normative Verbindlichkeit abzusprechen, ohne die repräsentative Demokratie in Frage zu stellen, wollen manche einen Schritt weiter gehen. Kriminalpolitische Entscheidungen seien am legitimsten, wenn sie der Meinung des Volkes entsprechen. Eine Demokratisierung der Gesetzgebung bedeute, dem Volk die Kriminalisierungsentscheidung zu überlassen oder ihm zumindest ernsthaft zuzuhören.[65] Entgegen mancher Verfechter einer rationalen oder klassischen Kriminalpolitik, die in deren Demokratisierung das Risiko eines Anstiegs populistischer Strafgesetze sehen,[66] sei der Rückgriff auf Mechanismen der direkten Demokratie oder auf empirisch-sozio-

61 Eingehend *Gärditz*, Staat und Strafrechtspflege, S. 58 ff.; *ders.*, JZ 2016, 641, 649; *ders.*, in: GS Tröndle, S. 738, 752; *ders.*, in: Bäcker/Burchard (Hrsg.), S. 15, 30 ff.; oder *Wilfert*, S. 136. Zu Grund- und Menschenrechten von Minderheiten als Affront gegen die Demokratie siehe *Günther*, Demokratische Transformation des Strafrechts der Moderne?, Rg 2020, 120, 122.

62 Kritisch dazu *Wilfert*, S. 82.

63 *Stuckenberg*, ZStW 2017, 349, 356 Fn. 50.

64 So bereits *Donini*, S. 10: „extremer Konstitutionalismus“ als Affront gegen die Demokratie. Ähnliche Richtung *Gärditz*, in: Bäcker/Burchard (Hrsg.), S. 15, 39 f.; *Brunhöber*, in: FS Prittwitz, S. 72: „Nur wenn die Prüfungsdichte des Verfassungsgerichts gering ist, ist sichergestellt, dass wir alle gemeinsam und nicht etwa Richter- oder Philosophenkönige regieren“.

65 Für eine empirisch-soziologische Vergeltungslehre siehe *Walter*, Zur Demokratisierung des Strafrechts, in: Bublitz et al. (Hrsg.), Festschrift für Reinhard Merkel, Bd. I, Berlin, 2020, S. 545, 549 ff. (zitiert als: *Walter*, in: FS Merkel); *ders.*, Grundlagen einer empirisch begründeten Vergeltungstheorie, in: Kaspar/Walter (Hrsg.), Strafen „im Namen des Volkes“?, Baden-Baden, 2019, S. 49 ff.; näher *Hoven*, Populismus und Strafrecht, in: Hoven/Kubiciel (Hrsg.), Zukunftsperspektiven des Strafrechts, Baden-Baden, 2020, S. 101, 114 f.

66 So *Roxin/Greco*, StrafR AT I, § 2 Rn. 94i; *Silva Sánchez*, Zur Beziehung zwischen Strafgesetzgebung und Strafgerechtigkeit, in: Zabel (Hrsg.), Strafrechtspolitik, Baden-

logische Methoden für die Erhebung der Volksmeinung gerade der beste Weg, um den Strafrechtspopulismus zu bekämpfen, der für viele westliche repräsentative Demokratien charakteristisch sei. Nur wenn das Strafrecht in den Händen der Bürgerinnen und Bürger bleibe, an die es sich richtet, könne der begonnene Demokratisierungsprozess abgeschlossen werden.[67]

III. Für eine grundbasierte demokratische Strafgesetzgebung

1. Die Wahrheit in der „demokratisierenden Kritik"

Meines Erachtens beruht das Demokratisierungsprogramm auf zwei falschen Prämissen, die dazu führen, dass es der Strafrechtswissenschaft fälschlicherweise praktisch jede Rolle in kriminalpolitischen Angelegenheiten abspricht. Bevor ich jedoch meine diesbezüglichen Argumente vorbringe, möchte ich zwei zutreffende Aspekte der Demokratisierungskritik darlegen, die für ein besseres Verständnis der kriminalpolitischen Rolle der Strafrechtswissenschaft entscheidend sind.

Das Demokratisierungsprogramm hat zunächst einmal recht, wenn es feststellt, dass die Strafrechtswissenschaft – zumindest im Rahmen eines demokratischen Rechtsstaates – die Kriminalpolitik institutionell nicht verbindlich bestimmt. Die Strafgesetze sind – wenn und solange sie nicht vom Verfassungsgericht als verfassungswidrig erklärt werden – als geltendes Recht anzuwenden, und zwar auch dann, wenn ein Strafrechtswissenschaftler, eine Gruppe oder die Mehrheit von ihnen sie für absurd bzw. illegitim oder sogar verfassungswidrig halten. *Stuckenberg* hat wohl recht, wenn er beklagt, dass einige Strafrechtler nicht immer transparent genug zwischen ihrer rechtsdogmatischen und ihrer rechtspolitischen Argumentation unterscheiden.[68] Aus einigen ambivalenten Behauptungen abzuleiten,[69] die

---

Baden, 2018, S. 79 f.: Im (heutigen) demokratischen Strafgesetz findet ein autoritärer Populismus seinen Ausdruck.

67 Vgl. *Walter*, in: FS Merkel, S. 545 ff. Für die angloamerikanische Diskussion siehe *Kleinfeld* et al., White Paper on Democratic Criminal Justice, Northwestern University Law Review 2017, 1693 ff.

68 *Stuckenberg*, GA 2011, 653, 660; *ders.*, in: Bengoetxea et al. (Hrsg.), S. 37 f. Ebenso *Engländer*, ZStW 2015, 616, 619; *Nettesheim*, in: Bäcker/Burchard (Hrsg.), S. 112.

69 Siehe vor allem *Schünemann*, Die deutsche Strafrechtswissenschaft nach der Jahrtausendwende, GA 2001, 205, 209; *ders.*, Das Rechtsgüterschutzprinzip als Fluchtpunkt der verfassungsrechtlichen Grenzen der Straftatbestände und ihrer Interpretation, in: Hefendehl et al. (Hrsg.), Die Rechtsgutstheorie, Baden-Baden, 2003, S. 133, 141 f.;

Strafrechtswissenschaft stelle das Prinzip der Gewaltenteilung in Frage, ist aber eine Übertreibung, die in keiner Weise repräsentativ für die Denkweise der zeitgenössischen Strafrechtswissenschaft ist.[70]

Zweitens ist es wohl ein Verdienst des Demokratisierungsprogramms, dass es die Gründe für das praktische Scheitern der von der Strafrechtswissenschaft kultivierten Kriminalpolitik aufgezeigt hat. Den zeitgenössischen Gesetzgeber auf der Grundlage theoretischer Grundsätze zu beeinflussen, welche aus der Aufklärungsphilosophie und dem rationalistischen Naturrecht abgeleitet sind, ist tatsächlich schimärisch.[71] Der Widerstandsdiskurs einer Rückkehr zu einem minimalen Strafrecht *à la Naucke* ist zwar wissenschaftlich legitim,[72] verschärft aber nur die Resonanzunfähigkeit der Strafrechtswissenschaft. Eine (wissenschaftliche) Kriminalpolitik, die den Anspruch erhebt, in der realen Welt etwas zu bewirken, muss sich zunächst

---

ders., in: Hilgendorf/Schulze-Fielitz (Hrsg.), 268 f.: Da das Rechtsgüterschutzprinzip aus dem Sozialvertrag stammt und die Verfassung dem Sozialvertrag zugrunde liege, sei das Rechtsgüterschutzprinzip verfassungsrechtlich verankert; *ders.*, Strafrechtsdogmatik als Wissenschaft, in: Schünemann et al. (Hrsg.), Festschrift für Claus Roxin, Berlin, 2001, S. 1, 8 (zitiert als: *Schünemann*, in: FS Roxin); *ders.*, Aufgaben und Grenzen der Strafrechtswissenschaft im 21. Jahrhundert, in: Putzke (Hrsg.), Festschrift für Rolf Dietrich Herzberg, Tübingen, 2008, S. 39 (zitiert als: *Schünemann*, in: FS Herzberg); *ders.*, Über Strafrecht im demokratischen Rechtsstaat, das unverzichtbare Rationalitätsniveau seiner Dogmatik und die vorgeblich progressive Rückschrittspropaganda, ZIS 2016, 654, 663 ff.: die (Straf-)Rechtsdogmatik als vierte Gewalt, die aber keinerlei Macht besitzt (also nicht herrscht). Allein durch die strafrechtswissenschaftliche Kontrolle könne die demokratisch nicht ausreichend legitimierte Gewalt der Rechtsprechung gerechtfertigt und erträglich gemacht werden.

70 Die mangelnde institutionelle Kompetenz der wissenschaftlichen Kriminalpolitik ausdrücklich anmerkend: NK-StGB/*Hassemer/Neumann*, 5. Aufl., 2017, Vor § 1 Rn. 119a; *Neumann*, Strafrechtswissenschaft und Strafrechtspraxis, in: Böse et al. (Hrsg.), Festschrift für Urs Kindhäuser, Baden-Baden, 2019, S. 335, 348 (zitiert als: *Neumann*, in: FS Kindhäuser); *Silva Sánchez*, Malum passionis, Barcelona, 2018, S. 54: „Die von der Strafrechtslehre entwickelten Prinzipien, Unterprinzipien, Normen und einschränkenden Regeln, ob als Dogmatik oder als Kriminalpolitik, sind nicht institutionell bindend. […] Professorinnen und Professoren haben keine Machtposition inne. Aber sie sollten als diskursiv (rational) verbindlich betrachtet werden" (eigene Übersetzung). Ähnlich *Robles Planas*, in: FS Frisch, S. 117: „Dies heißt nicht, dass es in einem modernen Rechtsstaat möglich ist, die Kriminalpolitik durch die Dogmatik bzw. den Gesetzgeber durch den Dogmatiker zu ersetzen".

71 Zutreffend *Hirsch*, S. 202; *Kubiciel*, JZ 2018, 171, 177 f. Ebenso *Kindhäuser*, Straf-Recht und ultima-ratio-Prinzip, ZStW 2017, 382, 384 f.

72 *Naucke*, Schwerpunktverlagerungen im Strafrecht, KritV 1993, 135 ff.; *ders.*, Die Wechselwirkung zwischen Strafziel und Verbrechensbegriff, Wiesbaden, 1985. Kritisch hierzu *Wohlers*, Deliktstypen des Präventionsstrafrechts, Berlin, 2000, S. 61 ff.

glaubhaft bemühen, die Bedürfnisse des modernen Gesetzgebers zu verstehen.

Trotz alledem ist die „demokratisierende Kritik" in ihrem Kern nicht überzeugend. Im Folgenden werde ich zunächst zeigen, dass ihr relativistisches Konzept der Demokratie unberechtigt ist. Die Demokratie steht keineswegs im Widerspruch zur Suche nach guten bzw. vernünftigen Gründen für oder gegen eine Kriminalisierungsentscheidung. Rationalität erzwingt keine Schmälerung der Demokratie. Zudem werde ich aufzeigen, dass die Strafrechtswissenschaft auch im Rahmen eines demokratischen Staates eine wichtige Rolle in der Kriminalpolitik spielen muss.

2. Eine grundbasierte demokratische Gesetzgebung

Das Demokratisierungsprogramm geht davon aus, dass der Pluralismus, der den heutigen Gesellschaften innewohnt, zu einem absoluten Werterelativismus führe. Da es unmöglich sei, darüber zu diskutieren, was vernünftig und unvernünftig ist, bleibe für die (Straf-)Gesetzgebung nur der Rückgriff auf ein prozedurales Kriterium. Meiner Meinung nach sind sowohl die Prämisse als auch die daraus abgeleitete Lösung nicht überzeugend.

a. Materielle Gründe in einer pluralistischen Gesellschaft

Pluralismus und die Fragmentierung einer Gesellschaft machen es schwierig, einen Wertekonsens zu erreichen. Je größer die Heterogenität, desto reichlicher ist auch die Zahl der in einer Gesellschaft existierenden kriminalpolitischen Programme. Die Behauptung, der Pluralismus zwinge uns zu einem absoluten Werterelativismus, ist jedoch abwegig. Auch in den aktuellen pluralistischen oder fragmentierten Gesellschaften ist es möglich, über Wertefragen vernünftig zu diskutieren, darunter über jene, welches Verhalten eine Strafe verdient. Genauso klar ist, dass es – auch intersubjektiv betrachtet – bessere und schlechtere Gründe gibt, die für eine (Ent-)Kriminalisierung eines Verhaltens sprechen.[73] Dies ist keine Geschmacks-,

73 Zutreffend *Silva Sánchez*, Eine kritische Ehrung Joachim Hruschkas, JRE 2019, 667, 681 f.; *ders.*, Straftatsystematik deutscher Prägung: Unzeitgemäß?, GA 2004, 679, 684; *Roxin/Greco*, StrafR AT I, § 2 Rn. 94 f.; *Neumann*, Dezision statt Argumentation? Zur (post)modernen Kritik der Rechtsgutslehre, in: Barton et al. (Hrsg.), Festschrift für Thomas Fischer, München, 2018, S. 183, 194.

sondern eine diskussionsfähige Frage. Der Umstand, dass dies in bestimmten Bereichen heute äußerst umstritten ist – man denke beispielsweise an die Sterbehilfe-Diskussion oder an jene über die Grenzen der Kriminalisierung im Vorfeld einer Rechtsverletzung –, stellt die hier vertretene These nicht in Frage: Es wird immer einen Kern von Verhaltensweisen geben, bei denen die wertenden Ansichten gegensätzlich sind und ein breiter Konsens unmöglich ist. Hier ist die prozedurale Erklärung besonders aussagekräftig. Es ist jedoch falsch, aus diesen Ausnahmefällen den radikal relativistischen Charakter einer (demokratischen) Gesellschaft und ihres materiellen Strafrechts abzuleiten.[74]

Und der Sinn, Gründe für Kriminalisierungsentscheidungen zu finden, verschwindet nicht mit der Erkenntnis, dass Kriminalpolitik ein Modus der Politik ist.[75] (Rechts-)Politische Entscheidungen sollen idealerweise auch auf guten oder vernünftigen Gründen beruhen. Strafgesetze sollen rational begründet werden, und die Begründung soll ebenso rational nachprüfbar und nachvollziehbar sein.[76] Natürlich müssen diese Gründe nicht unbedingt aus dem deutschen Idealismus oder aus naturrechtlich begründeten Werteordnungen stammen,[77] aber sie müssen auch nicht direkt aus der Verfassung oder dem positiven Recht abgeleitet werden.[78] Bei der Beurteilung der materiellen Legitimität eines Strafgesetzes können empirische, aber auch philosophische, politische, moralische Begründungen herangezogen werden. Die strafrechtlichen Legitimationstheorien sollen als eine Verdichtung von Argumenten unterschiedlicher Natur und Herkunft verstanden werden. Diese *Middle-range*-Theorien sind für den Gesetzgeber nicht bindend, aber sie sind auch nicht irrelevante subjektive Vorkommnisse.

---

74 In diesem Sinne siehe *Silva Sánchez*, Herausforderungen eines expandierenden Strafrechts, GA 2010, 312, 314: Es gebe „in der Kriminalpolitik ein gemeinsames, universelles Minimum der Garantien [...], das mit der Natur des Menschen verbunden ist, auch wenn die Bestimmung eines solchen Kerns nicht immer leicht sein wird". Näher jüngst *Zabel*, Von der Schwierigkeit, das Strafrecht politisch zu denken. Interventionen einer kritischen Wissenschaft, KJ 2022, 269, 273.

75 So aber *Wilfert*, S. 174.

76 Richtig NK-StGB/*Hassemer/Neumann*, Vor § 1 Rn. 119a; *Robles Planas*, in: FS Frisch, S. 116.

77 Zu Recht *Hörnle*, Grob anstößiges Verhalten, Frankfurt a.M., 2005, S. 43. Ebenso *Kindhäuser*, ZStW 2017, 382, 385. Zur Kulturgebundenheit des Strafrechts siehe *Streng*, Kriminalpolitik – Grundlagen und Perspektiven, ZStW 2022, 877, 881.

78 Tendenziell so aber *Hirsch*, S. 198 ff.: die wertende Kriminalpolitik auf eine immanente Kritik des Strafrechts beschränkend.

b. Das demokratische Verfahren als Mittel für ein freiheitliches Strafrecht

Wenn man keine absolut relativistische Haltung zur Wertedimension der Kriminalpolitik einnimmt, gibt es keinen Grund, sich das reduktionistische und radikal formalistische Konzept der Demokratie zu eigen zu machen, das die oben genannten Kritiker vertreten.[79] Wie *Neumann* betont, „scheint die Kritik an der angeblichen ‚Demokratieferne' der Rechtsgutslehre einem positivistisch restringierten Demokratiebegriff verhaftet zu sein, der das Demokratieprinzip auf die Verbindlichkeit der Dezision der Mehrheit reduziert und damit den für die demokratische Entscheidungsfindung konstitutiven Prozess der sich argumentativ entwickelnden demokratischen Willensbildung vernachlässigt".[80] Im Gegenteil, es scheint angemessen zu sein, ein demokratisches Verfahren anzustreben, das einen guten Output, also gute bzw. vernünftige Gesetze hervorbringt, sowohl in seiner technischen als auch in seiner rein bewertenden Dimension. Es geht nicht darum, die Politik durch Rationalität zu ersetzten, sondern sie vielmehr zu rationalisieren.[81] Daher gibt es keinen Grund, die Inkohärenz oder Instabilität von Strafgesetzen zu loben, genauso wenig wie es ein Anlass zur Zufriedenheit sein sollte, dass ein Gesetz das Ergebnis eines reinen politischen Kompromisses ist.

Damit wird selbstverständlich nicht in Frage gestellt, dass ein Strafgesetz gültig ist, sobald es von der Mehrheit der Parlamentarier unter Einhaltung der Verfahrensregeln angenommen wurde. Hier wird nur behauptet, dass von unseren politischen Vertretern erwartet werden soll, Strafgesetze auf der Grundlage empirischer und wertebasierter – *ergo* freiheitstheoretisch überzeugender – Gründe zu erlassen.[82] Dafür sprechen vor allem zwei Gründe: Der Hauptgrund ist, dass in einer so sensiblen Angelegenheit wie dem Strafrecht, in der es um grundlegende Grundrechte geht, sowohl

79 So bereits *Martins*, Der Begriff des Interesses und der demokratischen Inhalte der personalen Rechtsgutslehre, ZStW 2013, 243. Auch kritisch gegenüber *Gärditz*' formalistischem Demokratieverständnis siehe *Silva Sánchez*, Malum, S. 29 ff., 43 ff.; oder *Zabel*, KJ 2022, 269, 273.

80 *Neumann*, in: FS Fischer, S. 192, 194.

81 So *Steinbach*, S. 214.

82 Näher *Frisch*, NStZ 2016, 16, 19; *Zaczyk*, Demokratieprinzip und Strafbegründung, Der Staat 2011, 295, 299: „Jedes Reden von Pluralismus und Relativismus kommt dann an sein Ende, wenn ein Einzelner für seine Tat wirklich bestraft wird." Siehe auch *Greco/Roger*, JZ 2016, 1125, 1133: Angesichts der Wirkung der Strafe auf den Bürger sei es inakzeptabel, ihre Legitimation allein aus dem politischen Kompromiss zu beziehen.

der potenziell Verurteilte als auch das potenzielle Opfer eine rationale (grundbasierte) Erklärung verdienen, die über die bloße formale Tatsache hinausgeht, dass das Strafgesetz von einer Mehrheit im Parlament gebilligt wurde.

Zweitens spricht für die Suche nach einem rationalen Strafrecht in Übereinstimmung mit den Parametern einer bestimmten Gesellschaft zu einem bestimmten historischen Zeitpunkt auch ein konsequentialistisches Argument: Wie *Pawlik* hervorgehoben hat, hängt die Bereitschaft der Bürger zur freiwilligen Normbefolgung zu einem erheblichen Teil davon ab, dass sie ein Strafgesetz als vernünftiges oder zumindest als nicht ungerechtes Recht anerkennen können.[83] *Silva Sánchez* hat also recht, wenn er ein Demokratiekonzept verteidigt, das (im Rahmen der Verfassung) über den reinen Machtakt der Mehrheit über die Minderheit hinausgeht.[84] Der Vorteil der Demokratie ist nicht, dass sie willkürliche Entscheidungen zulässt, sondern dass sie im Allgemeinen das beste (bekannte) politische Instrument ist, um die Freiheit der Bürger zu garantieren. Es ist daher nicht nur möglich, sondern auch rational, materiell fundierte Entscheidungen zu treffen, insbesondere wenn es um Strafgesetze geht.

Wenn Demokratie als Mittel und nicht als Selbstzweck verstanden wird, ist klar, dass die direkte Demokratie nicht notwendigerweise eine bessere Kriminalpolitik mit sich bringt. Der Vorschlag, die Entscheidung über die Kriminalisierung in die Hände des Volkes zu legen, kann nicht richtig bewertet werden, ohne den erwarteten Inhalt solcher Strafgesetze zu berücksichtigen. Dass die direkte Demokratie oder eine soziologisch begründete Strafgesetzgebung zu einem vernünftigeren Strafrecht führen würde, ist zumindest zweifelhaft.[85] Sicher ist aber, dass im Dienst der Freiheitsidee nicht nur die Demokratie, sondern auch der Rechtsstaat eine wichtige Rolle spielt.[86] Das Misstrauen einiger Kritiker gegenüber dem Verfassungsrecht als Grenze des Mehrheitsprinzips (und der Tyrannei der Mehrheit) bei der Strafgesetzgebung ist daher nicht weniger besorgniserregend als der Mangel an demokratischem Feingefühl, den sie einigen Strafrechtsprofessoren vor-

83 Zum Gerechtigkeitsanspruch des positiven Rechts siehe *Pawlik*, Unrecht, S. 39. Näher *Günther*, Rg 2020, 120.

84 *Silva Sánchez*, La voluntad popular como arma arrojadiza, in: Pérez Manzano et al. (Hrsg.), Estudios Penales en homenaje a Susana Huerta Tocildo, Madrid, 2020, S. 141, 144 f. Ebenso *Roxin/Greco*, StrafR AT I, S. 82; *Zabel*, KJ 2022, 269, 273.

85 Eine Analyse der Probleme, die die direkte Demokratie der Schweiz für die Strafgesetzgebung aufwirft, findet sich in diesem Sammelband bei *Canova/Giardini*, S. 58 ff.

86 Darauf hinweisend *Voßkuhle*, Rechtsstaat und Demokratie, NJW 2018, 3154 ff.

werfen. Wie *Kaspar* treffend feststellt: „Auch der demokratisch legitimierte Gesetzgeber kann irren und Minderheitenrechte verfehlen, erst recht im notorisch von irrationalen Ängsten begleiteten Feld der Kriminalpolitik."[87]

c. Zur Legimitationsfrage verfassungsmäßiger Strafgesetze

Entgegen der Ansicht der Befürworter des sogenannten „Verfassungsstrafrechts"[88] wäre es verfehlt, die Legitimität des Strafrechts allein auf die Frage der Verfassungsmäßigkeit zu reduzieren. Die Kriminalpolitik ist nicht nur eine „angewandte Verfassungsrechtswissenschaft".[89] Selbstverständlich ist ein (Straf-)Gesetz gültig, wenn es verfassungsgemäß ist. Angesichts des weiten Spielraums, den eine Verfassung zulässt, wäre es jedoch abwegig davon auszugehen, dass alle Verfassungsgesetze in gleichem Maße materiell legitim sind. Es gibt auch verfassungsmäßiges (unrichtiges) Strafrecht.[90] Oder, wie *Greco* zurecht bemerkt: „Zu einem legitimen Strafrecht gehört nämlich viel mehr als nur seine Verfassungsmäßigkeit."[91] Gerade im Bereich des massiven grundrechtsinvasiven oder besonders freiheitssensiblen Strafrechts scheint vielmehr die Erwartung angemessen, dass unsere Parlamentarier nicht nur die Verfassungsmäßigkeit des Gesetzes sicherstellen, sondern auch in der Lage sind, gute oder rationale (wertende) Argumente für ihre Entscheidung zu liefern.[92] Sich damit zu begnügen, die Verfassungsmäßigkeit eines Strafgesetzes zu gewährleisten, bedeutet angesichts dessen, dass die Verfassungsgerichte dem Gesetzgeber einen enormen Spielraum zugestehen, *de facto*, sich mit der Frage nach der inhaltlichen Richtigkeit des Strafgesetzes nicht mehr zu konfrontieren.

---

87 *Kaspar*, Staat und Strafrechtspflege, RW 2016, 293, 298. Auch gegen die von *Gärditz* vertretene Verabsolutierung des demokratischen Prinzips als *carte blanche* der ersten Gewalt siehe *Jahn/Brodowski*, JZ 2016, 969, 974.

88 Zum Begriff siehe *Burchard*, in: Tiedemann et al. (Hrsg.), S. 27 ff. Die Legitimitätsfrage auf die Verfassungsmäßigkeit reduzierend siehe *Wilfert*, S. 174; *Schuchmann*, Grenzen der Strafgesetzgebung – Rechtsgut, Verhältnismäßigkeit, Schuld, in: Albrecht et al. (Hrsg.), Strafrecht und Politik, Baden-Baden, 2017, S. 31, 48.

89 Hierzu *Kubiciel*, in: FS Fischer, S. 151.

90 So *Silva Sánchez*, in: Zabel (Hrsg.), S. 86.

91 *Greco*, Verfassungskonformes oder legitimes Strafrecht? Zu den Grenzen einer verfassungsrechtlichen Orientierung der Strafrechtswissenschaft, in: Brunhöber et al. (Hrsg.), Strafrecht und Verfassung, Baden-Baden, 2013, S. 13, 36.

92 Treffend *Hörnle*, S. 42.

3. Zur Rolle der Strafrechtswissenschaft in der demokratischen Gesetzgebung

An dieser Stelle bleibt nur noch, die Rolle der Strafrechtswissenschaft in der demokratischen Gesetzgebung zu präzisieren. Wenn man ihre kriminalpolitische Aufgabe richtig versteht, ist es weder wahr, dass ihr Anspruch antidemokratisch ist, noch ist es so, dass sie im Rahmen einer rein politischen Debatte auf aristokratische Weise agiert. Im Gegenteil: Die Strafrechtswissenschaft soll einen wichtigen Platz in der demokratischen Strafgesetzgebung einnehmen.

a. Der materielle Unrechtsbegriff als „dünnes" Kriminalisierungsprinzip

Der Umstand, dass die von Strafrechtsprofessoren betriebene Kriminalpolitik nicht verbindlich ist, macht diese keineswegs überflüssig. Im Gegenteil: Die Vorschläge und Kritiken der Strafrechtswissenschaft sind für den Gesetzgeber unerlässlich, um eine begründete Entscheidung in die eine oder andere Richtung treffen zu können. Wie *Hörnle* zutreffend bemerkt: „Ohne materielle Prinzipien wären nur *willkürliche* Entscheidungen möglich."[93] „Auch der unmittelbar demokratisch legitimierte beziehungsweise prozedurale Legitimation anstrebende Gesetzgeber bedarf einer materiellen Grundlage, um die erforderliche Entscheidung überhaupt fällen zu können."[94] Dies gilt nicht nur für die sogenannte evidenzbasierte (empirische) Strafgesetzgebung, sondern auch für die normative Dimension der Kriminalpolitik,[95] sowohl in ihrer technischen als auch in ihrer bewertenden Dimension (Strafwürdigkeit).[96]

Unabhängig davon, ob dies zu ihren Kernaufgaben gehört oder nicht, soll die Strafrechtswissenschaft daher Kriterien und unterschiedliche Modelle entwickeln, anhand derer die materielle Legitimität von Kriminalisierungsentscheidungen beurteilt werden kann, und Gründe für und gegen die verschiedenen von der Politik vorgeschlagenen Optionen anführen. Wie *Prittwitz* betont, muss die Strafrechtswissenschaft klar trennen zwischen dem, was verfassungsrechtlich unzulässig ist, und dem, was man

93 *Hörnle*, S. 42 f. [kursiv im Original].

94 *Hörnle*, S. 42.

95 Zu dieser Unterscheidung siehe *Hoven*, in: Hoven/Kubiciel (Hrsg.), S. 113 ff.

96 Dezidiert *Frisch*, NStZ 2016, 16, 25.

aus theoretischer, kriminalpolitischer Sicht für unbegründet hält.[97] Ersteres setzt die Kenntnis der Verfassungstheorie voraus. Letzteres ist die echte Domäne der Strafrechtswissenschaft. Es geht hier darum, normative (suprapositiv fundierte) Prinzipien und Maßstäbe anzubieten, an denen sich der Strafgesetzgeber orientieren kann und anhand derer gesetzgeberischen Entscheidungen bewertet oder kritisiert werden können.[98] Ob diese Aufgabe unter dem Etikett der wissenschaftlichen Kriminal-, der Strafrechts-, der Meta-Kriminalpolitik oder der exogenen Rechtskritik wahrgenommen wird, ist letztlich unerheblich. Es geht darum, einen idealen Maßstab für die Entwicklung neuer Strafgesetze und für die Kritik an den bestehenden zu ermöglichen.

Die erstrebenswerte Unterscheidung zwischen Verfassungsmäßigkeit und substanzontologischen Richtigkeitsurteilen – das heißt zwischen streng rechtsdogmatischer und strafpolitischer Arbeit – darf jedenfalls nicht dazu führen, aus den Augen zu verlieren, dass die Verfassungsauslegung auch den Rückgriff auf Werturteile erfordert, die nicht ausdrücklich in der Verfassung enthalten sind.[99] Das Gleiche gilt *nolens volens* für die Auslegung der Strafgesetze: Die hermeneutische Arbeit muss sicherlich in ihrem Kern von der rechtsphilosophischen bzw. strafpolitischen unterschieden werden. Es wäre jedoch naiv zu leugnen, dass hinter vielen der von Strafrechtlern und Richtern vorgenommenen (teleologischen bzw. leitbildorientierten) Auslegungen des positiven (Straf-)Rechts ein materieller Verbrechensbegriff, das heißt eine metarechtliche Überlegung steht.[100] Anders ausgedrückt: Solange das Strafrecht durch eine offene und vage, d. h. auslegungsbedürftige bzw. lückenhafte Sprache festgelegt wird, kann das positive Recht nicht die „metaphysische Spekulation“ über Richtig und Falsch been-

---

97 Vgl. *Prittwitz*, Das Strafrecht: Ultima ratio, propria ratio oder schlicht strafrechtliche Prohibition?, ZStW 2017, 390, 392. Tendenziell anders aber *Robles Planas*, Materieller Verbrechensbegriff und Verhältnismäßigkeitsgrundsatz, GA 2021, 288 Fn. 19.

98 In diesem Sinne *Silva Sánchez*, Malum, S. 50 ff.; *Robles Planas*, in: FS Frisch, S. 116; *Du Bois-Pedain*, The Place of Criminal Law Theor in the Constitutional State, in Semester et al. (Hrsg.), Liberal Criminal Theory, 2014, S. 305, 322 f.; *Hörnle*, Theories of Criminalization, in: Dubber/Hörnle (Hrsg.), The Oxford Handbook of Criminal Law, Oxford, 2014, S. 679, 684.

99 Eingehend *Mahlmann*, Rechtsgüter: Stolpersteine des liberalen Verfassungsstaates?, in: Rosenau et al. (Hrsg.), Rechtsstaat und Strafrecht, Tübingen, 2021, S. 67, 69 ff.

100 Darauf hinweisend zurecht *Hilgendorf*, in: Hilgendorf et al. (Hrsg.), S. 795. Siehe auch *Robles Planas*, ZIS 2010, 357, 360.

den.[101] Mit *Pawlik* gesprochen: „Das so verstandene Strafrecht hat keine distinkten Schöpfer; Autor des Strafrechts – wenn man in diesem Zusammenhang überhaupt noch von Autorschaft reden will – ist vielmehr die Gemeinschaft der professionellen Strafrechtsexperten in ihrer Gesamtheit".[102] *Gärditz'* intendierte scharfe Abgrenzung zwischen exogener Rechtskritik und endogener Verfassungsbindung ist daher auch eine Schimäre,[103] ebenso wie der Verzicht auf eine objektive Auslegung des Strafrechts zugunsten einer rein subjektiven (Wille des Gesetzgebers) Auslegungstheorie.[104]

Wie eine solche Kriminalisierungstheorie entwickelt werden sollte, ist hier nicht zu vertiefen.[105] Aber es ist wichtig zu betonen, dass Versuche zum Scheitern verurteilt sind, dauerhaft (alle Zeiten überdauernde) materiell reichhaltige (umfangreiche) Prinzipien anzubieten, die jede weitere normative Diskussion über die Angemessenheit der Kriminalisierung eines Verhaltens überflüssig machen. Vielmehr sollte die Strafrechtswissenschaft sich bemühen, bescheidenere bzw. „dünnere" Prinzipien der Kriminalisierung anzubieten[106] – auf halber Abstraktionshöhe –, aus denen zwar nicht mit mathematischer Genauigkeit eine spezifische Lösung abgeleitet werden kann, die aber als Argumentationsrahmen für eine fruchtbare Kriminalisierungsdiskussion dienen.[107] Der Anspruch, einen einzigen „richtigen", materiell hochkonturierten Verbrechensbegriff anzubieten, ist aus meiner Sicht zum Scheitern verurteilt. Dies gilt aber nicht nur für Versuche, die

---

101 Zurecht *Lindner*, S. 59, 148 ff., der das hermeneutische Problem für nicht vollständig lösbar hält.

102 *Pawlik*, Normbestätigung, S. 66.

103 Neuerdings *Gärditz*, in: Bäcker/Burchard (Hrsg.), S. 15, 46 ff.

104 So zu Recht *Kubiciel*, S. 31 ff., 39: der Normtext als Anknüpfungspunkt der Auslegung. Eingehend hierzu *Silva Sánchez*, Zur sogenannten ideologischen Auslegung, in: Pawlik et al. (Hrsg.), Festschrift für Günther Jakobs, Köln u.a., 2007, S. 645, 648 ff.; *ders.*, GA 2004, 679, 683.

105 Hierzu *Coca-Vila*, in: Hirsch/Moser (Hrsg.), Rights in Criminal Law, London, 2023, im Erscheinen. Ebenso *Hörnle*, One Masterprinciple of Criminalization – Or Several Principles?, Law, Ethics and Philosophy 2019, 208, 209 ff.

106 Unter „Thin" Prinzipien versteht *Duff*, The Realm of Criminal Law, Oxford, 2018, S. 253 ff. jene Kriminalisierungsprinzipien, die nicht über einen so reichhaltigen Beschreibungsgehalt verfügen, so dass wir zu ihrer Anwendung weitere, fragwürdige normative Urteile fällen müssen.

107 Näher *Kudlich*, Die Relevanz der Rechtsgutstheorie im modernen Verfassungsstaat, ZStW 2015, 635, 651: Rechtsgutsbegriff als „space of reasons", innerhalb dessen wir über die Legitimität von Strafnormen diskutieren müssen; *Saliger*, Die Bedeutung der Rechtsgutstheorie für ein modernes rechtsstaatliches Strafrecht in Deutschland, in: Rosenau et al. (Hrsg.), Rechtsstaat und Strafrecht, 2021, S. 95, 103: materieller Verbrechensbegriff als Argumentationsrahmen.

Kriminalisierung zu theoretisieren, sondern ist ein Merkmal der politischen oder moralischen Theoriebildung im Allgemeinen. Der Anspruch der Strafrechtswissenschaft soll daher, wie *Neumann* zurecht betont, ein anderer sein, nämlich „auf eine rationale Diskussion der möglichen Lösungen sowie der Argumente zielen, die für bzw. gegen die eine und die andere Auffassung sprechen".[108]

b. Kritik als Grundstein des demokratischen Strafrechts

Wird die Rolle der Strafrechtswissenschaft so verstanden, so ist diese Aufgabe nicht nur legitim, sondern im Rahmen eines Staates, der ein gutes, also vernünftig-liberales Strafrecht anstrebt, auch absolut notwendig.[109] In ihrer Missbilligung der Rolle der Strafrechtswissenschaft missversteht die „demokratisierende Kritik" das Ziel der Strafrechtswissenschaft und verwechselt zwei verschiedene Dimensionen: die der (verfassungsrechtlichen) Gültigkeit des Strafrechts und die der materiellen Legitimität eines Strafgesetzes.[110] Was die Strafrechtswissenschaft in ihrer kriminalpolitischen Aufgabe anstrebt, ist nicht, die Verfassungsmäßigkeit eines Gesetzes in Frage zu stellen, sondern vor allem, seine Legitimität aus rationalen Gründen zu untersuchen. Wenn sie Gründe gegen oder für ein zukünftiges Strafgesetz anbietet oder ein geltendes Strafrecht nach überpositiven Parametern kritisiert, maßt sie sich keine Macht zum Nachteil des demokratischen Gesetzgebers an, sondern trägt diskursiv zur Konstruktion des Strafrechts bei.[111] Mit anderen Worten: „Kritik ist nicht undemokratisch, sondern eine grundlegende Komponente einer demokratischen Praxis, an der auch die Strafrechtswissenschaft teilhat."[112] Der demokratische Ursprung eines (Straf-)Gesetzes immunisiert es nicht gegen die Kritik von Strafrechtspro-

108 *Neumann*, in: FS Kindhäuser, S. 348.

109 So *Hörnle*, S. 43.

110 Dies wird eindeutig bewiesen in *Greco*, in: Brunhöber et al. (Hrsg.), S. 13 ff.

111 In diesem Sinne NK-StGB/*Hassemer/Neumann*, Vor § 1 Rn. 119a; *Martins*, ZStW 2013, 243, 256. Ob es zur Klärung der Rolle der Strafrechtswissenschaft angemessen ist, sie als „machtlose vierte Gewalt" zu apostrophieren, ist zweifelhaft. So aber *Schünemann*, in: FS Roxin, S. 8; *ders.*, in: FS Herzberg, S. 39 ff.; *ders.*, ZIS 2016, 654, 663 ff. Ebenso *Greco*, Strafrechtsdogmatik, Strafrechtswissenschaft, Rescriptum 2014, 139, 140.

112 *Roxin/Greco*, StrafR AT I, § 2 Rn. 94g; *Greco/Roger*, JZ 2016, 1125, 1133. Dies wurde auch in jüngster Zeit ausdrücklich zugegeben von *Gärditz*, in: Bäcker/Burchard (Hrsg.), S. 46: „Gerade eine (Straf-)Rechtswissenschaft, die sich nicht auf die anwendungsbezogene Interpretation des geltenden Rechts zurückziehen und damit

fessoren und schließt auf keinen Fall eine Diskussion über seine materielle Korrektheit aus.

Der rechtsunverbindliche Charakter seiner Vorschläge befreit den Strafrechtswissenschaftler von den Ketten des positiven Rechts. Dem Ansatz, der dafür plädiert, am positiven Recht bei der Entwicklung der Kriminalpolitik festzuhalten,[113] wie *Noltenius* hervorhebt, „fehlt nicht nur das kritische Potenzial, sondern er liefert sich der Macht der Herrschenden aus und verfehlt damit das Ziel eines ‚demokratieadäquaten' Strafrechts".[114] Von einer verdeckten vierten Macht zu sprechen, hieße, der Wissenschaft eine Macht zuzuschreiben, die sie nicht besitzt. „Die Wissenschaft hat nichts anderes als Argumente – darin liegt ihre institutionelle Schwäche, aber zugleich ihre diskursive Stärke."[115]

c. Wissenschaftliche wertebasierte Kriminalpolitik?

Dass die Strafrechtswissenschaft eine wichtige (beratende) Rolle spielen sollte, wenn es um empirische Fragen geht, scheint unbestritten zu sein.[116] Ähnliches gilt bei der Frage nach der technischen Gestaltung von Strafgesetzen (Konsistenz, Kohärenz und Bestimmtheit...).[117] Aber gilt dies auch, wenn es um bewertende Fragen wie die der Strafwürdigkeit eines Verhaltens geht? Sollte eine solche Frage rein politischer Natur sein, so scheint es, dass die Strafrechtswissenschaft nichts Besonderes beizutragen hat. Doch

---

ihren wissenschaftlichen Eigenstand riskieren will, sollte dies [die Rechtsordnung zu kritisieren] auch tun."

113 So *Hirsch*, S. 211 ff., der für eine (bloße) immanente Kritik des Strafrechts plädiert.

114 *Noltenius*, Die Europäische Idee der Freiheit und die Etablierung eines Europäischen Strafrechts, Berlin, 2017, S. 311. Ebenso *Zabel*, KJ 2022, 269, 274, 282: „Eine Strafrechtswissenschaft, die im eminenten Sinne gesellschafts- und freiheitssensibel agiert, kann eine solche Ordnung nicht als Macht- oder Gewaltdurchsetzungsregime verstehen, dann wird sie autoritär." Näher *Robles Planas*, in: Abel Souto et al. (Hrsg.), Estudios penales en homenaje al profesor José Manuel Lorenzo Salgado, Valencia, 2022, S. 1211, 1220 f. (zitiert als: *Robles Planas*, in: LH-Lorenzo Salgado).

115 *Neumann*, in: FS Kindhäuser, S. 348; *Robles Planas*, in: LH-Lorenzo Salgado, 1222. Wie *Kubiciel* treffend auf den Punkt bringt, ist das Problem der heutigen wissenschaftlich fundierten Kriminalpolitik ihr mangelnder Einfluss, nicht umgekehrt. Siehe *Kubiciel*, JZ 2018, 171 ff. So auch *Weißer*, Expertokratie? Über Macht und Ohnmacht von Experten im Hinblick auf die Strafrechtsentwicklung, ZStW 2017, 961, 994, die für eine stärkere Einbeziehung der Strafrechtswissenschaft in die Strafgesetzgebung plädiert.

116 Dazu *Hoven*, in: Hoven/Kubiciel (Hrsg.), S. 113.

117 Siehe nur *Steinbach*, Kap. 3.

genau hier liegt der Fehler derjenigen Ansätze, die dafür plädieren, die wissenschaftliche Kriminalpolitik in ihrer wertenden Dimension zu unterdrücken. Wie *Silva Sánchez* zu Recht bemerkt: „Auch über die wertende Seite der Kriminalpolitik kann man wissenschaftlich diskutieren und zwischen besseren und schlechteren Argumenten unterscheiden."[118] Was die Strafrechtswissenschaft anbietet, ist weder bloße Politikberatung[119] noch ein Sammelsurium von persönlichen Meinungen, sondern – zumindest in ihren besten Ausprägungen – eine besonders qualifizierte Herangehensweise an die wertende Dimension der Kriminalisierungsfrage.

In einer arbeitsteiligen Gesellschaft, in der die überwiegende Mehrheit der Bürger nicht bereit ist, die erheblichen Opportunitätskosten auf sich zu nehmen, um über die Gründe für und gegen die Kriminalisierung eines bestimmten Verhaltens nachzudenken, wird der Strafrechtler in der Regel besser in der Lage sein, sich über die materiellen Gründe für oder gegen die Kriminalisierung eines Verhaltens zu informieren und auf der Grundlage seiner Reflexionen kriminalpolitische Argumente bereitzustellen. Nicht nur, dass er die Bewertungsdimension von Kriminalisierungsentscheidungen besser wahrnimmt, er verfügt auch über eine Methode zur Bewertung und Entwicklung von Argumenten,[120] die die Rationalität seiner Schlussfolgerungen begünstigt. Wenn der Strafrechtler – auf der Grundlage der bereits bekannten Gesichtspunkte – gegen die Kriminalisierung des abstrakten Gefährdungsdeliktes *argumentiert*, versucht er nicht nur durch emotionale Effekte oder Rhetorik zu überreden, sondern *begründet* wissenschaftlich eine kriminalpolitische These. *Neumann* hat daher mit der Feststellung recht, dass „Stellungnahmen aus der (fachlich zuständigen) Wissenschaft deshalb in der rechtspolitischen Diskussion jedenfalls *prima*

118 So zu Recht *Silva Sánchez*, GA 2004, 679, 684; *ders.*, JRE 2019, 667, 682; *ders.*, in: Zabel (Hrsg.), S. 81. Ebenso *Kindhäuser*, ZStW 2017, 382, 386: „Daher bedarf es nach wie vor wissenschaftlich und gegebenenfalls philosophisch fundierter Kriterien, um echte Kriminalität zu identifizieren und von bloßen Verstößen gegen die staatliche oder wirtschaftliche Ordnung, die genuine Sache eines generalpräventiven Ordnungswidrigkeitenrechts ist, abzugrenzen."

119 Tendenziell so aber *Stuckenberg*, GA 2011, 653, 660; oder *Wilfert*, S. 174: „Alle Überlegungen, die keine positivrechtliche Anbindung aufweisen und in das demokratische Verfahren eingebracht werden, sind politischer Art."

120 Zum Begriff des Arguments in juristischen Begründungen siehe *Neumann*, Theorie der juristischen Argumentation, in: Brugger et al. (Hrsg.), Rechtsphilosophie im 21. Jahrhundert, Frankfurt a.M., 2020, S. 235 ff.

facie ein höheres Gewicht haben sollten als politische Statements".[121] Das bedeutet weder, dass die kriminalpolitischen Ansätze der Strafrechtswissenschaft rein unpolitische Überlegungen sind, noch, dass ihre Argumente immer und in jedem Fall besser sind als die irgendeines anderen Bürgers. Das Einzige, was hier bekräftigt wird, ist, dass der Strafrechtler – zumindest derjenige, der sich dem Studium der Kriminalisierungslehre widmet – ebenso wie der politische oder moralische Philosoph, der sich mit diesen Fragen beschäftigt, besonders geeignet erscheint, um über kriminalpolitische Fragen nachzudenken. Nicht der Status des Universitätsprofessors als solcher spricht dafür, seinen Argumenten besonders zuzuhören, sondern seine Ausbildung und die professionelle Pflege bei der Erforschung der (wertenden) Kriminalpolitik.

Die Kriminalpolitik der Strafrechtswissenschaft sollte daher diskursiv verbindlich sein, das heißt, ihre Argumente – auch die, die auf einer überpositiven Argumentation beruhen – sollten idealerweise vom Gesetzgeber berücksichtigt und akzeptiert oder abgelehnt werden. In diesem Sinne – und nur in diesem Sinne – lässt sich von einer gewissen Demokratieferne der Strafrechtswissenschaft sprechen: Wie in jeder Wissenschaft wird die beste Schlussfolgerung nicht von der Mehrheit entschieden, sondern aufgrund der Stärke oder Rationalität der Argumente, die sie unterstützen.[122] Die kriminalpolitische Arbeit der Strafrechtswissenschaft zu diskreditieren, indem man sie auf die Ansprüche von Philosophenkönigen reduziert, ist daher fehl am Platz.[123] Es ist vielmehr die „demokratisierende Kritik", die versucht, die Stimme eines „neuen Philosophenkönigs" – nämlich die des Formalisten und Relativisten *Kelsen* – zu einzig validen Stimme in der Debatte über die Rolle der Strafrechtswissenschaft zu erheben.[124]

IV. Ausblick

Es mag stimmen, dass die Strafrechtswissenschaft länger als andere Rechtsdisziplinen gebraucht hat, um über das Gewicht der Verfassung und des

121 *Neumann*, in: FS Kindhäuser, S. 349. [kursiv im Original] Ähnlich *Saliger*, in: Rosenau et al. (Hrsg.), S. 105: „Würde jemand die „Expertise von Einstein als Physiker in Frage stellen, weil er nicht demokratisch legitimiert war[?]. Gleiches gilt für die Strafrechtswissenschaft".

122 Eingehend *Silva Sánchez*, GA 2004, 679, 684.

123 So aber *Pawlik*, Normbestätigung, S. 42.

124 Auf *Kelsens* Konzeption der Demokratie beziehend siehe z. B. *Wilfert*, S. 68, 70; *Engländer*, ZStW 2015, 616, 632 Fn. 81.

Demokratieprinzips in ihrem Rechtsgebiet nachzudenken. Die demokratisch-grundrechtliche Einbindung des Strafrechts bedeutet jedoch keineswegs, dass die jahrelange kriminalpolitische Arbeit der Strafrechtswissenschaft über Bord geworfen wird.

Strafgesetze sollten auch im Rahmen einer rechtsstaatlichen Demokratie durch gute Gründe gestützt werden. Auch wenn ihre Rechtsgültigkeit von nichts anderem als ihrer Verfassungsmäßigkeit abhängt, können und sollten wir Strafgesetze anstreben, die nicht nur empirisch, sondern auch normativ gut fundiert sind. Die Strafrechtswissenschaft muss die Kriminalpolitik weiter kultivieren. Ihre Vorschläge sind nicht institutionell bindend, aber sie sind auch keine bloßen politischen Meinungen. In dem Maße, in dem diese Vorschläge auf einer eingehenden Untersuchung der Gründe für und gegen die Kriminalisierung einer bestimmten Handlung beruhen, sind solche Vorschläge diskursiv verbindlich.

Die durch die Demokratisierungskritik ausgelöste Diskussion läuft Gefahr, gegenstandslos zu werden. Wenn sich herausstellt, dass die Kritiker die Möglichkeit anerkennen, dass Strafrechtswissenschaftler in kriminalpolitischen Angelegenheiten exogene Kritik üben können, und die kritisierten Ansätze den unverbindlichen verfassungsrechtlichen Charakter ihrer kriminalpolitischen Prämissen anerkennen, wird der Konflikt auf ein bekanntes Problem reduziert. Es geht im Grunde genommen um die Frage, wie sehr die Verfassung den Gesetzgeber bei kriminalpolitischen Fragen begrenzt und wie stringent der Wortlaut des Gesetzes den Ausleger bei der Anwendung bindet.

Dr. *Ivó Coca-Vila* | Tenure Track-Professor für Strafrecht an der Pompeu Fabra Universitat, Barcelona | Senior Researcher am Max-Planck-Instituts zur Erforschung von Kriminalität, Sicherheit und Recht, Freiburg i. Br.

Vom Unterschied eines bürgernahen zu einem bürgerwürdigen Strafrecht

Ansatz einer demokratischen Kritik an der neuen empirischen Vergeltungslehre in Deutschland

Luka Breneselović, Augsburg & Belgrad

In der langen Geschichte der Bemühungen um die Sichtung und Auswahl einer oder mehrerer stichhaltiger Strafbegründungen können immer wieder gewisse Moden herausgestellt werden. Die „Mode" entfaltet sich dabei inhaltlich. Es geht zentral um gewisse unmittelbare Forderungen an die Reaktion, wenn ein Verbrechen auftritt: *Feuerbach* fordert die negative Generalprävention, die Moderne Schule fordert die Spezialprävention, *H. Mayer* fordert die Strafe als Mittel der Volkwerdung.[1] Zusätzlich zu ihrem unmittelbaren Inhalt hat aber eine straftheoretische „Mode" immer auch einen gesellschaftlichen Platz und eigenen politischen Kontext. Was gefordert wird, hängt entscheidend und innerlich mit gewissen – befürworteten oder implizit vorhandenen – gesellschaftlichen und politischen Vorstellungen zusammen. Umgekehrt möchten die einzelnen Straftheorien oft selbst als gewisse Verstärker auf ein Bild des Menschen oder Staates einwirken. So betrachtet stellt sich – vielleicht mit einer Ausnahme bei den absoluten Straflehren – die Frage nach der Berechtigung einer Straftheorie nie allein abstrakt, sondern immer *relativ* in Bezug auf die gedachte politische Ordnung und die Stellung des Einzelnen in der Gemeinschaft.[2]

---

1 Die ältere straftheoretische Diskussion ist dokumentiert bei *Abegg*, Die verschiedenen Strafrechtstheorien, Neustadt 1835; *Liszt*, Lehrbuch des Deutschen Strafrechts, 3. Aufl., Berlin 1888, S. 6 ff.; *Nagler*, Die Strafe, Leipzig 1918; *Kasseckert*, Straftheorie im Dritten Reich, Berlin 2009, S. 167 ff. Für aktuelle Übersichten vgl. z.B. *Roxin/Greco*, Strafrecht: Allgemeiner Teil, Bd. 1, 5. Aufl., München 2020, § 3, Rn. 2 ff.; *Montenbruck*, Deutsche Straftheorien, 3. Aufl., Berlin 2016.

2 Vgl. bereits aus dem älteren Schrifttum *Liszt*, Die Rückwirkung der November-Revolution auf Strafrecht und Strafverfahren, JW 1918, 754; *Dahm/Schaffstein*, Liberales oder autoritäres Strafrecht?, Hamburg 1933. Danach *Bauer*, Das Verbrechen und die Gesellschaft, München 1957, S. 205 ff.; *Marxen*, Der Kampf gegen das liberale Strafrecht, Berlin 1975, S. 56 ff.; *H. Müller*, Der Begriff der Generalprävention im 19. Jahrhundert, Frankfurt a.M. 1984, S. 28 ff.; *Gärditz*, Strafbegründung und Demokratieprinzip, Der

Die Absicht meines Aufsatzes ist eine kritische Prüfung des politisch-demokratischen Anspruchs einer neuer Straftheorie – der neuen empirischen Vergeltungslehre in Deutschland – zu leisten, die vor einigen Jahren von *Walter* in Regensburg vorgeschlagen wurde. Es geht um einen neuen Ansatz der Vergeltungslehre, der vom empirischen Befund, dass die Menschen Vergeltungsbedürfnisse haben, ausgeht und auf dieser Grundlage die Retribution als eine wissenschaftlich moderne und richtige Straftheorie vorschlägt. *Walters* Forderungen sind dabei zwar nicht prinzipiell auf die Straftheorie begrenzt (es geht auch um Einstellungen zum Deliktskatalog), jedoch entspricht es seiner Grundabsicht, dass sein Ansatz als eine *neue Straftheorie* verstanden wird. Ausgeführt wurde der Ansatz, mit entsprechenden kriminalpolitischen Forderungen, zuerst 2011 in der „Zeit" und in der „ZIS".[3] *Walters* Schüler *Andrissek* hat die Lehre 2017 umfassend geprüft und inhaltlich mit der Lehre von Gerechtigkeitsintuitionen („Intuitions of Justice") aus den USA verknüpft.[4]

Die bisherige Kritik an *Walters* und *Andrisseks* Vergeltungslehre – ich nenne sie hier: neue empirische Vergeltungslehre – konzentrierte sich auf das normative Problem der Irrationalität, auf die die Lehre hinausläuft, sowie auf die Überprüfung des Anspruchs der Lehre, ein „empirischer" Ansatz zu sein.[5] Dagegen wurde der politische Anspruch der Lehre, ein

---

Staat 49 (2010), 331, 348 ff.; *Kaspar,* Verhältnismäßigkeit und Grundrechtsschutz im Präventionsstrafrecht, Baden-Baden 2014, S. 27 ff.; *Wilfert,* Strafe und Strafgesetzgebung im demokratischen Verfassungsstaat, Tübingen 2017, S. 84 ff. (zitiert als *Wilfert,* Strafe und Gesetzgebung). Lesenswert, aber mit Vorbehalten zu berücksichtigen ist revolutionäres Schrifttum wie *Ewald,* Theoretische Probleme und Ideologie des „Täterstrafrechts" im imperialistischen Deutschland, Berlin 1983.

3 *Walter,* Jenseits der Rache – Warum Gesellschaft und Justiz Vergeltung brauchen, Die Zeit v. 15.12.2011, S. 15; *ders.,* Prävention und Resozialisierung als Pflichten der Kriminalpolitik, ZIS 2011, 636; ferner *ders.,* Das absolute wird relativ – wie sich Vergeltung als Strafzweck soziologisch begründen lässt, in: Gedächtnisschrift für M. Walter, Berlin 2014, S. 831; *ders.,* Strafe und Vergeltung, Baden-Baden 2016 (zitiert als *Walter,* Strafe und Vergeltung); *ders.,* Grundlage einer empirisch begründeten Vergeltungstheorie, in: Kaspar/Walter (Hrsg.), Strafen „im Namen des Volkes"?, 2019, S. 49 (zitiert als *Walter,* in: Kaspar/Walter [Hrsg.]); *ders.,* Die Vergeltungsidee als Grenze des Strafrechts, JZ 2019, 649; *ders.,* Gedanken zur deutschsprachigen Strafrechtswissenschaft, ZIS 2021, 298.

4 *Andrissek,* Vergeltung als Strafzweck: Empirisch-soziologische Begründung und kriminalpolitische Folgerungen, Tübingen 2017 (zitiert als *Andrissek,* Vergeltung als Strafzweck).

5 Vgl. zur direkten Kritik *H.E. Müller,* Deliktsschwereforschung als Grundlage eines gerechteren Strafrechtssystems?, in: Kaspar/Walter (Hrsg.), S. 117; *Kölbel/Singelnstein,* Strafrechtliche Sanktion und gesellschaftliche Erwartung – zu den Problemen und

demokratischer Ansatz zu sein, bisher nicht zentral aufgegriffen, was dem Umstand entsprechen dürfte, dass in der Anfangsphase ein entsprechender Anspruch nur rudimentär vorgetragen worden war.[6] Spätestens 2020 erhob dann *Walter* einen unmittelbaren Anspruch, dass das Anliegen seines Ansatzes im Zusammenhang mit der Demokratisierung des Strafrechts zu verorten sei.[7]

Meine Gegenthese soll hier lauten, dass sich die neue empirische Vergeltungslehre nur mit einer *mangelhaften Berechtigung* als ein demokratischer Ansatz bezeichnen lässt. Dafür möchte ich Gründe positivrechtlicher und demokratietheoretischer Natur nennen. Zuerst werde ich kurz den neuen Vergeltungsansatz, auch anhand von Originalzitaten, näher darstellen (Punkt I.). Daraufhin werde ich prüfen, inwieweit die Lehre mit der konkreten demokratischen Ordnung des Grundgesetzes vereinbar ist (Punkt II.). In einem zweiten Prüfungsschritt erfolgt dann die Erörterung, inwieweit der demokratische Anspruch der Lehre in Anbetracht der verschiedenen Möglichkeiten, dass man sich dem Phänomen und Begriff des Bürgers annähert, berechtigt ist (Punkt III.). In diesem Abschnitt werden auch die Unterscheidung zwischen einer Bürgernähe und der Bürgerwürdigkeit hervorgehoben und das Verhältnis der Lehre zu den deliberativen Konzepten der Demokratie erörtert. Schließlich werde ich die Untersuchung mit einem Fazit schließen (Punkt IV.).

Gefahren eines publikumsorientierten Strafrechts, NStZ 2020, 333; ferner *Bublitz,* Die Genealogie der Vergeltung, Festschrift für Merkel, Berlin 2019, S. 459, der (S. 481 ff.) auch eine „deliberative“ Verkürzung diskutiert. Ein wichtiger Teil der Kritik erfolgt durch Förderung von Gegenauffassungen. Vgl. dazu insb. *Höffler,* Die Rolle der Spezialprävention aus Sicht der Bevölkerung, in: Kaspar/Walter (Hrsg.), S. 91; sowie in der Schweiz *Coninx,* Kritische Anmerkungen zu Möglichkeiten und Grenzen empirischer Argumente in der Schweizerischen Strafzweckdiskussion, in: Kaspar/Walter (Hrsg.), S. 215.

6 Für die frühen Stellungnahmen vgl. insb. *Walter,* ZIS 2011, 636, 636, 646 – sowie die Angaben im Punkt I.

7 *Walter,* in: Kaspar/Walter (Hrsg.), S. 50, 57; *ders.,* Zur Demokratisierung des Strafrechts, Festschrift für Merkel, Berlin 2020, S. 549 ff. Vgl. für die ähnliche Perspektive auch *Robinson,* Democratizing Criminal Law, Northwestern University Law Review 111 (2017) 6, 1565 und *Hoven,* Die öffentliche Wahrnehmung von Strafzumessungsentscheidungen, KriPoZ 2018, 276.

I. Die neue empirische Vergeltungslehre und ihr demokratischer Anspruch

Die klassischen Vergeltungslehren, die in der Strafrechtswissenschaft und in der Philosophie vertreten werden, sind metaphysischer Art. Sie knüpfen die Notwendigkeit und die Berechtigung der Vergeltung nicht an einen sozialen oder psychischen Sachverhalt an, sondern gewinnen die Forderung der Vergeltung in einem übergreifenden System von Prinzipien. Der Philosoph findet dieses System und die ihm immanenten Vergeltungsforderungen durch eine kräftige Einsicht und seine vorhandene – oder zumindest öffentlich beanspruchte – persönliche Genialität. Ein bekanntes Beispiel solcher Aufarbeitung findet sich bei *Kant* und *Hegel*, deren Ansätze Gegenstand zahlreicher vorzüglicher Darstellungen sind.[8] Die neue empirische Vergeltungslehre wird explizit *nicht* metaphysisch begründet und versteht sich insoweit als eine *relative, empirisch-soziologische Vergeltungslehre.*[9] Es sollen *empirisch* die Vergeltungsbedürfnisse als „ubiquitär feststellbare, antriebsstarke Bedürfnisse des Menschen" untersucht werden.[10] Der Staat soll sie, das ist die kriminalpolitische Folgerung, sättigen.[11]

Walter spricht in seinen Darstellungen ausdrücklich davon, dass „die Erkenntnisse der Verhaltenspsychologie" zeigen würden, „dass im Wesen des Menschen das Bedürfnis verwurzelt ist, Unrecht vergolten zu sehen".[12] Es geht um „Vergeltungsverlangen von Bürgern".[13] Daraus folge, dass dieses Verlangen „geordnet und maßvoll befriedigt werden muss, wenn der Rechtsfrieden einer Gesellschaft erhalten bleiben soll".[14] Vergeltungsbedürf-

8 Vgl. für gängige Überblicke *Hörnle,* Straftheorien, in: Handbuch des Strafrechts, Bd. 1, Heidelberg 2019, S. 507 ff.; *Roxin/Greco,* Strafrecht AT, Bd. 1, § 3, Rn. 2 ff.; ferner *White* (Hrsg.), Retributivism, Oxford 2011. Für den – bei direkten Anknüpfungen an *Kant* und *Hegel* öfters in Frage gestellten – metaphysischen Charakter der Ansätze vgl. *Hill,* Kant on Punishment, Jahrbuch für Recht und Ethik 5 (1997), 291 und grundlegend *Neumann,* Anfragen an Hegels Straftheorie aus „nachmetaphysischer" Sicht, in: Hirsch et al. (Hrsg.), Strafe – Warum?, Baden-Baden 2011, S. 159. Für die neueren Ansätze, die teilweise nur lose an den Idealismus anknüpfen vgl. systematisierend *Bruckmann,* Sinn und Unsinn gegenwärtiger Vergeltungstheorien, KriPoZ 2019, 105.

9 *Walter,* ZIS 2011, 636, 646; *ders.,* Gedächtnisschrift für M. Walter, S. 836 ff., 841; *ders.,* Strafe und Vergeltung, S. 8; ders., in: Kaspar/Walter (Hrsg.), S. 49 f.; *ders.,* JZ 2019, 649, 653; zur Empirie *Andrissek,* Vergeltung als Strafzweck, S. 14 ff.

10 *Walter,* ZIS 2011, 636, 636.

11 *Walter,* ZIS 2011, 636, 641f., 645; *ders.,* Gedächtnisschrift für M. Walter, S. 838 f.

12 *Walter,* ZIS 2011, 636, 636.

13 *Walter,* ZIS 2011, 636, 636.

14 *Walter,* Gedächtnisschrift für M. Walter, S. 837.

nis sei ein „Grundbedürfnis der Gesellschaft".[15] Der Mensch habe „von seiner Natur aus das Bedürfnis", das Unrecht vergolten zu sehen.[16] Die „Rachewünsche des Opfers" seien mit diesem Bedürfnis verwandt, aber nicht identisch.[17] Es geht darum, dass „jedes Vergeltungsbedürfnis auch ein gesellschaftliches Bedürfnis" sei.[18] Durch die Vergeltung schaffe die Gesellschaft „die Bedingungen", die ihr „Fortbestand verlangt".[19]

Der demokratische Anspruch eines solchen Ansatzes und seiner Forderungen wurde bereits 2011 von *Walter* angedeutet und im Laufe der Zeit verfestigt. Bereits 2011 heißt es, es sei „vor allem, aber nicht nur für demokratisch verfasste Gesellschaften" von Bedeutung, dem Vergeltungsverlangen der Bürger Rechnung zu tragen.[20] „In einer demokratischen Gemeinschaft steht es denen", so *Walter* weiter, „die Strafgesetze machen und denen, die sie anwenden, gut zu berücksichtigen, für wen diese Gesetze gelten sollen (…)".[21] Darüber hinaus wurde ein demokratisches Verständnis, wie es mir scheint, auch in weiteren Teilen der Analyse bereits in frühen Veröffentlichungen vorausgesetzt. Denn der Mensch wird bei *Walter* oft emphatisch als *Bürger* bezeichnet und der Staat als Einrichtung wird mit einer „Gesellschaft mit Verfassung" gleichgestellt,[22] zu der – so ausdrücklich *Walter* – die Demokratie als ein wesentliches Element gehört.[23]

In einem speziell dem Thema „Demokratisierung des Strafrechts" gewidmeten Aufsatz erhob dann *Walter* 2020 unmittelbar den demokratischen Anspruch für sein Anliegen. Die Ausrichtung des Strafphänomens an die Auffassungen über Verbrechen und Strafe in der Bevölkerung würde „eine Möglichkeit", die „kriminalpolitischen Entscheidungen weiter zu demokratisieren", darstellen.[24] Die Kriminalpolitik, die *Walters* Grundsätze der Vergeltung fördern würde, wäre ein „Schauplatz einer weiteren Demokratisierung des Strafrechts".[25] Dem Ansatz *Walters* komme es auf ein Werben für Demokratisierung an.[26] An erster Stelle steht dabei „der Vorschlag, schon

15 *Walter*, Gedächtnisschrift für M. Walter, S. 839.
16 *Walter*, Gedächtnisschrift für M. Walter, S. 837; *ders.*, Strafe und Vergeltung, S. 10.
17 *Walter*, ZIS 2011, 636, 636, 641.
18 *Walter*, Gedächtnisschrift für M. Walter, S. 837.
19 *Walter*, Gedächtnisschrift für M. Walter, S. 839.
20 *Walter*, ZIS 2011, 636, 636.
21 *Walter*, ZIS 2011, 636, 646.
22 *Walter*, Gedächtnisschrift für M. Walter, S. 840.
23 *Walter*, Gedächtnisschrift für M. Walter, S. 840.
24 *Walter*, Festschrift für Merkel, S. 549.
25 *Walter*, Festschrift für Merkel, S. 549.
26 *Walter*, Festschrift für Merkel, S. 563.

in der Kriminalpolitik die Gerechtigkeitsintuitionen der Bürger zu berücksichtigen, die auf dem Gebiet des Strafrechts die Form von Vergeltungsbedürfnissen haben".[27] Die empirische Ermittlung und kriminalpolitische Aufarbeitung solcher Bedürfnisse bewirke im Ergebnis „eine basisdemokratische Grundierung des Strafrechts".[28]

II. Die neue empirische Vergeltungslehre und die Konkretisierung des Demokratieprinzips in der geltenden Verfassung (Art. 20 Abs. 2 GG)

Für die Bewertung, inwieweit die neue empirische Vergeltungslehre als ein demokratisches Konstrukt bezeichnet werden kann, ist zuerst vorteilhaft, zu bestimmen, *in welchem demokratischen Kontext man sich bewegt.* Dabei möchte ich, wie in der Rechtswissenschaft üblich, zuerst zwischen einer indirekten und einer direkten Demokratie unterscheiden. Gemeinsam ist beiden Konzepten – dem indirekten und dem direkten –, dass sie von der Souveränität des Volkes ausgehen. Das Volk ist Inhaber der Staatsgewalt.[29] In einer *direkten* Demokratie beschließt das Volk selbst die Sachentscheidungen, in einer *indirekten* (repräsentativen) Demokratie tradiert es institutionell durch Wahlen die Sachentscheidungskompetenz an eine Körperschaft, also meistens an Parlamente. Die Unterscheidung ist eine formale, weil im Grunde auch eine „direkte" und eine „indirekte" Demokratie ganz unterschiedlich gedacht werden können.[30] Sie ist jedoch für diese Untersuchung schon deshalb analytisch förderlich, weil in einem normati-

27 *Walter,* Festschrift für Merkel, S. 563.

28 *Walter,* Festschrift für Merkel, S. 563.

29 *Brenner,* Repräsentative Demokratie, in: Stern et al. (Hrsg.), Staatsrecht der BRD, 2. Aufl., Bd. 2, München 2022, § 30, Rn. 1 ff., 4 ff. (zitiert als: *Brenner,* in: Stern et al. [Hrsg.]; *Dreier,* in: ders. (Hrsg.), Grundgesetz Kommentar, 3. Aufl., Bd. 2, Tübingen 2015, Art. 20, Rn. 82 ff. (zitiert als: *Dreier,* in: ders. [Hrsg.]); *Böckenförde,* Demokratische Willensbildung, in: Handbuch des StaatsR, 3. Aufl., Bd. 2, Heidelberg 2004, § 24, Rn. 2 ff. (zitiert als: *Böckenförde,* in: Handbuch des StaatsR); mit kritischen Überlegungen *Jaestedt,* Radien der Demokratie, in: Heinig/Terchechte (Hrsg.), Postnationale Demokratie, Tübingen 2013, S. 3, 15; *Dreier,* Das Problem der Volkssouveränität, in: Stekeler-Weithofer/Zabel (Hrsg.), Philosophie der Republik, Tübingen 2018, S. 37.

30 So *kann* man unter einer direkten Demokratie die Volksabstimmungen verstehen, bei welchen, im gewissen Sinne, das ganze Volk als ein großes Parlament zur Stimmabgabe aufgerufen wird. Man kann unter direkter Demokratie aber auch fließende überlegungs- und entscheidungsintensive dynamische Gruppenprozesse verstehen, die nur im Falle gewisser unlösbarer Meinungsunterschiede in Form einer „Stimmabgabe" aufgelöst werden. Man *kann* das Parlament als eine notgedrungene Reduktion des ganzen Staatsvolkes auf eine überschaubare Zahl von Repräsentanten betrachten,

ven Kontext, in welchem das eine von zwei alternativen Konzepten fest in der Verfassung etabliert ist, ein unbekümmerter Rekurs auf Ressourcen des anderen Konzeptes auf Strukturdefizite der äußerlich demokratisch wirkenden Überlegungen hindeutet.

Als ersten demokratischen Widerspruch und ein Problem der neuen empirischen Vergeltungslehre möchte ich hervorheben, dass diese mit dem inhaltlichen Rahmen der Demokratie nach der geltenden deutschen Verfassung kaum vereinbar sein dürfte. Der deutsche Verfassungsgeber hat aus historischen, aber auch aus demokratietheoretischen Gründen,[31] die direkte Demokratie in enge Schranken verwiesen. Der zentrale Art. 20 Abs. 2 GG handelt zwar – im ersten Satz – davon, dass die ganze Staatsgewalt vom Volke ausgeht; und sieht – im zweiten Satz – neben repräsentativen Instrumenten („Wahlen") auch eine unmittelbare Beschließung der Sachentscheidungen durch das Volk vor („Abstimmungen"). Allerdings enthalten nach ganz herrschender Ansicht weder Art. 20 Abs. 2 noch sonstige Vorschriften im Grundgesetz eine Zuständigkeits- oder Ermächtigungsnorm für das Volk, die Sachentscheidungen als autonomer Gesetzgeber unmittelbar zu treffen. Die Konsequenz ist, das ist das unumstrittene Ergebnis der Auslegung des Art. 20 Abs. 2 GG, dass dem Bundestag im Verhältnis zum Volk – auch im Bereich des Strafrechts – ein anerkanntes Gesetzgebungsmonopol zukommt.[32]

---

oder es auch als institutionell selbstständige Wirkungsstätte mit eigenständigen Existenzvorteilen auffassen. Vgl. *Brenner,* in: Stern et al., Bd. 2, § 30, Rn. 40 ff.

31 Vgl. *Böckenförde,* in: Handbuch des StaatsR, § 34, Rn. 1 ff., 3 („notwendige Grundform der Demokratie"); *Grzeszick,* in: Düring/Herzog/Scholz, GG, Lfg. 97 (München 2022), Art. 20, Rn. 66 ff. (zitiert als *Grzeszick,* in: Düring/Herzog/Scholz) jeweils m.w.N. Vgl. auch die bekannte Untersuchung von *Gärditz,* Der Staat 49 (2010), 331, 354 f. (Wert der „Distanzierung qua Repräsentation"); *H.E. Müller/Schmoll,* Deliktsschwereforschung als Grundlage eines gerechteren Strafrechtssystems?, in: Kaspar/Walter (Hrsg.), Strafen „im Namen des Volkes"? 2019, S. 127 f. Die Überlegungen entsprechen dem bekannten Topos der Veredelung der politischen Entscheidungen durch Parlament in der Demokratietheorie. Vgl. *Dreier,* Demokratische Repräsentation und vernünftiger Allgemeinwille, AöR 113 (1988), 451, 461 ff.; *Bessette,* The Mild Voice of Reason, Chicago 1997, S. 6 ff.; *Urbinati,* Representative Democracy, Chicago 2006.

32 Insoweit spricht man von einer Entscheidung für die repräsentative Demokratie auf der Bundesebene. Vgl. *Brenner,* in: Stern et al., Bd. 2, § 30, Rn. 1 ff., 59 ff.; *Dreier,* in: ders. (Hrsg.), Art. 20 GG, Rn. 102 ff.; *Grzeszick,* in: Düring/Herzog/Scholz, GG, Lfg. 97 (2022), Art. 20, Rn. 69 ff.; *Sommermann,* in: Mangoldt/Klein/Starck, Grundgesetz, 7. Aufl., Bd. 2, München 2018, Art. 20, Rn. 143 ff., 161 ff. Vgl. noch *Wilfert,* Strafe und Strafgesetzgebung, S. 47 ff.

Die neue empirische Vergeltungslehre kann in die geltende, im Art. 20 Abs. 2 GG erfolgte Konkretisierung des Demokratieprinzips nicht ohne formale und materielle Widersprüche eingefügt werden. Die sozialempirischen Untersuchungen, die der neue Vergeltungsansatz fordert, würden immer auf eine Ermittlung von Mehrheitsverhältnissen in der Population abzielen. Solche Befunde laufen im Prinzip auf die Ermittlung von gleicher numerischer Größe wie die – nach GG praktisch nicht zugelassenen – Volksentscheide. Möchte man als eine Grundforderung von *Walters* Lehre das Ziel hervorheben, dass sich der Inhalt von Gesetzen an der empirisch festgestellten Meinungsmehrheit in der Bevölkerung ausrichtet, dann stellt sich ein solches Unternehmen als gewisser Widerspruch zur repräsentativen Demokratie dar.[33] Eine Bindung der Parlamentarier an eine durch empirische Untersuchung ermittelte Volksmeinung würde auf eine Aushöhlung des im Grundgesetz optierten Demokratiemodells und Aufhebung der verfassungsrechtlich etablierten Zuständigkeiten hinauslaufen. Dieser Kritikpunkt ist nicht neu, weist jedoch gerade in seiner alten Eigenschaft auf ein ausgeprägtes *Begründungsdefizit* in *Walters* straftheoretischem Ansatz hin.[34]

Präziser betrachtet hängt die Richtung der Kritik davon ab, wie man die „Bindung" der Parlamentarier an die Ergebnisse der empirischen Forschung verstehen möchte. Die neue empirische Vergeltungslehre erhebt diesbezüglich keinen einheitlichen Anspruch, sodass auch der Inhalt des

33 Kritisch *Kaspar*, Verfassungsrechtliche Aspekte einer empirisch fundierten Theorie der Generalprävention, in: Kaspar/Walter (Hrsg.), Strafen „im Namen des Volkes"?, 2019, S. 64 f., 77 f. (zitiert als: *Kaspar*, in: Kaspar/Walter [Hrsg.]) und aus der schweizerischen Perspektive *Coninx*, in: Kaspar/Walter (Hrsg.), S. 231. In staatsrechtlicher Perspektive *Krause*, Verfassungsrechtliche Möglichkeiten unmittelbarer Demokratie, in: Handbuch des StaatsR, 3. Aufl., Bd. 3, Heidelberg 2005, § 35, Rn. 23 ff.; *Brenner*, in: Stern et. al., Bd. 2, § 30, Rn. 60 ff. Für eine Zulässigkeit der Volksbefragung – nicht jedoch im Wege der empirischen Sozialforschung – *Dreier*, in: ders. (Hrsg.), Art. 20 GG, Rn. 107 f.

34 Aus der älteren kritischen Literatur vgl. *Schuppert*, Bürgerinitiativen als Bürgerbeteiligung an staatlichen Entscheidungen, AöR 102 (1977), 369 ff., 393 m.w.N. („Okkupation bestehender Zuständigkeiten"); *Brede/Siebel*, Zur Kritik der Bedürfnisforschung, Leviathan 5 (1977), 1. Auf das Problem einer Ungereimtheit der Forderungen der neuen empirischen Vergeltungslehre mit dem System der repräsentativen Demokratie wird auch bei *Walter*, in: Kaspar/Walter (Hrsg.), S. 58 [anders jedoch *Walter*, JZ 2019, 649, 654], sowie *Andrissek*, Vergeltung als Strafzweck, S. 151 f. („eine offizielle Befragung oder gar ein Volksentscheid wären hier derzeit nicht möglich") hingewiesen. Die bloße Anzeige einer Schwachstelle kann jedoch die erkannte Grundschwierigkeit nicht beseitigen. Vgl. zur inneren Seite der Problematik unten, Punkt III.

Widerspruchsvorwurfs notwendig variabel ausfallen muss. Angenommen werden darf hier, dass die zentrale Forderung des neuen Vergeltungsansatzes – Vergeltung als Zweck der Strafe – als eine „parlamentsfeste" Forderung gedacht wird. Die Mitberücksichtigung einer durch empirische Forschung als richtig ausgewiesenen Vergeltungslehre würde das straftheoretische „Ermessen" der Parlamentarier auf null reduzieren, und damit das Gesetzgebungsmonopol des Parlaments unterlaufen. Sollten die Parlamentarier in anderen Bereichen (wie Bestimmung der Strafhöhe und Verbrechenskataloge) an die ermittelte Mehrheitsmeinung nicht streng gebunden sein,[35] dann müsste man die Kritik auf die *Mitberücksichtigungspflicht* des Parlaments konzentrieren: Fällt die Mitberücksichtigungspflicht stark aus, dann liegt auch mit ihrer Etablierung eine Umgehung des Systems der repräsentativen Demokratie nahe.[36] Sollte die Bindung andererseits „schwach" als reine Aufforderung zur Information über das aktuelle Volksrechtsbewusstsein verstanden werden, dann würde das zwar keine Unterlaufung der parlamentarischen Entscheidungskompetenz implizieren, aber mit steigender Irrelevanz der zusammengetragenen Informationen verschwände auch der Kernanspruch, dass ein „basisdemokratisches" Plus erreicht wird.

35 *Walter* selbst plädiert offenbar im Bereich zahlreicher Einzelheiten fortschreitend für eine gemäßigte Bindung *Walter*, Gedächtnisschrift für M. Walter, S. 841 ff.; *ders.*, Strafe und Vergeltung, S. 18 f.; *ders.*, in: Kaspar/Walter (Hrsg.), S. 57. Von einer deutlich schwächeren Bindung geht – unter Anlehnung an US-amerikanische Literatur – *Andrissek* aus: *Andrissek*, Vergeltung als Strafzweck, S. 106 ff., 151 ff., 183 ff. („Außerdem ist es eine zentrale Aufgabe des Gesetzgebers, eine kriminalpolitische Abwägung zwischen Intuitionen und Vernunft vorzunehmen"). Vgl. noch *Kaspar*, in: Kaspar/Walter, S. 62 f., 71, 76 ff.; *ders.*, Wege zur Strafgleichheit, Gedächtnisschrift für Tröndle, Berlin 2019, S. 279, 292 f.

36 Nach den Maßstäben der Diskussion im öffentlichen Recht kann auch eine nicht stringente Bindung eine Verletzung des Grundsatzes vom freien Mandat bedeuten. Vgl. dazu *Greifeld*, Volksentscheid durch Parlamente, Berlin 1983, S. 70 ff., und den Überblick bei *Dittloff*, Kommunale Bürger- und Einwohnerbefragungen, Berlin 2016, S. 120 ff. Eine offene Auseinandersetzung über die Vor- und Nachteile der direkten Demokratie würde ferner auch die Statuierung gewisser Parlamentsvorbehalte, im Sinne der Materie, über die nur Parlament entscheiden kann, voraussetzen. Vgl. dazu mit einem instruktiven Beispiel *Isensee*, Volksgesetzgebung, DVBl 2001, 1161.

III. *Die neue empirische Vergeltungslehre und Demokratietheorie: mangelnde Bürgerwürdigkeit trotz Bürgernähe aus politischer Sicht*

1. Der „breite" Begriff des Bürgers in der Behördenreformdiskussion als demokratischer Referenzpunkt

An dieser Stelle darf zugegeben werden, dass die bisherige Analyse einen positivistischen Hauch hatte. Ob ein Konzept demokratisch oder nicht demokratisch ist, lässt sich nicht (nur) anhand der Konkretisierungen des Demokratieprinzips im Grundgesetz oder einer anderen geltenden Verfassung bestimmen. Allerdings dürfte der Anspruch der neuen empirischen Vergeltungslehre, demokratisch zu sein, auch aus der Sicht allgemeiner demokratischer Überlegungen fraglich und widersprüchlich sein. Ein solcher Anspruch beruht, das ist der Kern des hier erhobenen Vorwurfs, auf einer geistesgeschichtlich bedingten Verwechselung einer *Bürgernähe* mit der Demokratie. Die Wurzel und der Kontext dieser Verwechselung können in der Entwicklung der Diskussion über das „New Public Management" und „Neues Steuerungsmodell" seit den 1980er Jahren verortet werden. Wer die Bürgernähe – also eine äußerliche Erkundung und Befolgung von Bürgerwünschen – als „Demokratie" versteht, überträgt bewusst oder unbewusst die Denkmuster der für die Reform der (Kommunal-)Verwaltung am Ausgang des 20. Jahrhunderts entwickelten Diskussion in die Domäne der grundlegenden Entscheidungen der Staatsgemeinschaft, und das auf eine Art und Weise, die – wie ich behaupte – demokratiewidrig ist.

Der Grundgedanke des „New Public Management" als Reformbewegung und seiner späteren Modifikationen ist, dass über die Fragen der Organisation und Funktion der Behörden und über die Art ihres Verhältnisses zu den Bürgern nicht die tradierten bürokratischen Vorstellungen, sondern die Grundsätze der Betriebswirtschaftslehre walten sollen.[37] In Bezug auf die

37 Vgl. *Grüning*, Grundlagen des New Public Management, Münster 2000 (zitiert als: *Grüning*, Grundlagen des New Public Management); *ders.*, Origin and Theoretical Basis of New Public Management, International Public Management Journal 4 (2001) 1, 25; *Schedler*, Wirkungsorientierte Verwaltungsführung, in: Pulitano (Hrsg.), New Public Management, Bern 2000, S. 33; *Schedler/Proeller*, New Public Management, 5. Aufl., Bern 2011; *Schröter*, New Public Management, in: Veit et al. (Hrsg.), Handbuch zur Verwaltungsreform, 5. Aufl., Berlin 2019, S. 115; *Gourmelon* et al., Management im öffentlichen Sektor, 4. Aufl., Heidelberg 2020, S. 11 ff. Für die spezifisch deutsche Entwicklung, mit Akzenten im Kommunalbereich, vgl. *Bogumil/Kißler*, Risiken und Chancen eines Neuen Steuerungsmodells, in dies. (Hrsg.), Verwaltungsmodernisierung und lokale Demokratie, Baden-Baden 1997, S. 9.

Bürger bedeutet das, dass sie technisch als Verbraucher oder Kunden aufgefasst werden.[38] Das geschieht in dem Bereich der „New-Public-Management"-Lehre zweifelslos zwecks Förderung einer besseren Leistungskultur, denn der Bürger soll im Verhältnis zur Verwaltung, anders als ein Untertan, eine „Subjektstellung", die dem Verhältnis zwischen Kaufleuten und ihren Klienten entliehen ist, erhalten. Insoweit sprach man im Rahmen der Diskussion über „New Public Management" und verwandte Reformplattformen gerne von einer Neuetablierung der „Bürgernähe", die einer Logik der Kundenorientierung folgt.[39] Andererseits zeigten verschiedene Autoren schon in den 1990er Jahren an, dass das Konzept im Grunde genommen die klassische demokratische Rolle des Bürgers als aktives Subjekt – dort, wo es faktisch oder als normatives Ideal besteht – auslöscht und insofern,

38 Dazu kritisch *Schedler,* Zur Vereinbarkeit von wirkungsorientierter Verwaltungsführung und Demokratie, Swiss Political Science Review 1 (1995) 4, 154, 17 f.; *Reichard,* Neue Ansätze der Führung und Leitung, in: König/Siedentopf (Hrsg.), Öffentliche Verwaltung in Deutschland, 2. Aufl., Baden-Baden 1997, S. 641, 658 f.; *Grüning,* Grundlagen des New Public Management, S. 361 ff.; *Box/Marshall* et al., New Public Management and Substantive Democracy, Public Administration Review 61 (2001) 5, 608, 611 ff.; *Noll,* Bürger und Kommune, Marburg 2007, S. 99ff. (zitiert als: *Noll,* Bürger und Kommune); *Baer,* „Der Bürger" im Verwaltungsrecht, 2008, S. 193 ff. (zitiert als: *Baer,* „Der Bürger" im Verwaltungsrecht); *Schröter,* Die Reform des öffentlichen Sektors als Demokratieproblem – New Public Management im Spiegel politischer Theorie, Kurswechsel 2008, Heft 2, S. 27, 32 ff.; *ders.,* Der öffentliche Managerialismus im Lichte der Demokratietheorie, in: König (Hrsg.), Grundmuster der Verwaltungskultur, 2014, S. 271, 294 f. (zitiert als: *Schröter,* in: König [Hrsg.]); *Lörig,* Die kundenorientierte Verwaltung, in: Czerwick et al. (Hrsg.), Die öffentliche Verwaltung, Wiesbaden 2009, S. 225, 234 ff. (zitiert als: *Lörig,* in: Czerwick et al. [Hrsg.]). Affirmativ *Kißler,* Kundenorientierung der Kommunalverwaltung – eine dritte Säule der lokalen Demokratie?, in: Bogumil/Kißler (Hrsg.), Verwaltungsmodernisierung und lokale Demokratie, Baden-Baden 1997, S. 95; *Schiller,* Verwaltungsmodernisierung und direkte Demokratie, ebendort, S. 113, 120 f.; *Bogumil* et al., Verwaltung auf Augenhöhe, Baden-Baden 2001, S. 15 ff.; *Bresser-Pereira,* Democracy and Public Management Reform, Oxford 2004, S. 193 f., 267 ff.

39 Vgl. aus dem ursprünglichen und späteren Reformschrifttum *Reinermann,* Ein neues Paradigma für die öffentliche Verwaltung, Speyer 1993, S. 20 f. (größere Bürgernähe, Bürger als Klienten); *Deckert/Wind,* Das neue Steuerungsmodell, Köln 1996, S. 3 („bürgernah und wirtschaftlich", „kundenfreundlich"); *Hill,* Verwaltungsmodernisierung als Demokratiechance in der Kommune, in: Bogumil/Kißler (Hrsg.), Verwaltungsmodernisierung und lokale Demokratie, Baden-Baden 1997, S. 23, 29 f. (Bildung von konsultativen Produktgruppen als Demokratisierung); *Margies,* Kundenorientierung in Bürgerbüros, Speyer 2002 (zitiert als: *Margies,* Kundenorientierung in Bürgerbüros), S. 1, 4 ff. (Bürgernähe, Bürger als Kunden).

obwohl es mannigfaltig auf der Agenda demokratischer Programme auftrat, nichtdemokratisch ist.[40]

Wie oben hervorgehoben, möchte die neue empirische Vergeltungslehre mit Mitteln der empirischen Forschung die Vergeltungsbedürfnisse und das Kriminalitätsverständnis der Bürger erkunden. Der Staat soll die Vergeltungsbedürfnisse wie einen bestehenden gesellschaftlichen Bedarf auffassen und sie sättigen. Dieses Vorgehen hat eine immanente Verbraucherlogik, die, auch wenn man die Herangehensweise generell billigen möchte, außerhalb der spezifischen Demokratierhetorik des „New Public Management" kein demokratisches Zeichen trägt. Denn die unbestrittene Schaffung einer Bürgernähe – im Sinne von Annäherung an Bürgerwünsche – bedeutet an sich noch keine Würdigung der Bürger in der spezifischen Rolle als Inhaber der Staatsgewalt. Man kann sich durch verschiedene empirische Forschungen genauso gut den Erwartungen von Studierenden in einem Kurs, der Meinung der Touristen in einem Hotel oder den Präferenzen von Kunden eines Unternehmens annähern. Sogar die Essenspräferenzen von Pferden und von Tieren in einem Zoo sind empirisch ermittelbar. Aber das Mitberücksichtigen von Kundenwünschen oder Tierbedürfnissen an sich ist kategorial noch kein demokratisches Anliegen. Die Bürger werden ähnlich Verbrauchern nur als ein Objekt der Wahrnehmung behandelt.

Das Konzept des „New Public Management" und mit ihm verwandte Plattformen der Bürgernähe haben in zahlreichen Staaten der Welt, viel intensiver als in Deutschland, den Menschen, die mit Anträgen und Forderungen bei den Behörden erscheinen, ein Stück der im Staat sonst verlorenen Würde zurückgegeben. Sie versprachen eine schleunige und „unbürokratische" Bearbeitung des Anliegens und eine grundlegende Ausrichtung am Bedarf und den Wünschen von Bürgern, vor allem im kommunalen Bereich. Solche positiven Erscheinungen sind jedoch nicht an sich demokratisch. Man kann auch in der Epoche des Absolutismus sehr anspruchsvolle Erfolgsgeschichten über eine vom Herrscher eingeleitete Annäherung an Bürgercharakter und Volksbräuche finden.[41] Die Demokratie setzt jedoch begrifflich nicht voraus, dass etwas nach dem Geschmack von Bürgern

---

40 *Schedler*, Swiss Political Science Review 1 (1995) 4, 154; *Box* et al., Public Administration Review 61 (2001) 5, 608; *Christensen/Laegreid*, Organization Theory, The Journal of Political Philosophy 10 (2002) 3, 267, 280 ff.; *Schröter*, Kurswechsel 2008, Heft 2, 27, 32 ff.; *ders.*, in: König (Hrsg.), insb. S. 294ff.

41 Für diese Gattung im aufgeklärten Absolutismus vgl. z.B. *Gianni*, Die Staatsverwaltung Von Toskana unter Der Regierung Seiner Königlichen Majestät Leopold II., Leipzig 1795. Für das Bedürfnis der Annäherung an den Volkscharakter im älteren

abläuft (das kann auch jedes Unternehmen und auch ein absolutistischer Staat leisten), sondern dass der Ablauf selbst im Machtbereich von Bürgern als Herrscher liegt. Wie gleich näher zu erörtern ist, setzt eine Demokratie ein normatives Verständnis der Bürgerrolle voraus, die wesentlich anders ist als die Rolle, die ein Bürger-Kunde oder Verbraucher-Bürger des „New Public Management" hat.

2. Der „enge" Begriff des aktiven Bürgers in der Demokratietheorie als Gegen-Ideal

Das Bild des Bürgers in der Demokratietheorie weicht kategorial von dem Bürgerbild ab, das vom „New Public Management" und der neuen empirischen Vergeltungslehre geteilt wird. Viele möchten von einem republikanischen Bürgerverständnis sprechen,[42] was für die allgemeine Diskussion dann berechtigt ist, wenn man unter Republikanismus die Tradition von Stadtstaaten versteht; und nicht die – in einigen Staaten im Gegensatz stehend zur „liberalistisch" firmierten – „republikanische" Staatsphilosophie. Im Grunde geht es – ob bei dem Begriff des Bürgers der attischen Polis, beim Citoyen der Aufklärung oder beim Citizen des Pragmatismus – um das Bild eines Subjektbürgers.[43] Er ist ein aktiver Bürger, der im Staat

Schrifttum vgl. *J. Schröder,* Zur Vorgeschichte der Volksgeistlehre, ZRG GA 109 (1991), 1.

42 Vgl. *Putnam,* Making Democracy Work, Princeton 1994 (zitiert als: *Putnam,* Making Democracy Work); *Dagger,* Civic Virtues, New York 1997 (zitiert als: *Dagger,* Civic Virtues); *Richter,* Republikanische Politik, Reinbek 2004; *Buchheim,* Zur Ideengeschichte des republikanischen Staates, in: Gröschner/Lembcke (Hrsg.), Freistaatlichkeit, Tübingen 2011, S. 1; *Wiegand/Zabel,* Der demokratische Verfassungsstaat zwischen Ideal und Wirklichkeit, Der Staat 50 (2011), 73, 95 ff.; *Gröschner,* Republik, in: Festschrift für P. Kirchhof, Bd. 1, Heidelberg 2013, S. 263; *Llanque,* Der republikanische Bürgerbegriff, in: Thiel/Volk (Hrsg.), Die Aktualität des Republikanismus, Baden-Baden 2016, S. 95; *Zucca-Soest,* Individuum und Gemeinschaft im Republikanismus, in: Thiel/Volk (Hrsg.), S. 127; *Goerlich/Wiegand,* Verspätete Republik, in: Gräfin v. Schlieffen, Republik – Rechtsverhältnis – Rechtskultur, Tübingen 2018, S. 39. Für enges Verständnis des „Republikanismus" vgl. insb. *Schulz,* Die Krise des Republikanismus, Baden-Baden 2015; für zentralen Versuch einer Begriffsbestimmung vgl. *Wiegand,* Demokratie und Republik, Tübingen 2017.

43 *Haller,* Repräsentation, Münster 1987; *Dreier,* Demokratische Repräsentation und vernünftiger Allgemeinwille, AöR 113 (1988), 450, 458ff.; *Putnam,* Making Democracy Work, S. 86 ff., 162 ff.; *Dagger,* Civic Virtues, S. 98 ff.; *Honneth,* Demokratie als reflexive Kooperation, in: Brunkhorst/Niesen (Hrsg.), Das Recht der Republik, Frankfurt a.M. 1999, S. 37 (zitiert als: *Honneth,* in: Brunkhorst/Niesen [Hrsg.]); *Forndran,* De-

nicht bloß als ein Gegenstand der *guten Policey* oder ein Objekt eines Verwaltungsinteresses auftritt, sondern durch eine innere Verflechtung mit Gemeinschaft und Staatsgeschehen mittels öffentlichen Handelns seine Herrscherrolle im Rahmen einer demokratisch konstruierten Ordnung entfaltet. Vor allem steht der aktive Bürger einer Demokratie dem Staat nicht allein gegenüber: Er aktiviert und durchlebt seine Herrscherrolle in einem dynamischen Prozess der kollektiven Befassung mit dem Öffentlichen in der zivilen Gesellschaft.

Das Phänomen eines aktiven Bürgers als demokratisches Grundelement ist breiter als es die staatsrechtliche Diskussion über die Fassung des demokratischen Staates zulässt. Denn während es in der modernen staatsrechtlichen Diskussion um das *Anrecht des Bürgers an der – direkten oder indirekten – Gesetzgebung* geht, entfaltet sich die bürgerliche Herrscherrolle täglich in mannigfaltigen verflochtenen Zusammenhängen der Meinungsbildung, fachlicher Selbstspezialisierung, spontanem und geplantem Überwachen von öffentlichen Arbeiten, der Wirkung in und durch Zusammenkünfte und Verbände.[44] Dass sich dabei in einer bevölkerungs- bzw. ressourcenreichen Gemeinschaft nicht jeder Bürger gleich, ja nicht jeder einzelne Bürger überhaupt um *res publica* kümmern muss, liegt auf der Hand. Der moderne Staat, mit seinen streng geregelten Einrichtungen wie Parlamenten oder Gerichten, entlastet die klassische Bürgerrolle. Die Parlamente üben das Verfahren der Analyse, Erkundung und Entscheidung anstelle der Bürger aus. Damit besteht ein demokratischer Widerspruch in der neuen empi-

---

mokratie und demokratischer Staat in der Krise, Baden-Baden 2002, S. 273 ff.; *Richter*, Die Wurzeln der Demokratie, Göttingen 2008, S. 207 ff.; *Scherb*, Der Bürger in der streitbaren Demokratie, Wiesbaden 2008, S. 47 ff.; *Schröter*, Kurswechsel 2008, Heft 2, 27, 33 ff.; *Kasiske*, Rechts- und Demokratietheorie im amerikanischen Pragmatismus, Baden-Baden 2009, S. 126 ff. (zitiert als: *Kasiske*, Rechts- und Demokratietheorie); *Zucca-Soest*, Gerechtigkeit und Rationalität im Republikanismus, in: Stekeler-Weithofer/Zabel (Hrsg.), Philosophie der Republik, Tübingen 2018, S. 344, 353 ff.; *Schliesky*, Der Bürgerstatus als Grundpfeiler des demokratischen Verfassungsstaates, in: Festschrift für Schmitd-Jortzig, Berlin 2022, S. 15, 36 ff. Für die allgemeine Bedeutung der Bürgerstellung in der politischen Theorie vid. *Schmitz*, Homo democraticus, Opladen 2000, S. 304 ff.

44 *Rinken*, Aufgabe der Verwaltung, in: Hoffmann-Riem (Hrsg.), Bürgernahe Verwaltung?, Neuwied 1979, S. 23 (Der Bürger ist „ständig am Herrschaftsprozess zu beteiligen"); *Putnam*, Making Democracy Work, S. 89 ff., 162 ff; *Benhabib*, Toward a Deliberative Model of Democratic Legitimacy, in: dies. (Hrsg.), Democracy and Difference, Princeton 1996, S. 67, 73 f. (zitiert als: *Benhabib*, in: dies. [Hrsg.]); *Nantz*, Rediscovering Republicanism, Lanham 2022, S. 169 ff. Vgl. ferner die Literatur unten, im Abschnitt III.4.

rischen Vergeltungslehre, wenn sie direkt auf die Meinung von Bürgern zugreifen möchte, ohne dem Bürger den an das Parlament abgewanderten Prozess der Analyse, Erkundung und Entscheidung zurück anzuvertrauen.

In einer repräsentativen Demokratie, bei welcher Analyse, Erkundung und Entscheidung dem Parlament delegiert sind, tritt der Bürger selbständig in der Regel nur in einer „deprivierten" Rolle auf; es kommt bedingt durch die Rolle des Parlaments zu einer Erlahmung der bürgerlichen Aktivität. Einerseits wird der Prozess der Analyse, Erkundung und Entscheidung systematisch, manchmal sogar auch wissenschaftlich im Parlament vollzogen, andererseits kommt es, wie es in der Staatlehre und Politikwissenschaft diagnostiziert wurde, zu einer „kollektiven Verdrossenheit der Bürger".[45] In einer ideal gedachten *direkten* Demokratie wird der Bürger, anders als im Ansatz der neuen empirischen Vergeltungslehre, nicht einfach über seine Meinung wie ein Objekt gefragt, sondern taucht als *aktiver, wachsamer Bürger* inmitten des demokratischen Prozesses auf. Er nimmt als Subjekt an einem semi-institutionalisierten Entscheidungsprozess teil, der sich gemeinschaftlich in fließenden und dynamischen gesellschaftlichen Formen aus Fragebildung, Erkundung, Analyse und Entscheidung zusammensetzt. Die Wachsamkeit des Bürgers bedingt sich in der direkten Demokratie wechselseitig mit ihrer Form des demokratischen Prozesses, während sie in einer repräsentativen Demokratie fehlt bzw. nicht unmittelbar durch die Form des Prozesses gewährleistet wird.

Der Ansatz der neuen empirischen Vergeltungslehre zielt zentral darauf, die Entscheidungen des Parlaments als zentrales Gremium für die Analyse, Erkundung und Entscheidung an *Vorstellungen von Bürgern zu binden,* denen die Analyse-, Erkundungs- und Entscheidungspotenziale gerade wegen der Grundentscheidung für eine parlamentarische Demokratie fortschrittlich entzogen werden. Die bloße Meinungsabnahme von – in verschiedenen tatsächlichen Graden – nicht wachsamen Bürgern, ohne systematische Aktivierung ihrer politischen Potenziale, mag man als eine Annäherung

45 Die Kritik wird mit Begriffen der „Politikverdrossenheit" und „politischen Apathie" artikuliert. Vgl. zur Politikverdrossenheit *Huth,* Politische Verdrossenheit, Münster 2004; und zur Apathie – einem Topos aus der US-amerikanischen Empirie – bereits *Zimpel,* Selbstbestimmung oder Akklamation, Stuttgart 1972, S. 110 ff. Ferner *Schumpeter,* Kapitalismus, Sozialismus und Demokratie, 10. Aufl., Tübingen 2020, S. 337 ff.; *Pinzani,* An den Wurzeln moderner Demokratie, Berlin 2009, S. 335 ff.; *Lösch,* Keine Demokratie ohne Partizipation, in: Widmaier/Nonnenmacher (Hrsg.), Partizipation als Bildungsziel, Schwalbach 2011, S. 115 ff.; und als staatsrechtliche Warnung *Maurer,* Staatsrecht, 6. Aufl., München 2010, § 7, Rn. 55.

an die Bürger in dem oben bezeichneten Sinne (Punkt III.1.) betrachten. Diese Bürgernähe überzeugt aber nicht als ein tragfähig *bürgerwürdiges* Konzept. Aus der Sicht des demokratischen Ideals eines aktiven Bürgers wird in *Walters* Ansatz, dort, wo es um Sammlung und Würdigung der Einstellungen der Bürger gehen sollte, der Bürger in einem *spezifischen Zustand der Unachtsamkeit* aufgesucht, der nicht, wie *Walter* annimmt, einem „basisdemokratischem" Zustand entspricht, sondern eine strukturell mit dem repräsentativen Prinzip bedingte Deprivationserscheinung ist.

3. Beispiele des Bürgerbegriffs bei *Walter* und *Andrissek*

Dass bei *Walter* im Grunde bei der Erörterung seiner Vergeltungslehre ein Vorverständnis des „New Public Management" und verwandter Plattformen vorschwebt, ist meines Erachtens evident. Denn es gibt keinen anderen politisch-theoretischen Zusammenhang, in welchem eine bloße Annäherung an die Bürger als ein demokratischer Inhalt aufgefasst wird. Daneben sprechen für einen Einfluss des „New Public Management" auch konkrete Anhaltspunkte wie die Verwendung des Begriffs des Bürgers bei *Walter.* Die Ideale des „New Public Management" und verwandter Konzepte wurden in Europa vordergründig im kommunalen Bereich entwickelt, wo es politisch ging, das Verhältnis zwischen Bürokratie und Bürger effektiver und menschengerechter auszugestalten. Aus dieser geistesgeschichtlich spezifischen Perspektive wird auch der Bürgerbegriff des „New Public Management" eigentlich nicht in einem demokratischen Sinne präzisiert. Bürger ist vielmehr für dieses Konzept jeder, der ein Anliegen bei der Verwaltung hat; ein durch ein Land im Transit durchfahrender Automobilist mit einem Anliegen vor einer Behörde genauso wie ein alle Einzelheiten der Nachbarschaftsarmut oder Jugendkriminalität in derselben Stadt überblickender Vorstand eines wohltätigen Vereins.

Das Demokratiekonzept verlangt, anders als die Analysen der Verwaltung-Kunde-Relation im „New Public Management", dass unter Bürgern nur die Träger der Souveränität, also die Staatsbürger oder – auf kommunaler Ebene – Mitglieder einer Gemeinschaft mit Stimmrechten verstanden werden. In *Walters* Ausführungen wird das Problem des Fehlens einer empirischen Übereinstimmung zwischen *Staatsbürger* als Staatsvolk und *Bevölkerung* als Einwohnermasse gänzlich übersehen. Sein straftheoretisches Konzept möchte *demokratisch* sein, was begrifflich deutlich eine

Abstellung auf die Meinung und politischen Wünsche der Staatsbürger verlangt. Davon ist jedoch bei *Walter* keine Rede. Denn in empirischen Studien, auf die er Rücksicht nimmt,[46] wird, soweit ersichtlich, keine Eingrenzung der Probanden nach Staatsangehörigkeit durchgeführt. Auch sprachlich besteht eine Unklarheit: *Walter* geht es im Text fließend etwa einerseits um „in Deutschland lebende Menschen“[47] und andererseits um „Bürger“.[48] Bei *Andrissek* begegnet dem Leser die Forderung nach einem „Diskurs zwischen Staat und Bürger“.[49] Dem liegen meines Erachtens eine folgenreiche begriffliche Verschiebung und ein politisches Missverständnis zugrunde. Denn im „New Public Management“ hat die Gegenüberstellung von Behörde und Bürger den Sinn, *den Bürger und seine Angelegenheit auf eine Augenhöhe mit der Bürokratie zu setzen.*[50] Demgegenüber dürfte bei der Gegenüberstellung von *Staat* und *Bürger* als zwei Entitäten, die einen „Diskurs“ führen, eine absolutistische Konnotation hinzukommen, die mit dem Konzept der Zurückführung der staatlichen Gewalt auf die Volkssouveränität unvereinbar ist.[51]

Dass die Logik des „New Public Management“, wenn man sie von der lokal-kommunalen auf eine gesamtstaatliche Ebene übertragen möchte, im Grunde zur Etablierung eines nichtdemokratischen Denkens führt,

---

46 *Walter,* ZIS 2011, 636, 638 ff.

47 *Walter,* Gedächtnisschrift für M. Walter, S. 842;

48 *Walter,* Gedächtnisschrift für M. Walter, S. 842; vgl. noch *ders.,* ZIS 2011, 636, 636 ff., *ders.,* Strafe und Vergeltung, S. 18.

49 *Andrissek,* Vergeltung als Strafzweck, S. 152, 234.

50 Vgl. aus dem Reformschrifttum *Kißler* et al., Das kleine Rathaus, Baden-Baden 1994, S. 95 („Sie wollen sich nicht länger als BittstellerInnen behandeln lassen und verlangen nicht zu Unrecht gute Leistungen für gutes Geld, das sie immerhin in Form von Steuern und Gebühren zahlen.“); *Kißler,* in: Bogumil/Kißler (Hrsg.), S. 105 (der Bürger komme durch Beachtung seiner Bedürfnisse und Interessen als Kunde „in Augenhöhe“); *Noll,* Bürger und Kommune, S. 99. Für die Perspektive im Staatsrecht vgl. *Baer,* „Der Bürger“ im Verwaltungsrecht, S. 25 ff.

51 *Andrissek* meint, dass durch das Berücksichtigen der Verbrechensbedürfnisse in der Bevölkerung eine „Kooperation“ zwischen Staat und Bevölkerung gesichert wird, wobei die lautende Parole lautet: „Vertraut uns! Wir machen das, was eueren Vorstellungen von Gerechtigkeit entspricht“ (*Andrissek,* Vergeltung als Strafzweck, S. 80). „Es geht um Botschaften des Strafrechtssystems an die Bevölkerung, der Staat muss sein Strafmonopol permanent rechtfertigen, um die Kooperation der Bevölkerung zu erhalten“ (ebenda). M.E. haben diese Ausführungen eine ausgeprägte absolutistische Tendenz. Dem Leser möchte ich jedoch nicht vorenthalten, dass bei *Andrissek* gelegentlich unklar bleibt, ob er nur die fremden Ansichten (von Autoren aus den USA) zusammenfasst oder sie als für sein eigenes Konzept grundlegende Überlegungen affirmativ referiert.

haben bereits in den 1990er Jahren auch jene Autoren erkannt, die sich grundsätzlich günstig über derartige Reformplattformen im kommunalen Bereich äußerten. So forderte *Glück* in seiner grundlegenden Untersuchung über „Bürgerzufriedenheit", dass unter Bürgern auch in einem kommunal-regionalen Bereich nur jene Einwohner „mit vollen politischen Rechten und Pflichten" zu verstehen seien.[52] Etabliert haben sich differenzierte Ansätze, die den Bürger im kommunalen Bereich in spezifischen Rollen – der Bürger als politischer Auftraggeber, der Bürger als Mitgestalter des Gemeinwesens, der Bürger als „Adressat der Leistungserstellung" – aufgreifen. Dabei soll das Denken in der Relation Kunde-Verwaltung und in Begriffen wie Bedürfnis und Zufriedenheit *nur* für die letztgesagte Rolle reserviert werden,[53] während in allen übrigen Angelegenheiten, der Bürger – anders als bei *Walter* – keiner Kundenlogik unterordnet werden sollte, sondern in klassischer Rolle eines aktiv beteiligten Subjekts in einem politischen Prozess erscheinen soll.

Dem Idealtypus eines aktiven Bürgers nähern sich in der Tendenz jene Ausführungen bei *Walter*, die ausdrücklich verlangen, dass die Bürger vor der empirischen Abnahme ihrer Vergeltungsverständnisse und Strafbedürfnisse *gut informiert werden.*[54] „Informiert heißt, dass ihm [dem Bürger] zumindest die wichtigsten gesicherten Erkenntnisse zur Wirklichkeit der Kriminalität und der Sanktionen mitgeteilt werden".[55] Diese Idee eines Vor-Inputs kann gewiss als ein Anstoß zum aktiven Denken verstanden werden. Aber auch dieser Aspekt wird bei *Walter* im Grunde äußerst passiv gedacht. Es soll um Lieferung von fertigen Informationen an die Bürger seitens des Staates gehen.[56] Ein qualitätsvoller kollektiver Prozess der politischen Meinungsbildung und Argumentation ist etwas anderes als bloß separate Hinzuleitung von Informationen an die einzelnen Individuen, deren Meinung dann separat erhoben und vom Staat zusammenaddiert

---

52 *Glück*, Vertrauen und Legitimation, Bern 2007, S. 39 ff.

53 *Bogumil/Kißler*, Vom Untertan zum Kunden?, Berlin, 1995, S. 27 ff.; *Margies*, Kundenorientierung in Bürgerbüros, S. 4 ff.; *Lörig*, in: Czerwik (Hrsg.), S. 225, 234 ff.; *Winkel*, Wege zur Revitalisierung der kommunalen Selbstverwaltung durch Bürgerbeteiligung, in: Festschrift für Kutscha, 2013, S. 316 ff.

54 *Walter*, Gedächtnisschrift für M. Walter, S. 842 („informierte Bürger"); *ders.*, Vergeltung und Strafrecht, S. 18 („informierter Bürger"). Für die Forderung eines informierten Bürgers im Verwaltungsreformschrifttum s. *Kißler*, in: Bogumil/Kißler (Hrsg.), S. 107 f.

55 *Walter*, Vergeltung und Strafrecht, S. 18.

56 *Walter*, Gedächtnisschrift für M. Walter, S. 842; *ders.*, Vergeltung und Strafrecht, S. 18. Gegen bloße Meinungsumfragen *Andrissek*, Vergeltung als Strafzweck, S. 109f., 171 ff.

werden soll. Außerdem dürfte dem Idealbild eines aktiven Bürgers bereits das Ziel widerstreben, dass der Staat, wohl selbst eine Variable der Kriminalitäts- und Sanktionswirklichkeit, über maßgebliche „wichtigste gesicherte Erkenntnisse" unterrichten soll.

4. Die neue empirische Vergeltungslehre und das Ideal der „deliberativen" Demokratie

In den bisherigen Ausführungen wurde die Kritik an dem demokratischen Anspruch von *Walter* durch Betrachtung von verschiedenen Idealtypen von Bürgern geübt. *Walters* Ansatz entspricht, wie hier festgestellt wurde, stark einem Typus des Verbraucher- oder Kundenbürgers, wogegen er mit jenen Konzepten, die einen aktiven Bürger fordern, nicht vereinbar ist (formal, weil er nicht auf Staatsbürger abstellt; materiell, weil er gerade die Bedürfnisse von eingeschlafenen, apathischen Bürgern einer repräsentativen Demokratie sammeln möchte). Daneben kann man eine ausgeprägte demokratische Kritik an *Walters* Ansatz auch aus dem Blickwinkel der diskursiven oder deliberativen Demokratie entwickeln. Dieser Ansatz der Kritik ist meines Erachtens im Vergleich mit jener Kritik, die von Idealtypen der Bürger ausgeht, enger, weil sich die aktive Rolle des Bürgers in einer Demokratie nicht in seiner Rolle als Teilnehmer am Entscheidungsprozess („Deliberation") erschöpft, sondern vielmehr einen mannigfaltigen Einsatz auch außerhalb der Sphäre der Gesetzgebung und Normsetzung, eben eine vollständige und organische Aktivität als Ideal, beinhaltet.

Die deliberative Demokratie, verstanden als ein anzustrebendes Ideal, kann unterschiedlich gedacht werden. Die Ausführungen hier beruhen auf jenem wenig ideologisch ausgerichteten Teil der Lehre, für welchen die Kernforderung der deliberativen Demokratie der Gedanke einer rationalen und kollektiven Willensbildung ausmacht.[57] Das Konzept wendet sich im Bereich des Umgangs mit Bürgern gegen einen „Mythos des Ge-

57 *Cohen,* Deliberation and Democratic Legitimacy, in: Hamlin/Pettit (Hrsg.), The Good Polity, Oxford 1989, S. 17; *Benhabib,* in: dies. (Hrsg.), S. 67; *Suntrup,* Zur Verfassung der deliberativen Demokratie, Der Staat 49 (2010), 605. Vgl. z.B. ferner die Schilderungen bei *Gutmann/Thompson,* Why Deliberative Democracy, Princeton 2004; *Kasiske,* Rechts- und Demokratietheorie, S. 162 ff.; *Gaus,* Von der Kritik liberaler Demokratie zur Analyse der deliberativen Demokratie, in: Landwehr/Schmalz-Bruns (Hrsg.), Deliberative Demokratie, Baden-Baden 2014, S. 29; *Wilfert,* Strafe und Strafgesetzgebung, S. 64 ff.

gebenen", bei welchem die exogenen Präferenzen der Bürger als „nicht rechtfertigungsbedürftig in den Entscheidungsprozess eingeschleust" werden sollen.[58] Der Sinn einer öffentlichen Totaluntersuchung bei „deliberativen Verfahren" ist also nicht Durchdringung und Zählung von bereits vorhandenen Meinungen, sondern Schaffung einer bzw. mehrerer öffentlicher Diskussionen, an deren Ende die eigenen Meinungen von Einzelnen schärfer gefasst, überprüft und von Einzelnen übernommen, profiliert und ggf. verworfen werden. Die „Quelle der Legitimation", in diesem Sinne, „ist nicht der vorgegebene Wille der Einzelnen, sondern der Formungsprozess, die Deliberation selbst".[59]

Es liegt auf der Hand, dass der Ansatz der neuen empirischen Vergeltungslehre mit dem skizzierten Verständnis der Bedeutung von Öffentlichkeit und Partizipation nicht kompatibel ist. *Walter* betrachtet seinen Bürger wie ein Objekt, dem zwar durch den Staat Informationen zugeführt werden sollen, dessen Meinung jedoch isoliert von anderen Meinungen gesammelt und mit weiteren Meinungen in einem empirischen Verfahren addiert werden soll. Das kann man als „Demokratisierung" nur dann bezeichnen, wenn bereits in dem Interesse für die Meinung der Bürger – im Unterschied etwa zu partikularen Interessen der Aristokratie in einer Monarchie – eine „Demokratisierung" gesehen wird. Ähnliche Strategien der Annäherung, etwa im Bereich der Kundenzufriedenheitsforschung,[60] werden jedoch – meines Erachtens zu Recht – nicht als Demokratie eingestuft. Ein „deliberatives" Verfahren würde zumindest die Interaktion *zwischen* Bürgern bei der Meinungsbildung voraussetzen. Und nach der hier vertretenen Auffassung sollte noch die Profilierung der individuellen Interessen für ein Thema (Strafrecht) in Formen des gesellschaftlichen Agierens, wie sie etwa bei Vereinstätigkeiten vorhanden ist, hinzukommen.

Nach einer weiteren, verhältnismäßig rigiden Auffassung der deliberativen Demokratie soll der Tatbestand der „Deliberation" nur in staatlich (und kommunal) organisierten Foren erfüllt werden. Die Beteiligungsangebote sollen „von oben" als regulatorische Maßnahmen den Bürgern zur

58 *Suntrup*, Der Staat 49 (2010), 605, 608.

59 *Manin*, On Legitimacy and Political Deliberation, Political Theory 15 (1987) 3, 338, 351 f.; *Suntrup*, Der Staat 49 (2010), 605, 608.

60 *Bruhn*, Kundenorientierung, 2. Aufl., München 2003, S. 1: „(...) umfassende, kontinuierliche Ermittlung und Analyse der individuellen Kundenerwartungen sowie deren interne und externe Umsetzung in unternehmerischen Leistungen sowie Interaktionen im Rahmen eines Relationship-Marketing-Konzeptes mit dem Ziel, langfristig stabile und ökonomisch vorteilhafte Kundenbeziehungen zu etablieren."

Verfügung gestellt werden.[61] Dieser Aufsatz teilt ein solches Verständnis nicht. Es ist aber deshalb interessant, weil es *zusammen mit Walters Ansatz* als Versuch einer künstlichen Schaffung der Bürgerbeteiligung durch massives staatliches Engagement klassifiziert werden kann. Eine nähere Betrachtung vom regulativ-deliberativen Verständnis der Demokratie und *Walters* Ansatz der Demokratisierung zeigt jedoch wiederholt, dass *Walters* Verständnis der Demokratie außerhalb heutiger Strömungen in den politikwissenschaftlichen Überlegungen liegt. Denn auch nach dem regulativ-deliberativen Verständnis soll der Staat die Meinungen nicht sammeln, sondern Bürgerkonferenzen, Town-Hall-Treffen und ähnliche Diskussionsplattformen fördern.[62] Solche Plattformen werden in den überschaubaren regionalen und kommunalen Bereichen gefordert, während für den staatlichen Makrobereich – also auch für strafrechtliche Grundentscheidungen – als Stärkung des demokratischen Systems eine Reform des Parlamentarismus und neue Grundsätze für die Parteiwirkung erwogen werden.[63]

IV. Fazit

Die neue empirische Vergeltungslehre wurde in Deutschland 2011 von *Walter* als eine neue Straftheorie vorgeschlagen. Fern von der Metaphysik möchte diese Lehre die Vergeltung als Strafzweck anhand des Befunds, dass Vergeltungsbedürfnisse bei Bürgern verbreitet sind, rechtfertigen. Die Untersuchung des demokratischen Potenzials dieser Lehre hat gezeigt, dass sie nur in einem geistesgeschichtlichen Sonderkontext, nämlich im Rahmen der Diskussion um den „Verbraucher-Bürger" des „New Public Management", einen demokratischen Gehalt aufweist. Ein unmittelbarer Rekurs auf die Vergeltungsbedürfnisse und Strafvorstellungen in der Bevölkerung, im Sinne einer voll oder tendenziell verbindlichen Bürgerbefragung, wäre mit dem System der repräsentativen Demokratie des GG nicht vereinbar. Darüber hinaus lassen sich die wichtigsten Argumente gegen die neue empirische Vergeltungslehre gerade aus der Demokratietheorie gewinnen.

61 *Decker*, Bürgerbeteiligung in der parlamentarischen Parteiendemokratie, Recht und Politik Beiheft 4 (2020), 118. Für das Konzept von *Habermas* vgl. etwa *Honneth*, in: Brunkhorst/Niesen (Hrsg.), S. 37 ff.; *Dux*, Demokratie als Lebensform, Weilerswist 2013, S. 311 ff.

62 *Decker*, Recht und Politik Beiheft 4 (2020), 118, 120 ff.

63 *Decker*, Recht und Politik Beiheft 4 (2020), 118, 123 ff. Vgl. noch *ders.*, Der Irrweg der Volksgesetzgebung, Bonn 2017.

Ihre Grundforderung, dass der Staat die Meinungen von einzelnen Bürgern sammelt, ohne eine aktive Stellung und Rolle derselben vorauszusetzen, ist mit den innerlichen Anforderungen an die Demokratie als Bürgerherrschaft und mit modernen Strömungen in der Demokratietheorie – meines Erachtens – prinzipiell nicht zu vereinbaren.

Dr. *Luka Breneselović,* LL.M. | Gastwissenschaftler am Lehrstuhl für Strafrecht, Strafprozessrecht, Risiko- und Präventionsstrafrecht sowie Juristische Zeitgeschichte (Prof. Dr. Arnd Koch) der Universität Augsburg. Rechtsanwalt in Belgrad.

Der Schutz demokratischer Entscheidungsfindung durch den strafrechtlichen Bestimmtheitsgrundsatz (Art. 103 Abs. 2 GG)

Simon Pschorr, Konstanz[1]

Die Abgeordnete *Lühmann* eröffnete die zweite Lesung des Strafrechtsänderungsgesetzes – Strafbarkeit nicht genehmigter Kraftfahrzeugrennen im Straßenverkehr[2] mit den folgenden Worten:

> „[W]ir [haben] Ihnen einen Vorschlag gemacht, der zwei Begriffe beinhaltet, die schon im Strafgesetzbuch etabliert sind: die ‚nicht angepasste Geschwindigkeit' und dass man das Ganze ‚grob verkehrswidrig und rücksichtslos' macht. Der Vorschlag umfasst einen dritten Begriff, der noch nicht definiert ist, nämlich: zur Erzielung von Höchstgeschwindigkeiten. Nun hat uns der Staatsanwalt bei der Anhörung gesagt: Ja, das ist nicht definiert, aber das waren die ersten beiden Begriffe, als der Deutsche Bundestag es damals beschlossen hat, auch nicht. – Das Richterrecht hat Definitionen gefunden, und heute ist es eine Selbstverständlichkeit, liebe Kollegen und Kolleginnen. Das wird auch bei der Frage, was die Erzielung von Höchstgeschwindigkeiten bedeutet, der Fall sein."[3]

Sehr geehrte Damen und Herren,[4] der folgende Vortrag soll zeigen, warum diese Behauptung der demokratischen Entscheidungsfindung schadet und einem Grundgedanken unserer Strafrechtsordnung zuwiderläuft: Strafrecht setzt allein die Legislative. Dazu wird zunächst aufgezeigt, dass der strafrechtliche Bestimmtheitsgrundsatz, verankert in Art. 103 Abs. 2 Grundgesetz (GG), nicht nur zum Schutze des Einzelnen Normenklarheit gewährleistet, sondern auch eine eindeutige Aufgabenzuweisungsentscheidung trifft. Die Legislative und ihr im Rechtssetzungsprozess bedeutendster

---

1 Der Autor dankt Prof. Dr. Aust und Prof. Dr. Hilbert für den fruchtvollen Austausch. Ein besonderer Dank gilt Prof. Dr. Wörner, die wesentlich zur Schärfung des Vortrags beitrug, der diesem Beitrag zugrunde liegt.

2 BGBl. I 2017, S. 3532.

3 Plen-Prot. 18/243, S. 24903 (Lühmann).

4 Der Beitrag gründet auf dem Vortrag beim 9. Symposium des Jungen Strafrechts. Der Vortragsstil wurde beibehalten.

Teil, das Parlament,[5] sind verantwortlich für die Setzung von Strafrecht. Aus dieser verfassungsrechtlich verankerten Verantwortung[6] resultieren prozedurale Pflichten im Gesetzgebungsprozess; nur so kann gewährleistet werden, dass die Legislative ihrer Verantwortung selbst nachkommt und sie nicht auf andere Gewalten auslagert. Zugleich wird so die demokratische Entscheidungsfindung über die Grenzen des Strafrechts vor dem Zugriff der Gerichte geschützt. Im Folgenden wird dargelegt, dass diese verfassungsrechtliche Verantwortung der Legislative Spiegelbild des sog. Verschleifungsverbots[7] für die Gerichte ist. Nur wenn beide Gewalten ihren jeweiligen Aufgaben nachkommen und sich nicht gegenseitig sabotieren, kann Art. 103 Abs. 2 GG eine demokratisch legitimierte Strafrechtssetzung sicherstellen.

I. Komponenten des Bestimmtheitsgrundsatzes

Art. 103 Abs. 2 GG gewährleistet, dass eine Tat nur bestraft werden kann, wenn die Strafbarkeit gesetzlich bestimmt war, bevor die Tat begangen wurde. Die Bedeutung dieser Verfassungsnorm erschöpft sich nicht im Ver-

5 *Hilbert*, Die Informationsfunktion von Parlamenten, 2022, S. 44 (zitiert als: *Hilbert*).

6 *Gärditz*, Demokratische Sonderstellung des Strafrechts?, in: Bäcker/Burchard (Hrsg.), Strafverfassungsrecht, Tübingen, 2022, S. 28 (zitiert als: *Gärditz*, in: Bäcker/Burchard [Hrsg.]).

7 Grundlegend BVerfG, NJW 2010, 3209, 3211, Rn. 79; BVerfG, NJW 2022, 1160, 1162, Rn. 99; ausführlich *Kuhlen*, Zum Verschleifungsverbot, in: Saliger/Kim/Liu/Mylonopoulos/Yamanaka/Zheng/Isfen (Hrsg.), Festschrift für Ulfrid Neumann zum 70. Geburtstag, 1. Aufl., Heidelberg 2017, S. 943 ff. (zitiert als: *Kuhlen*, in: FS Neumann); *Saliger*, Zum Verbot der Verschleifung von Tatbestandsmerkmalen, in: Barton/Eschelbach/Hettinger/Kempf/Krehl/Salditt (Hrsg.), Festschrift für Thomas Fischer, 1. Aufl., München, 2018, S. 523 ff. (zitiert als: *Saliger*, in: FS Fischer); bereits angelegt in *Saliger*, Wider die Ausweitung des Untreuetatbestandes, ZStW 2000, 563; *Tsoumanis*, Bestimmtheit und Normativität im Strafrecht, 2022, 944 (zitiert als: *Tsoumanis*); *Wapler*, Bestimmtheitsgrundsatz und Wesentlichkeit im Strafverfassungsrecht, in: Bäcker/Burchard (Hrsg.), Strafverfassungsrecht, Tübingen, 2022, S. 190 (zitiert als: *Wapler*, in: Bäcker/Burchard [Hrsg.]); *Jahn*, Bestimmtheitsgrundsatz und Wesentlichkeitstheorie im Strafverfassungsrecht: „It's the interpretation, stupid", in: Bäcker/Burchard (Hrsg.), Strafverfassungsrecht, Tübingen, 2022, S. 209 (zitiert als: *Jahn*, in: Bäcker/Burchard [Hrsg.]).

bot der gewohnheitsrechtlichen[8] oder rückwirkenden[9] Strafbegründung.[10] Art. 103 Abs. 2 GG enthält für die Gesetzgebung ein striktes Bestimmtheitsgebot (*nullum crimen sine lege certa*[11]) sowie ein damit korrespondierendes, an die Rechtsprechung gerichtetes Verbot strafbegründender Analogie.[12]

Der Bestimmtheitsgrundsatz verpflichtet den Gesetzgeber, die Voraussetzungen der Strafbarkeit so genau zu umschreiben, dass Tragweite und Anwendungsbereich der Straftatbestände für den Normadressaten schon aus dem Gesetz selbst zu erkennen sind oder sich durch Auslegung ermitteln und konkretisieren lassen.[13] Dieses sog. Normenklarheitsgebot[14] dient dem Schutz der bürgerlichen Freiheitssphäre: Jedermann soll vorhersehen können, welches Verhalten verboten und mit Strafe bedroht ist.[15] Nur an

8 BVerfG, NJW 2012, 907, 915, Rn. 165; BVerfG, NJW 1995, 1141; hierzu näher *Radtke*, in: BeckOK GG, Art. 103 Rn. 44 ff.; *Satzger*, in: SSW-StGB, § 1 Rn. 35.

9 Hierzu näher BVerfG, BeckRS 1957, 30700627; BVerfG, NJW 1990, 1103; BVerfG, NJW 2004, 739, 745; BVerfG, NJW 2004, 750, 752; BVerfG, BeckRS 2009, 37889, Rn. 21; ausführlich dazu *Jäger*, in: SK-StGB, § 1 Rn. 14 ff.

10 BVerfG, NJW 2010, 3209, Rn. 69; BVerfG, NJW 2012, 907, 915, Rn. 164; AG Villingen-Schwenningen, BeckRS 2020, 167, Rn. 30.

11 *Feuerbach*, Lehrbuch des gemeinen in Deutschland geltenden peinlichen Rechts, 1801, 24 S. 20 (zitiert als: *Feuerbach*); *Wapler*, in: Bäcker/Burchard (Hrsg.), S. 181.

12 BVerfG, NJW 2022, 1160, Rn. 88; BVerfG, NJW 2010, 3209, 3210, Rn. 69; BVerfG, NJW 2012, 907, 915, Rn. 164; BVerfG, NJW 1995, 1141; AG Villingen-Schwenningen, BeckRS 2020, 167, Rn. 30.

13 BVerfG, NJW 1969, 1059, 1061; BGH, NStZ 1993, 540; BVerfG, NJW 2002, 1779; BVerfG, NJW 2003, 1030; BVerfG, NJW 1978, 933, 934; BVerfG, NJW 2010, 3209, 3210, Rn. 72.

14 Zum Begriff näher BVerfG, BeckRS 2020, 40592, 202; AG Villingen-Schwenningen, BeckRS 2020, 167, Rn. 30; *Towfigh*, „Nur erst, wenn dir die Form ganz klar ist, wird dir der Geist klar werden." – Zum grundgesetzlichen Gebot der Normenklarheit, JA 2015, 81.

15 BVerfG, NJW 2022, 1160, 1161, Rn. 89; BVerfG, NJW 1987, 3175; BVerfG, NJW 2010, 3209, 3210, Rn. 74; BVerfG, NJW 2012, 907, 915, Rn. 165; AG Villingen-Schwenningen, BeckRS 2020, 167, Rn. 30; *Radtke*, in: BeckOK GG, Art. 103 Rn. 26; *Schmahl*, in: Schmidt-Bleibtreu, Art. 103 Rn. 66; *Remmert*, in: Dürig/Herzog/Scholz, Art. 103 Abs. 2 Rn. 101; *Wapler*, in: Bäcker/Burchard (Hrsg.), S. 191; *Jahn*, in: Bäcker/Burchard (Hrsg.), S. 211.

hinreichend[16] klaren Normen kann die Bürgerin[17] ihr Verhalten orientieren[18] und muss kein willkürliches staatliches Strafen fürchten.[19] Insoweit hat der Bestimmtheitsgrundsatz den Normadressaten im Blick – aus dessen Sicht ist der Normsinn einer womöglich unbestimmten Norm zu ermitteln[20] – und stellt individuelle Freiheit[21] sicher.

Zugleich muss der Gesetzgeber dem ständigen Wandel der Lebensverhältnisse Rechnung tragen (können). Müsste er stets jeden Straftatbestand bis ins Letzte ausführen, anstatt sich auf die wesentlichen für die Dauer gedachten Bestimmungen über Voraussetzungen, Art und Maß der Strafe zu beschränken, bestünde die Gefahr, dass die Gesetze zu starr und kasuistisch

16 Zum sog. "Graubereich" *Krüger*, Neues aus Karlsruhe zu Art. 103 II GG und § 266 StGB - Bespr. von BVerfG, Beschl. vom 23. 6. 2010 – 2 BvR 2559/08, NStZ 2010, 626, NStZ 2011, 369, 371; *Schmahl*, in: Schmidt-Bleibtreu, Art. 103 Rn. 67.

17 Um alle Geschlechter gleichermaßen zu repräsentieren, ohne der Leserlichkeit und sprachlichen Präzision zu schaden, werden im vorliegenden Beitrag die Geschlechter abgewechselt. Dementsprechend soll die maskuline wie die feminine Form andere Geschlechter vollumfänglich mitumfassen.

18 *Jäger*, in: SK-StGB, § 1 Rn. 26 spricht insoweit von „verhaltensdeterminierender Wirkung"; vgl. auch *Tsoumanis*, S. 183 ff.

19 BVerfG, NJW 2003, 1030; BVerfG, NJW 2002, 1779; AG Villingen-Schwenningen, BeckRS 2020, 167, Rn. 30; *Satzger*, in: SSW-StPO, Art. 7 EMRK Rn. 14; *Satzger*, in: SSW-StGB, § 1 Rn. 19; *Jäger*, in: SK-StGB, § 1 Rn. 26; *Dannecker/Schuhr*, in: LK-StGB, § 1 Rn. 110; *Remmert*, in: Dürig/Herzog/Scholz, Art. 103 Abs. 2 Rn. 88; *Tsoumanis*, S. 178.

20 BVerfG, NJW 1978, 933, 934; BVerfG, NJW 1987, 3175; BVerfG, NJW 1991, 91, 94; AG Villingen-Schwenningen, BeckRS 2020, 167, Rn. 30; *Schmahl*, in: Schmidt-Bleibtreu, Art. 103 Rn. 69; *Dannecker/Schuhr*, in: LK-StGB, § 1 Rn. 182; *Heintschel-Heinegg*, in: BeckOK StGB, § 1 Rn. 12; *Krüger*, NStZ 2011, 369, 372; *Dearing*, Sitzblockade und Gewaltbegriff – ein Vergleich der deutschen und der österreichischen Judikatur zur Nötigung, StV 1986, 125, 127; *Bülte*, Gesetzlichkeitsprinzip und Gesetzgebungsverantwortung im Verkehrsordnungswidrigkeitenrecht, NZV 2020, 12, 15; *Satzger*, Die Internationalisierung des Strafrechts als Herausforderung für den strafrechtlichen Bestimmtheitsgrundsatz, JuS 2004, 943; *Paeffgen*, Art. 103 II GG, namentlich das Bestimmtheitsgebot und komplimentäre Rechtssätze in der Entwicklung, StraFo 2007, 442; *Pschorr*, § 315d Abs. 1 Nr. 3 StGB als Auffangtatbestand für den straflosen Versuch der Teilnahme an einem Kraftfahrzeugrennen, JurisPR-StrafR 2/2022, Anm. 4; *Wapler*, in: Bäcker/Burchard (Hrsg.), S. 194; *Jahn*, in: Bäcker/Buchard (Hrsg.), S. 211; a.A. *Towfigh*, JA 2015, 81, 85 f.

21 BVerfG, NJW 2022, 1160, 1161, Rn. 89; BVerfG, NJW 2010, 3209, 3210, Rn. 71; BVerfG, NJW 1987, 1423, 934; BVerfG, NJW 1987, 3175; *Schmahl*, in: Schmidt-Bleibtreu, Art. 103 Rn. 58; *Dannecker/Schuhr*, in: LK-StGB, § 1 Rn. 179; *Kunig/Saliger*, in: von Münch/Kunig, Art. 103 Rn. 30; *Satzger*, JuS 2004, 943; *Schünemann*, Nulla poena sine lege?, 1978, S. 2 (zitiert als: *Schünemann*); *Tsoumanis*, S. 176; *Wapler*, in: Bäcker/Burchard (Hrsg.), S. 193.

würden.[22] Deshalb schließt der Bestimmtheitsgrundsatz wertausfüllungsbedürftige Begriffe bis hin zu Generalklauseln im Strafrecht nicht aus.[23] Die Abwägung[24] zwischen hinreichender Bestimmtheit und praxisnotwendiger Flexibilität weist Art. 103 Abs. 2 GG der unmittelbar vom Volk gewählten Legislative zu (sog. Gesetzlichkeitsprinzip[25]).[26] Ausschließlich sie ist hinreichend demokratisch legitimiert,[27] ein Verhalten mit der *ultima ratio*[28] Strafe zu belegen. Art. 103 Abs. 2 GG stellt sicher, dass gerade diese demokratisch legitimierte Gewalt im Voraus über die Strafbarkeit von Verhalten entscheidet und diese Entscheidung nicht erst nachträglich von der vollziehenden oder der rechtsprechenden Gewalt gefällt wird.[29] Nur der Gesetzgeber ist berechtigt, und im Einzelfall sogar verpflichtet,[30] bestimmtes Handeln un-

---

22 BVerfG, NJW 2022, 1160, 1161, Rn. 92; BVerfG, NJW 1978, 933, 934; BVerfG, NStZ 1993, 75; BVerfG, NJW 2003, 1030; BVerfG, NJW 2010, 3209, 3210, Rn. 73; *Schmahl*, in: Schmidt-Bleibtreu, Art. 103 Rn. 67.

23 BVerfG, NJW 2010, 3209, 3211 Rn. 74; *Jahn*, in:.Bäcker/Buchard (Hrsg.), S. 212.

24 *Rogall*, in: KK-OWiG, § 3 Rn. 32.

25 *Wolff*, in: Hömig/Wolff, Art. 103 Rn. 15; *Bohn/Krause*, Der objektive Sorgfaltspflichtverstoß und die ungeschriebenen Sorgfaltsnormen im Lichte des Art. 103 II GG, JuS 2019, 753, 755; in der europäischen Menschenrechtskonvention verankert in Art. 7 *Satzger*, in: SSW-StPO, Art. 7 EMRK Rn. 1; BVerfG, NJW 2022, 1160, 1163, Rn. 103 ff.; *Saliger*, in: FS Fischer, S. 530 verwendet den Terminus als Überbegriff der Elemente des nulla poena sine lege-Grundsatzes; ähnlich *Wapler*, in: Bäcker/Burchard (Hrsg.), S. 188.

26 *Hecker*, in: Schönke/Schröder, § 1 Rn. 16; *Gärditz*, in: Bäcker/Burchard (Hrsg.), S. 29; *Nettesheim*, Verfassungsrechtliche Kriminalisierungspflichten und grenzen, in: Bäcker/Burchard (Hrsg.), S. 110; Teils wird diese Komponente dem Grundsatz nulla poena sine lege scripta zugewiesen *Schmahl*, in: Schmidt-Bleibtreu, Art. 103 Rn. 58; *Wapler*, in: Bäcker/Burchard (Hrsg.), S. 201 leitet diese Aufgabenzuweisungsentscheidung dementgegen aus dem Wesentlichkeitsgrundsatz ab.

27 BVerfG, NJW 2022, 1160, Rn. 89; BVerfG, NJW 2010, 3209, 3210, Rn. 70; BVerfG, NJW 1987, 3175; *Schmahl*, in: Schmidt-Bleibtreu, Art. 103 Rn. 58; *Jäger*, in: SK-StGB, § 1 Rn. 26; *Brodowski*, Grundfälle zu den Justizgrundrechten, JuS 2012, 892; *Calliess*, Der strafrechtliche Nötigungstatbestand und das verfassungsrechtliche Gebot der Tatbestandsbestimmtheit, NJW 1985, 1506, 1512; *Schünemann, S.* 11.

28 BVerfG, NJW 2008, 1137, 1138; *Brodowski*, JuS 2012, 892, 893; zur Operationalisierung erhellend *Jahn/Brodowski*, Das Ultima Ratio-Prinzip als strafverfassungsrechtliche Vorgabe zur Frage der Entbehrlichkeit von Straftatbeständen, ZStW 2017, 363, 377 ff.; *Gärditz*, in: Bäcker/Burchard (Hrsg.), S. 27.

29 BVerfG, NJW 2022, 1160, Rn. 89; BVerfG, NJW 1987, 3175; BVerfG, NJW 1995, 1141; *Wapler*, in: Bäcker/Burchard (Hrsg.), S. 191.

30 BVerfG, NJW 2002, 1779, 1780; AG Villingen-Schwenningen, BeckRS 2020, 167, Rn. 30; *Gärditz*, in: Bäcker/Burchard (Hrsg.), S. 33 f.; *Ungern-Sternberg*, S. 90; *Nettesheim*, in: Bäcker/Burchard (Hrsg.), S. 109 ff.

ter Strafe zu stellen.[31] Art. 103 Abs. 2 GG ist damit Ausdruck der Prinzipien der Gewaltenteilung[32] und der Volksherrschaft.[33]

II. Anforderungen des Gesetzlichkeitsprinzips an den Gesetzgeber

Die Folgen des Gesetzlichkeitsprinzips in der verfassungsrechtlichen Prüfung eines Straftatbestands bleiben jedoch weitgehend im Dunkeln.

1. Materielle Anforderungen

Die Literatur leitet bisher nur materielle Anforderungen aus dem Gesetzlichkeitsprinzip ab. Für ein bestimmtes Strafgesetz sei mindestens notwendig, „dass der Gesetzgeber in seinen Gesetzen einen Regelungsrahmen vorgibt, dessen konkretisierende Ausfüllung noch als Auslegung eines bestimmten Gesetzes durch den Richter gelten kann. Hierfür ist es erforderlich, dass zumindest aus dem Kontext des Regelungszusammenhanges oder aus dem Kontext der legislatorischen Entscheidung eine Bewertung des Gesetzgebers zu erkennen ist."[34] Wann aber hat der Gesetzgeber eine solche „Bewertung" vorgenommen? Angesichts des Spagats zwischen hinreichen-

---

31 *Gärditz*, in: Bäcker/Burchard (Hrsg.), S. 34.

32 BVerfG, NJW 2022, 1160, 1162, Rn. 96; *Basak*, Die Aufgabe des Bestimmtheitsgrundsatzes durch das Bundesverfassungsgericht, in: Brunhöber/Höffler/Kaspar/Reinbacher/Vornbaum (Hrsg.), Strafrecht und Verfassung, 1. Aufl., Baden-Baden, 2013, S. 71 (zitiert als: *Basak*, in: Brunhöber/Höffler/Kaspar/Reinbacher/Vornbaum [Hrsg.]); *Schmahl*, in: Schmidt-Bleibtreu, Art. 103 Rn. 69; *Satzger*, in: SSW-StGB, § 1 Rn. 5; *Jäger*, in: SK-StGB, § 1 Rn. 26; *Schmitz*, in: MüKo StGB, § 1 Rn. 47; *Kunig/Saliger*, in: von Münch/Kunig, Art. 103 Rn. 30; *Amelung*, Sitzblockaden, Gewalt und Kraftentfaltung Zur dritten Sitzblockaden-Entscheidung des BVerfG, NJW 1995, 2584, 2587; *Kuhlen*, Gesetzlichkeitsprinzip und Untreue, JR 2011, 246, 249; *Bülte*, NZV 2020, 12, 16; *Satzger*, JuS 2004, 943, 944; *Calliess*, NJW 1985, 1506, 1512; *Saliger*, in: FS Fischer, S. 530; *Kargl*, Strafrecht, 2019, Rn. 41 f. (zitiert als: *Kargl*); *Schünemann*, S. 2; *Tsoumanis*, S. 176.

33 *Heintschel-Heinegg/Bockemühl*, in: KMR, Einleitung Rn. 40; *Dannecker/Schuhr*, in: LK-StGB, § 1 Rn. 179; *Rogall*, in: KK-OWiG, § 3 Rn. 30; *Kunig/Saliger*, in: von Münch/Kunig, Art. 103 Rn. 30; *Kargl*, Rn. 38 ff.; *Gärditz*, in: Bäcker/Burchard (Hrsg.), S. 28; *Wapler*, in: Bäcker/Burchard (Hrsg.), S. 194; wohl auch *Nolte/Aust*, in: Mangoldt/Klein/Starck, Art. 103 Abs. 2 Rn. 170; a.A., einen Mehrwert der Verankerung des Bestimmtheitsgebots im Demokratieprinzip vorschnell verneinend *Towfigh*, JA 2015, 81, 83.

34 *Dannecker/Schuhr*, in: LK-StGB, § 1 Rn. 205; vgl. auch *Tsoumanis*, S. 385.

der Bestimmtheit und praxisnotwendiger Flexibilität kann dem Gesetzgeber nicht abverlangt werden, jedwede denkbare Fallkonstellation eindeutig zu regeln.[35] Auslegungsoffenheit steht der Verfassungskonformität einer Norm nicht per se entgegen. Dennoch fordert Art. 103 Abs. 2 GG mehr als den Gesetzgebungsakt an sich, sonst trüge ein Gesetz nach Vorbild des Nationalsozialismus, wonach jedes „volksschädliche Verhalten“[36] zu bestrafen ist, dem Gesetzlichkeitsprinzip Rechnung. Art. 103 Abs. 2 GG ist nur dann eingehalten, wenn der Gesetzgeber im Tatbestand die Grenzen der Auslegung abgesteckt, mithin einen auslegungsfähigen Wortlaut mit eingrenzender Wirkung gefasst und der Norm einen bestimmbaren Normzweck zugewiesen hat.[37] *Hassemer* und *Kargl* sprechen von „Programmsicherung“.[38] Wenn einer Vorschrift kein klarer gesetzgeberischer Schutzzweck[39] oder kein Prüfungsprogramm im Einzelfall[40] entnommen werden kann, fehlt es an der hinreichenden Bestimmtheit. Damit wird auch die Verfassungskonformität von Normen mit mehreren unbestimmten Rechtsbegriffen handhabbar: „Abgrenzungskriterium für die noch hinreichende Bestimmtheit muss auch hier sein, dass die tatbestandliche Grenzziehung wesentlich vom Gesetzgeber geleistet worden sein muss und nur im praktischen Ausnahmefall dem Auslegungsspielraum des Rechtsanwenders überlassen sein darf.“[41] Dazu muss der Gesetzgeber Grenzen nicht nur gegenüber anderen Tatbeständen, sondern auch innerhalb eines Tatbestandes ziehen. Die einzelnen Tatbestandsmerkmale dürfen untereinander nicht so verschwimmen, dass der Tatbestand in sich seine Kontur verliert.[42]

---

35 *Hassemer/Kargl*, in: NK-StGB, § 1 Rn. 20.

36 Vgl. *Hassemer/Kargl*, in: NK-StGB, § 1 Rn. 23; *Hecker*, in: Schönke/Schröder, § 1 Rn. 17; *Kargl*, Rn. 374; *Schünemann*, S. 6.

37 *Dannecker/Schuhr*, in: LK-StGB, § 1 Rn. 196; *Jahn*, in: Bäcker/Burchard (Hrsg.), S. 211.

38 *Hassemer/Kargl*, in: NK-StGB, § 1 Rn. 20; *Kargl*, Rn. 371; so auch *Rogall*, in: KK-OWiG, § 3 Rn. 27; ähnlich *Schulze-Fielitz*, in: Dreier, Art. 103 Abs. 2 Rn. 40 (wesentliche tatbestandliche Grenzziehung durch den Gesetzgeber).

39 *Dannecker/Schuhr*, in: LK-StGB, § 1 Rn. 196; *Kargl*, Rn. 372; *Tsoumanis*, S. 444 f.

40 *Schmitz*, in: MüKo StGB, § 1 Rn. 61; *Pschorr*, § 315d Abs. 1 Nr. 3 StGB – Wie unbestimmte Tatbestände die Tatsachenfeststellung erschweren, JurisPR-StrafR 9/2021, Anm. 4; *Kargl*, Rn. 372.

41 *Dannecker/Schuhr*, in: LK-StGB, § 1 Rn. 210; so auch *Fischer*, Strafgesetzbuch, 2022, § 1 Rn. 16; vereinfacht (Indiz der Verfassungswidrigkeit) *Towfigh*, JA 2015, 81, 84.

42 Strenger, auf die Perspektive des Normunterworfenen abstellend, *Schmitz*, in: MüKo StGB, § 1 Rn. 55.

Weiterhin verlangt die Literatur dem Gesetzgeber ab, aus verschiedenen Formulierungsalternativen die bestimmteste Option zu wählen (sog. Optimierungsgebot).[43] Der Gesetzgeber müsse auf genauere, inhaltsreichere Rechtsbegriffe funktionaler Äquivalenz zurückgreifen.[44] „Das bedeutet, dass die Verwendung wertausfüllungsbedürftiger Begriffe und Generalklauseln gegen das Bestimmtheitsgebot verstößt, wenn der Gesetzgeber die ihm auferlegte Wertentscheidung an den Richter abschiebt, obwohl eine präzisere, aber gleichermaßen funktionsfähige Regelungsalternative besteht."[45] Welche Normfassung unter mehreren Alternativen die bestimmteste ist, muss jedoch regelmäßig durch Wertung bestimmt werden. Diese Wertung weist die Verfassung dem Gesetzgeber und nicht der Judikative zu. Somit können nur vergleichsweise evident unbestimmte Gesetzesfassungen gegen das Optimierungsgebot verstoßen.[46]

2. Prozedurale Anforderungen

Hier macht Art. 103 Abs. 2 GG jedoch nicht Halt. Der Norm sind über die genannten materiellen Anforderungen hinaus auch prozedurale Mindeststandards bei der Setzung von Strafrecht zu entnehmen. Dies ist Resultat der demokratieschützenden Komponente des Bestimmtheitsgrundsatzes: Er verlangt eine Strafrechtssetzung nur durch den Gesetzgeber, weil dieser allein demokratische Legitimation in den Normfindungsprozess einspeisen kann.[47] Der Gesetzgeber, konkret das Parlament, kann diesen Erfolg aber

---

43 *Radtke*, in: BeckOK GG, Art. 103 Rn. 24; *Dannecker/Schuhr*, in: LK-StGB, § 1 Rn. 196; *Satzger*, in: SSW-StGB, § 1 Rn. 24; *Schmitz*, in: MüKo StGB, § 1 Rn. 53; *Hecker*, in: Schönke/Schröder, § 1 Rn. 20; *Hassemer/Kargl*, in: NK-StGB, § 1 Rn. 41; *Rogall*, in: KK-OWiG, § 3 Rn. 27; *Bülte*, NZV 2020, 12, 15; *Satzger*, JuS 2004, 943; *Tsoumanis*, S. 386; in diese Richtung auch BVerfG, NJW 2010, 3209, 3211, Rn. 75; *Pohlreich*, in: BonnKomm, Art. 103 Abs. 2 Rn. 68, 71; *Kuhlen*, Zum Verhältnis von Bestimmtheitsgrundsatz und Analogieverbot, in: Dannecker (Hrsg.), Festschrift für Harro Otto zum 70. Geburtstag am 1. April 2007, 1. Aufl., Köln, 2007, S. 95 (zitiert als: *Kuhlen*, in: FS Otto); vgl. auch OLG Oldenburg, BeckRS 2010, 17000.

44 *Dannecker/Schuhr*, in: LK-StGB, § 1 Rn. 196.

45 *Hecker*, in: Schönke/Schröder, § 1 Rn. 20; vgl. auch OLG Oldenburg, BeckRS 2010, 17000.

46 So auch BVerfG, NJW 2013, 365, 366; *Satzger*, in: SSW-StGB, § 1 Rn. 24; *Schmitz*, in: MüKo StGB, § 1 Rn. 51; *Rogall*, in: KK-OWiG, § 3 Rn. 32.

47 *Hilbert*, S. 5; vgl. auch *Mengel*, Grundvoraussetzungen demokratischer Gesetzgebung: Zur Notwendigkeit einer Prozeßordnung des inneren Gesetzgebungsverfahrens, ZRP

nur erzielen, wenn es seine Funktionen wahrnimmt[48] und sich dabei demokratische Wirkkräfte entfalten können. Demokratisches Wirken zeichnet sich wesentlich durch seine Prozesshaftigkeit aus.[49] Erst im diskursiven Austausch[50] in einem geregelten parlamentarisch-demokratischen Willensbildungsprozess[51] kommen die Stärken der Demokratie – namentlich die Beteiligung auch von Minderheitsmeinungen in einem Verfahren der Konsensfindung[52] – zum Tragen.

Angesichts dessen ist umstritten, ob ein rechtmäßiges Gesetzgebungsverfahren ein Mindestmaß an gesetzgeberischem Diskurs voraussetzt und diese Befassung der Entscheidungsträger mit Norminhalten gar dokumentiert und nachvollziehbar gemacht werden muss.[53] Eilgesetzgebungsverfahren i.S.d. §§ 80 Abs. 2 S. 1, 81 Abs. 1, 84 b) Geschäftsordnung des Deutschen Bundestages (GOBT) mögen zwar in anderen Rechtsbereichen zulässig und Art. 20 GG auch keine anderen Rationalitätsanforderungen an das Gesetzgebungsverfahren zu entnehmen sein.[54] Bei der Rechtsetzung von

---

1984, 153, 156; *Wieckhorst*, Grundrechtsschutz durch Legislativverfahren, 2017, S. 171 (zitiert als: *Wieckhorst*).

48 *Hilbert*, S. 8 mwN; *Reicherzer*, Authentische Gesetzgebung, 2006, 422 f. (zitiert als *Reicherzer*)

49 *Möllers*, Demokratie - Zumutungen und Versprechen, 2008, Rn. 31 (zitiert als: Möllers); *Morlok*, Das Recht des politischen Prozesses, JuS 2022, 1, 5; *C. Schröder*, Die Gewaltenteilung, JuS 2022, 23, 26; *Mengel*, ZRP 1984, 153, 156; *Hilbert*, S. 7; *Lienbacher*, Rationalitätsanforderungen an die parlamentarische Rechtsetzung im demokratischen Rechtsstaat, in: Höfling (Hrsg.), Grundsatzfragen der Rechtsetzung und Rechtsfindung, 1. Aufl., Berlin, 2012, S. 14 (zitiert als: *Lienbacher*, in: Höfling [Hrsg.]); *Reicherzer*, S. 420 ff.

50 *Hilbert*, S. 10; *Reicherzer*, S. 420.

51 BVerfG, NJW 2022, 1160, 1161, Rn. 90; *Wolff*, in: Hömig/Wolff, Art. 103 Rn. 16; *Heintschel-Heinegg*, in: BeckOK StGB, § 1 Rn. 11.

52 *Mengel*, ZRP 1984, 153, 159.

53 *Reicherzer*, S. 420 ff.; Prozedurale Mindestanforderungen aus den Grundrechten ableitend *Wieckhorst*, S. 365 ff.; ähnlich *Lienbacher*, in: VVDStRL 71 (2012), S. 17 ff.; *Mengel*, ZRP 1984, 153, 159 f.; eine begrenzte Begründungspflicht argumentierend *Grzeszick*, Rationalitätsanforderungen an die parlamentarische Rechtsetzung im demokratischen Rechtsstaat, in: Höfling (Hrsg.), Grundsatzfragen der Rechtsetzung und Rechtsfindung, 1. Aufl., Berlin, 2012, S. 73 f. (zitiert als: *Grzeszick*, in: Höfling [Hrsg.]); kritisch *Hilbert*, S. 10.

54 *Michl*, Der demokratische Rechtsstaat in Krisenzeiten, JuS 2020, 643, 644; *Schoch*, in: Schoch/Schneider, Einleitung Rn. 15; *Sachs*, in: Sachs, Art. 20 Rn. 94; *Masing/Risse*, in: Mangoldt/Klein/Starck, Art. 76 Rn. 12; *Rubel*, in: Clemens/Umbach, Vor Art. 76 ff. Rn. 9 f.; *Merten*, Gute Gesetzgebung als Verfassungspflicht oder Verfahrenslast, DÖV 2015, 349, 390.

Strafrecht sichert Art. 103 Abs. 2 GG das Demokratieprinzip[55] jedoch in erhöhtem Maße[56] ab.[57] In dessen Anwendungsbereich kann auf Diskurs nicht verzichtet werden. Das Bundesverfassungsgericht verlangt, dass der Gesetzgeber wesentliche Fragen der Strafbarkeit selbst adressiert und entscheidet.[58] Das ist nur dann garantiert, wenn diejenigen parlamentarischen Gremien an der Willensbildung beteiligt werden, die den Austausch über wesentliche Fragen der Gesetzgebung sicherzustellen in der Lage sind. Zwar mag das Parlamentsplenum in einer repräsentativen Demokratie[59] zentraler Ort des demokratischen Austausches sein – allerdings steht hier vor allem die Kommunikation mit dem Wahlvolk im Mittelpunkt.[60] Parlamentsdebatten zielen weniger auf Deliberation, denn auf Information.[61] Herzstück[62] der Gesetzgebungsarbeit sind vielmehr die Ausschüsse.[63] Hier wird das Gesetzeshandwerk des Arbeitsparlaments[64] erbracht. Nur wenn ein Gesetz im Ausschuss beraten wird, können alle maßgeblichen Probleme von Formulierung und Strafwürdigkeit erkannt und diskutiert werden. Somit untersagt Art. 103 Abs. 2 GG den Rückgriff auf den von §§ 80 Abs. 2 S. 1, 81 Abs. 1, 84 b) GOBT vorgesehenen Verzicht einer Ausschussberatung.

---

55 *Reicherzer*, S. 426 f. stützt seine Überlegungen zusätzlich auch auf die Gewaltenteilung und die Grundrechte.

56 BVerfG, NJW 2022, 1160, 1161, Rn. 91; BVerfG, NJW 2010, 3209, 3210, Rn. 69; AG Villingen-Schwenningen, BeckRS 2020, 167, Rn. 30; *Dannecker/Schuhr*, in: LK-StGB, § 1 Rn. 181; *Burghart*, in: Leibholz/Rinck, Art. 103 Rn. 1286; *Nolte/Aust*, in: Mangoldt/Klein/Starck, Art. 103 Abs. 2 Rn. 138; *Pohlreich*, in: BonnKomm, Art. 103 Abs. 2 Rn. 62; *Kunig/Saliger*, in: von Münch/Kunig, Art. 103 Rn. 43; *Krüger*, NStZ 2011, 369, 371; *Wapler*, in: Bäcker/Burchard (Hrsg.), S. 194.

57 Deshalb braucht hier ausnahmsweise kein Legitimationsdefizit nachgewiesen zu werden, vgl. *Grzeszick*, in: VVDStRL 71 (2012), S. 71.

58 BVerfG, NJW 2022, 1160, 1161, Rn. 90; BVerfG, NJW 2010, 3209, 3210, Rn. 72; AG Villingen-Schwenningen, BeckRS 2020, 167, Rn. 30; *Tsoumanis*, S. 935.

59 Die hiesigen Überlegungen beanspruchen nur für ein solches System uneingeschränkte Geltung. In Demokratien anderer Konstitution, beispielsweise mit stärkeren direkt-demokratischen Elementen, verschiebt sich die Bedeutung der Ausschuss- und der Plenardebatte. Hier kann durch den kommunikativen Austausch zwischen Parlament und Volk beispielsweise die konkrete Willensbildung des Volkes hinsichtlich einzelner (aktueller) Volksinitiativen beeinflusst werden.

60 *Hilbert*, S. 46.

61 *Hilbert*, S. 80.

62 *Bundesrat*, Die Ausschüsse des Bundesrates, 2022; *Müller-Terpitz*, in: Dürig/Herzog/Scholz, Art. 52 Rn. 47.

63 BVerfG, NJW 1991, 2474, 2476; BVerfG, NVwZ 2015, 1751, 1752, Rn. 93; *H. H. Klein*, in: Dürig/Herzog/Scholz, Art. 40 Rn. 126 f.; *H. H. Klein/Schwarz*, in: Dürig/Herzog/Scholz, Art. 42 Rn. 48.

64 *H. H. Klein*, in: Dürig/Herzog/Scholz, Art. 40 Rn. 127 mwN.

Eine Mindestberatungszeit[65] oder ein „Mindestniveau“ der Beratungen fordert Art. 103 Abs. 2 GG nicht. Ansonsten müsste das Bundesverfassungsgericht im Nachhinein die „Abgeordnetenleistung“ und deren „Diskursfähigkeiten“ bewerten – das wäre mit dem Gedanken der Gewaltenteilung gerade nicht vereinbar.[66] Eine gesetzgeberische Entscheidung über wesentliche Fragen der Strafbarkeit kann aber nur dann sichergestellt werden, wenn die zuständigen Ausschüsse diejenige Gesetzesfassung beraten konnten, die später dem Plenum vorgelegt wird. Weicht der Wortlaut des dem Parlament vorgelegten Beschlussantrags in zweiter Lesung wesentlich vom Beratungsinhalt der Ausschüsse ab, so ist nicht sichergestellt, dass ein normbezogener Diskurs stattfinden konnte, der den Anforderungen des Art. 103 Abs. 2 GG genügt. Im Gegenteil droht, dass sich der Gesetzgeber keinen hinreichend bestimmten Willen hinsichtlich der Strafwürdigkeit des Verhaltens und der Grenzen der Strafbarkeit bilden konnte.[67] Gleiches gilt, wenn während einer bereits laufenden Gesetzesberatung in Ausschüssen wesentliche Gesetzesänderungen vorgenommen werden – es steht zu befürchten, dass das Parlament als Ganzes von der nachträglich eingefügten Materie nicht ausreichend oder gar keine Kenntnis nimmt.[68]

Schließlich verlangt Art. 103 Abs. 2 GG dem Gesetzgeber ab, seinen Willen möglichst eindeutig zum Ausdruck zu bringen.[69] Bekanntlich kommuniziert der Gesetzgeber seinen (subjektiv-historischen)[70] Willen vornehm-

65 Allerdings führt eine hektische Arbeitsweise des Gesetzgebers regelmäßig zu Schwächen der Gesetzesfassung und beeinträchtigt das Vertrauen der Öffentlichkeit in die Legislative *Dannecker/Schuhr*, in: LK-StGB, § 1 Rn. 314.

66 Insoweit zutreffend vor einer Politisierung der Verfassungsinterpretation warnend *Kubiciel*, Anmerkung zu BVerfG, Beschluss vom 09.02.2022, JZ 2022, 785, 786.

67 Dabei wird nicht übersehen, dass dies *prima facie* die Gestaltungsfreiheit des demokratisch unmittelbar legitimierten Plenums einschränkt. Um jedoch sicherzugehen, dass sich dessen Funktion tatsächlich auswirken kann, müssen diejenigen faktischen Einschränkungen mitbeachtet werden, die einen demokratischen Willensbildungsprozess in einem modernen Parlament überhaupt erst ermöglichen – und dies ist Ausschussarbeit. Sollte das Plenum deshalb ganz erheblichen Änderungsbedarf sehen, so sollte es eine Gesetzesinitiative zur neuerlichen Beratung in die Ausschüsse zurückverweisen. Dann kann Kohärenz zwischen Ausschussberatung und Plenumsfassung hergestellt werden, ohne das Gesetzgebungsverfahren neu beginnen zu müssen.

68 *Schmitz*, in: MüKo StGB, § 1 Rn. 92; *Dannecker/Schuhr*, in: LK-StGB, § 1 Rn. 314; *Hassemer/Kargl*, in: NK-StGB, § 1 Rn. 108e.

69 *Hassemer/Kargl*, in: NK-StGB, § 1 Rn. 108a.

70 BVerfG, NZA 2018, 774, 780 Rn. 74; *Dannecker/Schuhr*, in: LK-StGB, § 1 Rn. 296; *Hassemer/Kargl*, in: NK-StGB, § 1 Rn. 108; *Höpfner*, Gesetzesbindung und verfassungskonforme Auslegung im Arbeits- und Verfassungsrecht, RdA 2018, 321, 326; so

lich[71] vermittels der Gesetzesmaterialien.[72] Fehlen Gesetzgebungsmaterialien[73] oder sind diese grob lückenhaft,[74] so lässt sich kein subjektiver Gesetzgeberwille ermitteln. Damit entfällt eine wesentliche Quelle zur Ermittlung des Normzwecks[75] und damit zur Bestimmung des Arbeitsprogramms von Exekutive und Judikative.[76] Fast noch schädlicher ist es, wenn die Gesetzesmaterialien nicht mit dem verabschiedeten Normwortlaut vereinbar sind; beispielsweise, weil sie Terminologie verwenden, die sich im Gesetz nicht (einmal synonym) wiederfindet.[77] Dann steht der Gesetzgeberwille im Widerstreit mit der Grenze der Auslegung: dem Wortlaut.[78] Eine Entscheidung des Gesetzgebers, gerade diejenigen Verhaltensweisen zu bestrafen, die der Normwortlaut erfasst, kann dann nicht hinreichend erkannt werden. Art. 103 Abs. 2 GG vermeidet dies mittels eines Sorgfaltsgebots bei der Abfassung von Gesetzesmaterialien.

---

i.E. auch *Rogall*, in: KK-OWiG, § 3 Rn. 80; kritisch *Hecker*, in: Schönke/Schröder, § 1 Rn. 41; *Kühl*, in: Lackner/Kühl, § 1 Rn. 6; *Satzger*, in: SSW-StGB, § 1 Rn. 48; *Fischer*, § 1 Rn. 24; *Nolte/Aust*, in: Mangoldt/Klein/Starck, Art. 103 Abs. 2 Rn. 161; *Weiss*, Der mutmaßliche Gesetzgeberwille als Argumentationsfigur, ZRP 2013, 66; *Schünemann*, Studien zum Gesetzesvorbehalt im Strafrecht, NJW 1981, 2562; *Honsell*, Die rhetorischen Wurzeln der juristischen Auslegung, ZfPW 2016, 106, 119 f.

71 *Gerhold*, Das historische Argument in der Strafrechtslehre, JuS 2021, 97.

72 BGH, BeckRS 2022, 16695, Rn. 48 ff.; BVerfG, NZA 2018, 774, 780, Rn. 74; *Schmitz*, in: MüKo StGB, § 1 Rn. 91; *Hecker*, in: Schönke/Schröder, § 1 Rn. 46; *Dannecker/Schuhr*, in: LK-StGB, § 1 Rn. 313; *Hassemer/Kargl*, in: NK-StGB, § 1 Rn. 108b f.; *Heintschel-Heinegg*, in: BeckOK StGB, § 1 Rn. 25; *Satzger*, in: SSW-StGB, § 1 Rn. 48; *C. Putzke/H. Putzke*, Schwarzfahren als Beförderungserschleichung – Zur methodengerechten Auslegung des § 265 a StGB, JuS 2012, 500, 503.

73 *Tsoumanis, S.* 1005.

74 Beispielhaft *Schmitz*, in: MüKo StGB, § 1 Rn. 92; *Dannecker/Schuhr*, in: LK-StGB, § 1 Rn. 314.

75 Vgl. etwa die Bedeutung der Materialien bei BGH, BeckRS 2022, 16695, Rn. 63.

76 *Dannecker/Schuhr*, in: LK-StGB, § 1 Rn. 315.

77 Siehe z.B. *Pschorr*, § 10a PolG BW, DÖV 2019, 389, 393.

78 BVerfG, NJW 2012, 907, 915, Rn. 166; BVerfG, NJW 2010, 3209, 3211, Rn. 78; ausführlich *Rüthers/Höpfner*, Analogieverbot und subjektive Auslegungsmethode, JuS 2005, 21, 24; *Wapler*, in: Bäcker/Burchard (Hrsg.), S. 189 f.

III. Anwendung auf § 315d Abs. 1 D-StGB

Am Beispiel des § 315d Abs. 1 des deutschen Strafgesetzbuchs (D-StGB) mit Fokus auf die sog. Einzelrennen[79] gem. § 315d Abs. 1 Nr. 3 D-StGB werde ich im Folgenden zeigen, wie ein Verstoß gegen das Gesetzlichkeitsprinzip geprüft werden kann. Ich werde zeigen, dass die Norm erheblichen verfassungsrechtlichen Bedenken ausgesetzt ist und § 315d Abs. 1 Nr. 1 und 3 D-StGB einer Prüfung anhand des Gesetzlichkeitsprinzips nicht standhalten.

1. Verletzung prozeduraler Anforderungen

Zunächst nehme ich die gerade dargestellten prozeduralen Anforderungen in den Blick.

Bereits im Beratungsverlauf zeigen sich einige Auffälligkeiten: Der Entwurf[80] zum 56. Strafrechtsänderungsgesetz – Strafbarkeit nicht genehmigter Kraftfahrzeugrennen im Straßenverkehr vom 30.09.2017 – entstammt einer Initiative der Länder Hessen und Nordrhein-Westfalen.[81] Am 23.09.2016 brachte der Bundesrat[82] einen Entwurf ein, der am 27.06.2017 im zuständigen Rechtsausschuss beraten wurde.[83] Der Gesetzesentwurf sah weder eine Versuchsstrafbarkeit (heute § 315d Abs. 3 D-StGB) noch das sog. Einzelrennen vor. Darüber hinaus sollte § 315d Abs. 1 Nr. 1 D-StGB-E das „Veranstalten" von Kraftfahrzeugrennen sanktionieren; nunmehr bestraft das Gesetz das „Ausrichten" und „Durchführen" ebensolcher Rennen. Diese Abweichungen entstammen dem Änderungsantrag der CDU/CSU- und SPD-Fraktionen (im Folgenden: Große Koalition) vom 16.06.2017.[84]

Das Protokoll der Sachverständigenanhörung vom 21.06.2017 zeigt, dass nicht alle Gutachter Gelegenheit hatten, sich auf die beabsichtigten Neuformulierungen einzustellen: Nur der Sachverständige *Schuster* ging vertieft

79 Zur Terminologie KG, BeckRS 2019, 35362, Rn. 9; KG, BeckRS 2022, 1838, Rn. 33; *Obermann*, Polizeiflucht als illegales (Einzel-)Rennen – endlich Klarheit?, NZV 2021, 344.
80 BT-Dr. 18/10145.
81 BR-Dr. 362/16.
82 BR-Dr. 362/16 (B).
83 BT-Dr. 18/12964, S. 3.
84 Ausschuss-Dr. 18(6)360.

auf die Änderungen zu § 315d Abs. 1 Nr. 1 D-StGB-E ein.[85] Er war auch der Einzige, der sich hierzu im schriftlichen Gutachten äußern konnte.[86] Die Sachverständige *Jansen* führte in der Anhörung noch explizit zum Begriff des „Veranstaltens“ aus.[87] Dass die Änderung der Terminologie in § 315d Abs. 1 Nr. 1 D-StGB sogar von Vertretern der antragsstellenden großen Koalition nicht zur Kenntnis genommen wurde, zeigt ein Blick in die Plenarprotokolle. Die Abgeordneten *Fechner*[88] und *Steineke*[89] sowie der Bundesverkehrsminister *Dobrindt*[90] sprachen über die Bestrafung des „Veranstaltens“ eines Rennens, die Abgeordnete *Lühmann*[91] verwendete den Begriff „organisieren“. Bezeichnenderweise war der Einzige, der den Gesetzesbegriff „Durchführen“ verwendete, der Oppositionspolitiker *Wunderlich*.[92]

Die Änderung der Formulierung in § 315d Abs. 1 Nr. 1 D-StGB fand darüber hinaus keinen umfassenden Widerhall in den Gesetzesmaterialien. Der Begriff des „Veranstaltens“ eines Kraftfahrzeugrennens wurde auch nach Annahme des Änderungsantrags nicht aus den Gesetzesmaterialien entfernt. Im Bericht des Rechtsausschusses wird der Begriff des „Ausrichtens“ mit dem Terminus „Veranstalten“ vermengt.[93] Dies ist problematisch, weil der der Gesetzesinitiative zugrunde liegende Begriff des „Veranstaltens“ keine Tätigkeiten im Durchführungsstadium erfasste.[94] Um auch diese Verhaltensweisen zu sanktionieren, wurde die Tathandlungsalternative „Durchführen“ geschaffen.[95] Dennoch heißt es in der Gesetzesbegründung: „Die Strafbarkeit einer Beteiligung von anderen als den teilnehmenden Kraftfahrzeugführern im Durchführungsstadium [...] richtet sich [...] nach den allgemeinen Regeln von Täterschaft und Teilnahme“.[96] Unmittelbar darauf heißt es: „Die Alternative des Durchführens stellt darüber hinaus

85 Ausschuss-Prot. 18/157, S. 19.
86 Ausschuss-Prot. 18/157, S. 68.
87 Ausschuss-Prot. 18/157, S. 16; vgl. auch *Fischer*, § 315d, der von "Ausrichten im Sinn von 'Veranstalten'" spricht.
88 Plen-Prot. 18/243, S. 24907.
89 Plen-Prot. 18/243, S. 24908.
90 Plen-Prot. 18/243, S. 24905.
91 Plen-Prot. 18/243, S. 24903.
92 Plen-Prot. 18/243, S. 24903.
93 BT-Dr. 18/12964, S. 5.
94 BT-Dr. 18/12964, S. 5; OLG Karlsruhe, NZV 2012, 348, 349.
95 BT-Dr. 18/12964, S. 5.
96 BT-Dr. 18/12964, S. 5.

sicher, dass auch der vor Ort Tätige den Straftatbestand verwirklichen kann."[97] Ein offener Widerspruch.

Mit dem Entwurf des § 315d Abs. 1 Nr. 3 D-StGB im Antrag der Großen Koalition befassten sich in der Sachverständigenanhörung dementgegen die Sachverständigen *von Boetticher*,[98] *Franke*,[99] *Fuchs*,[100] *Müller*,[101] *Pinar*[102] und *Schäpe*[103] sowie die Abgeordneten *Steineke*,[104] *Lühmann*[105] und *Wunderlich*[106]. Schriftliche Gutachten erstatteten die Sachverständigen *Müller*,[107] *Schuster*,[108] *Franke*,[109] *Fuchs*[110] und *von Boetticher*[111]. Allerdings diskutierten sie nicht die schlussendlich Gesetz gewordene Normfassung: Um der Kritik des Sachverständigen *Franke* an der Normbestimmtheit[112] zu begegnen,[113] änderte[114] der Rechtsausschuss am 27.06.2017 wesentliche Formulierungen des Entwurfs ab.[115] Nach dem Antrag der Großen Koalition sollte § 315d Abs. 1 Nr. 3 D-StGB die folgenden Tatbestandsmerkmale enthalten: „die zulässige Höchstgeschwindigkeit erheblich" überschreiten und „um eine besonders hohe Geschwindigkeit zu erreichen".[116] Der Normwortlaut, der vom Bundestag verabschiedet wurde, beinhaltet nunmehr die Tatbestandsmerkmale „mit nicht angepasster Geschwindigkeit" fortbewegen und „um eine höchstmögliche Geschwindigkeit zu erreichen" (im Folgenden: überschießende Innentendenz). Dies zeigt die besondere Bedeutung der Ausschussberatung. Im Plenum wurde die neue Tatalternative ausführlich diskutiert[117] – das Risiko der Implementation wesentlicher Änderungen im laufenden

97 BT-Dr. 18/12964, S. 5.
98 Ausschuss-Prot. 18/157, S. 13.
99 Ausschuss-Prot. 18/157, S. 14.
100 Ausschuss-Prot. 18/157, S. 15.
101 Ausschuss-Prot. 18/157, S. 17.
102 Ausschuss-Prot. 18/157, S. 29.
103 Ausschuss-Prot. 18/157, S. 18.
104 Ausschuss-Prot. 18/157, S. 20.
105 Ausschuss-Prot. 18/157, S. 24.
106 Ausschuss-Prot. 18/157, S. 25.
107 Ausschuss-Prot. 18/157, S. 52.
108 Ausschuss-Prot. 18/157, S. 70.
109 Ausschuss-Prot. 18/157, S. 37.
110 Ausschuss-Prot. 18/157, S. 41.
111 Ausschuss-Prot. 18/157, S. 32.
112 Ausschuss-Prot. 18/157, S. 37.
113 Vgl. Plen-Prot. 18/243, S. 24908.
114 Unzutreffend daher *König*, in: LK-StGB, § 315d vor Rn. 1.
115 BT-Dr. 18/12936.
116 Ausschuss-Dr. 18(6)360, S. 2.
117 Plen-Prot. 18/243, S. 24903.

Gesetzgebungsverfahren hat sich also nicht realisiert. Mithin ruft § 315d Abs. 1 Nr. 1 D-StGB in prozeduraler Hinsicht Bedenken hervor, während sich der Gesetzgeber mit § 315d Abs. 1 Nr. 3 D-StGB vertieft befasste.

2. Verletzung materieller Anforderungen

Jedoch verstößt § 315d Abs. 1 Nr. 3 D-StGB in materieller Hinsicht gegen das Gesetzlichkeitsprinzip. Zunächst ist kein klares Prüfungsprogramm erkennbar. Die überschießende Innentendenz ist nicht mit einem erkennbaren Normzweck hinterlegt.[118] Der Sinn dieses Merkmals lässt sich anhand der Gesetzesmaterialien nicht ermitteln.[119] Der Bericht des Rechtsausschusses führt aus, § 315d Abs. 1 Nr. 3 D-StGB solle bestrafen, wer „objektiv und subjektiv ein Kraftfahrzeugrennen nachstellt".[120] Wer unter welchen Bedingungen ein Kraftfahrzeugrennen nachstellt, lässt sich den Materialien nicht entnehmen.[121] Nachdem ein Kraftfahrzeugrennen *per definitionem* zumindest zwei Rennbeteiligte voraussetzt,[122] verwundert diese Auslassung nicht: Das Nachstellen eines Kraftfahrzeugrennens mit einem Fahrzeug ist wie das Aufführen eines Duetts mit nur einer Sängerin.[123] Die Abgeordnete *Lühmann* charakterisiert dementsprechend uneindeutig diejenigen als „Alleinraser", die zu schnell fahren „entweder um einen Rekord zu brechen oder um einfach diesen Geschwindigkeitsrausch zu haben."[124] Dennoch

118 AG Villingen-Schwenningen, BeckRS 2020, 167, Rn. 83; *Zieschang*, Die Entscheidung des Bundesverfassungsgerichts zur Verfassungsmäßigkeit des § 315d Abs. 1 Nr. 3 StGB, JR 2022, 284, 285; *Zieschang*, § 315 d I Nr. 3 StGB und Polizeiflucht, NZV 2020, 489, 491.

119 *Mayer*, Der „Renncharakter" des § 315d Abs. 1 Nr. 3 StGB: Zur Absicht, „eine höchstmögliche Geschwindigkeit zu erreichen", JurisPR-StrafR 16/2018, Anm. 2; *Mitsch*, Gerechtfertigtes Einzelrasen, JuS 2020, 924.

120 BT-Dr. 18/12964, S. 5.

121 *Fischer*, § 315d Rn. 14 "bleibt im Ungewissen"; *Bönig*, Verbotene Kraftfahrzeugrennen, 2021, S. 155 (zitiert als: *Bönig*).

122 BGH, BeckRS 2021, 37353, Rn. 17; BGH, BeckRS 2021, 44032, Rn. 12; *Steinert*, Rasen im Straßenverkehr, SVR 2019, 130; *Zieschang*, NZV 2020, 489, 491.

123 AG Villingen-Schwenningen, BeckRS 2020, 167, Rn. 78; ähnlich *Steinert*, SVR 2019, 130; *Preuß*, Ein Jahr Strafbarkeit verbotener Kraftfahrzeugrennen nach § 315 d StGB, NZV 2018, 537, 541; *Weigend*, Rennen und Rasen, in: Barton/Eschelbach/Hettinger/Kempf/Krehl/Salditt (Hrsg.), Festschrift für Thomas Fischer, 1. Aufl., München, 2018, S. 576 (zitiert als: *Weigend*, in FS Fischer); *Steinle*, Verbotene Kraftfahrzeugrennen, 2021, S. 169 (zitiert als: *Steinle*).

124 Plen-Prot. 18/243, S. 24903.

wollen das Kammergericht Berlin (im Folgenden: KG)[125] und einige namhafte Stimmen[126] in der Literatur dieses Erfordernis in die überschießende Innentendenz des § 315d Abs. 1 Nr. 3 D-StGB hineinlesen – die Fahrt müsse „Renncharakter“ haben, um den Tatbestand zu erfüllen.[127] Die Urteilsgründe müssten konkrete Feststellungen zu den Umständen sowie dem Vorstellungsbild des Täters enthalten, die sein Verhalten von bloßen bußgeldbewehrten Verkehrsverstößen abheben und diesen den Charakter eines nachgestellten Kraftfahrzeugrennens geben.[128] Der Bundesgerichtshof,[129] im Anschluss an das Oberlandesgericht Köln[130] und die h.M.,[131] erachtet die

125 KG, BeckRS 2022, 1838, Rn. 33; KG, BeckRS 2019, 35362, Rn. 9; so auch LG Berlin, BeckRS 2018, 42829, Rn. 36; LG Berlin, BeckRS 2018, 13524, Rn. 11; LG Berlin, BeckRS 2020, 51865, Rn. 7; LG Berlin, BeckRS 2020, 21159, Rn. 7; LG Osnabrück, BeckRS 2021, 5342, Rn. 11; LG Stade, BeckRS 2018, 14896, Rn. 12.

126 *Kulhanek*, in: BeckOK StGB, § 315d Rn. 41; *Hecker*, in: Schönke/Schröder, § 315d Rn. 3; *König*, in: LK-StGB, § 315d Rn. 31; *Krumm*, in: AnwKomm StGB, § 315d Rn. 6; *Nestler*, Absicht der Erzielung einer höchstmöglichen Geschwindigkeit, § 315d I Nr. 3 StGB, JK 2019, 557; *Ruhs*, Das sogenannte „Einzelrasen“ als verbotenes Kraftfahrzeugrennen gemäß § 315 d StGB, SVR 2018, 286, 289; *Kusche*, Die Strafbarkeit illegaler Rasereien im Straßenverkehr nach § 315 d StGB n. F., NZV 2017, 414, 417 f.; *König*, Aktuelle Rechtsprechung zu Verkehrsstraf- und ordnungswidrigkeitenrecht, DAR 2019, 362, 364; *Obermann*, NZV 2021, 344, 346 f.; *Schulz-Merkel*, Aggressivität im Straßenverkehr, NZV 2020, 397, 399; *Schefer/Schülting*, Polizeiflucht als verbotenes Kraftfahrzeugrennen?, HRRS 12/2019, 458, 461; *Stam*, Verbotene Kraftfahrzeugrennen nach § 315d StGB, StV 2018, 464, 467; *Freyschmidt/Krumm*, Verteidigung im Verkehrsstrafrecht, 2019, Rn. 609 (zitiert als *Freyschmidt/Krumm*).

127 Hierzu rennfremde Verhaltensweisen heranziehend *König*, DAR 2019, 362, 364.

128 KG, BeckRS 2019, 35362, Rn. 14.

129 BGH, NStZ 2021, 540, 541 Rn. 15; BGH, BeckRS 2021, 19204, Rn. 10.

130 OLG Köln, NStZ-RR 2020, 224, 226.

131 OLG Stuttgart, NJW 2019, 2787, 2788 Rn. 14; LG Berlin, BeckRS 2020, 51865, Rn. 11; LG Aachen, BeckRS 2021, 1611, Rn. 55; LG Aachen, BeckRS 2021, 2225, Rn. 68; LG Koblenz, BeckRS 2020, 29005, Rn. 15; *Quarch*, in: HK-GS, § 315d Rn. 6; *Heger*, in: Lackner/Kühl, § 315d Rn. 5; *Weiland*, in: JurisPK-StVR, § 315d Rn. 49, 52; *Hecker*, in: Schönke/Schröder, § 315d Rn. 8; *Zieschang*, NZV 2020, 489, 491; *Krumm*, in: AnwKomm StGB, § 315d Rn. 6; *Kindhäuser/Hilgendorf*, in: LPK-StGB, § 315d Rn. 4; *Jansen*, Im Rausch der Geschwindigkeit(-sbegriffe), NZV 2019, 285, 287; *Jansen*, Zur Strafbarkeit des (Einzel-)Rasens, HRRS 2021, 412, 415; *Mayer*, JurisPR-StrafR 16/2018, Anm. 2; *Krumm*, Illegale Rennen – der Alleinraser!, SVR 2020, 8, 9; *Ruhs*, SVR 2018, 286, 289; *Kulhanek*, Verbotene Kraftfahrzeugrennen § 315d StGB, JURA 2018, 561, 564; *Steinert*, Der Begriff des Kraftfahrzeugrennens in der Rechtsprechung des Bundesgerichtshofs, SVR 2022, 201, 202; *Zopfs*, Anm. zu OLG Stuttgart, Beschluss vom 4.7.2019 – 4 Rv 28 Ss 103/19, NJW 2019, 2787, 2789; *Steinle, S.* 196-170; unklar OLG Zweibrücken, BeckRS 2020, 10847, Rn. 7, 17; *Burmann*, in: Burmann/Heß/Hühnermann/Jahnke, § 315d Rn. 9; *Ernemann*, in:

überschießende Innentendenz als solche für die tatbestandliche Manifestation des Renncharakters und verlangt deshalb kein „Nachstellen eines Rennens".[132] *Bönig* konstatiert angesichts dieser Problematik zu Recht:

> „Die Wendung des subjektiven und objektiven Nachstellens eines Rennens in der Drucksache hat den Umgang mit dem Tatbestand daher nicht vereinfacht oder präzisiert, sondern verkompliziert."[133]

Bezeichnend ist, dass weder der Begriff „Renncharakter" noch das „Nachstellen" eines Rennens im Beschluss des Bundesverfassungsgerichts vom 09.02.2022[134] Erwähnung finden und das Gericht keinen Schutzzweck zu extrapolieren sucht.[135]

Weiterhin verlangt das Gesetz eine grob verkehrswidrige Fortbewegung mit nicht angepasster Geschwindigkeit. Zugleich sollen „bloße Geschwindigkeitsüberschreitungen" dem Tatbestand auch dann nicht unterfallen, wenn sie erheblich sind.[136] Die Gesetzesmaterialien klären nicht, wann eine Geschwindigkeitsüberschreitung in strafwürdiges Verhalten umschlägt.[137] Angesichts des Tatbestandsmerkmals „Rücksichtslosigkeit" wird die Tatmotivation eine maßgebliche Rolle spielen.[138] Wann sich jemand mit nicht angepasster Geschwindigkeit mit dem Ziel, eine höchstmögliche Geschwindigkeit zu erreichen, fortbewegt, ohne aus eigensüchtigen Motiven[139] das Wohl anderer Verkehrsteilnehmer zurückzustellen, bleibt offen.[140] Warum

---

SSW-StGB, § 315d Rn. 15; *Ternig*, Rennen auf deutschen Straßen – zweieinhalb Jahre § 315d StGB, ZfSch 2020, 304, 307.

132 Strenger noch *Zieschang*, NZV 2020, 489, 491, der den Renncharakter grundsätzlich nicht für maßgeblich erachtet; vgl. auch *Kusche*, NZV 2017, 414, 418; *Preuß*, NZV 2018, 537, 541 f.; *Bönig*, S. 155.

133 *Bönig*, S. 155.

134 BVerfG, NJW 2022, 1160.

135 Ein Ansatz findet sich nur in BVerfG, NJW 2022, 1160, 1165, Rn. 116.

136 BT-Dr. 18/12964, S. 6.

137 *Kudlich*, Anmerkung zu AG Tiergarten und KG, Beschluss vom 15.04.2019: Ich fahr ja schon, so schnell ich kann!, JA 2019, 631, 632; *Zieschang*, NZV 2020, 489, 490; *Zieschang*, JR 2022, 284, 285; *Weigend*, in: FS Fischer, S. 576; AG Villingen-Schwenningen, BeckRS 2020, 167.

138 Ausschuss-Prot. 18/157, S. 18; BVerfG, NJW 2022, 1160, 1165, Rn. 121; AG Villingen-Schwenningen, BeckRS 2020, 167, Rn. 82.

139 BVerfG, NJW 2022, 1160, 1165, Rn. 121; *Mitsch*, JuS 2020, 924, 926; *Ruhs*, SVR 2018, 286, 288.

140 *Ruhs*, SVR 2018, 286, 289; *Eisele*, Lebensgefährliches Verhalten im Strassenverkehr, KriPoZ 2018, 32, 36; *Kusche*, NZV 2017, 414, 418; *Stam*, StV 2018, 464, 468; *Zopfs*, Aggressivität im Straßenverkehr, DAR 2020, 9, 11; ähnlich auch *Bönig*, S. 151; als Ansatz könnten außertatbestandliche Ziele dienen, die allerdings gerade geschwin-

gerade die im Rechtsausschuss bemühte rasende Mutter auf dem Weg zum Kindergarten[141] weniger strafwürdig ist als der Autobahnraser, erklärt sich angesichts der identisch großen Gefahr für den Straßenverkehr nicht.[142] Die Legislative entzog sich dieser Entscheidung bewusst und überließ sie – wie nicht zuletzt das eingangs präsentierte Zitat der Abgeordneten *Lühmann* zeigt, den Gerichten.[143] Anstatt also den Kern des strafbarkeitsbegründenden Verhaltens normativ auszudifferenzieren und klar von straflosem Verhalten abzugrenzen, schuf der Gesetzgeber Tatbestände, die es ins Belieben der Rechtsprechung stellen, das eine Verhalten zu kriminalisieren, das andere – im Angesicht des (jedenfalls gesetzgeberisch antizipierten) Schutzzwecks genauso gefährliche –Verhalten dementgegen von der Strafverfolgung auszunehmen. Der Gesetzgeber verschob so die Strafbarkeitsbestimmung bewusst[144] auf die Rechtsprechung – und das aufgrund der Autobahnraser: Abgeordnete der CDU/CSU-Fraktion wollten Raserfahrten bestrafen, ohne zugleich ein allgemeines Tempolimit auch auf Autobahnen einführen zu müssen.[145] Um diese Quadratur des Kreises zu erreichen, musste ein möglichst weiter, möglichst unbestimmter Tatbestand kodifiziert werden, der es den Verfolgungsbehörden überließ, den einen Fahrer als „Raser", die andere Fahrerin als „ordnungswidrig schnell" einzustufen.[146] Oder mit den Worten des Sachverständigen *von Boetticher:*

> „Ich habe mich im Flugzeug mit Herrn Fuchs unterhalten. Er sagt, man erkenne im Grunde die üblen Raser, und man erkenne den normalen Bürger, der einfach zu schnell fährt. [...] Die Polizei habe einen Blick dafür [...]."[147]

digkeitsbezogen sind, vgl. KG, BeckRS 2022, 14327, Rn. 19 ff.; verschleifend LG Aachen, BeckRS 2021, 1611, Rn. 69; LG Aachen, BeckRS 2021, 2225, Rn. 69; *Steinle*, S. 160 "deklaratorisches Merkmal".

141 Ausschuss-Prot. 18/157, S. 24.

142 *Fischer*, § 315d Rn. 18; insbesondere sind rechtfertigende Erwägungen nicht im Rahmen der Rücksichtslosigkeit zu berücksichtigen *Mitsch*, JuS 2020, 924, 926.

143 Siehe auch Plen-Prot. 18/243, S. 24909.

144 Siehe hierzu die Abgeordnete Lühmann Plen-Prot. 18/243, S. 24903.

145 Ausschuss-Prot. 18/157, S. 28; AG Villingen-Schwenningen, BeckRS 2020, 167, Rn. 86.

146 Vgl. *Fischer*, § 315d Rn. 12.

147 Ausschuss-Prot. 18/157, S. 26.

Diese Entscheidung gegen eine einfachere,[148] bestimmte Regelung beispielsweise nach dem Vorbild der Schweiz[149] zugunsten eines wertungsoffenen Tatbestands verstößt gegen das Optimierungsgebot des Art. 103 Abs. 2 GG und ist damit verfassungswidrig.

IV. Umsetzung in der Rechtsprechung des Bundesverfassungsgerichts

In seiner Entscheidung vom 09.02.2022 verneinte das Bundesverfassungsgericht einen Verstoß gegen das Gesetzlichkeitsprinzip,[150] ohne die hier aufgezeigten prozeduralen oder materiellen Anordnungen gesondert zu erörtern. In der bisherigen Prüfungspraxis des Gerichts gehen die Anforderungen des Gesetzlichkeitsprinzips an den Gesetzgeber im Normenklarheitsgebot auf.

1. Anforderungen an die Rechtsprechung

Stattdessen destilliert das Bundesverfassungsgericht seit dem Untreue-Beschluss 2010 aus dem Gesetzlichkeitsprinzip Grenzen der Judikative. Es konstatiert, der Gerichtsbarkeit sei es verboten, Entscheidungen des Gesetzgebers zu korrigieren.[151] Vielmehr müssten die Gerichte an der Bestimmtheit der Norm „mitarbeiten".

Zunächst dürften Gerichte das Programm des Gesetzgebers nicht unterlaufen. Es ist ihnen untersagt, durch fernliegende Auslegung bestimmte Tatbestände zu entgrenzen und damit der Verfassungswidrigkeit preiszugeben (sog. Entgrenzungsverbot).[152] Weiterhin dürften sie durch Auslegung

148 Vgl. AG Villingen-Schwenningen, BeckRS 2020, 167, Rn. 32 mwN.

149 Hierzu näher AG Villingen-Schwenningen, BeckRS 2020, 167, Rn. 31.

150 BVerfG, NJW 2022, 1160, 1166, Rn. 123.

151 BVerfG, NJW 2022, 1160, 1162, Rn. 97; BVerfG, NJW 2010, 3209, 3211 Rn. 78; BVerfG, NJW 2002, 1779, 1780; BGH, BeckRS 2022, 16695, Rn. 70; AG Villingen-Schwenningen, BeckRS 2020, 167, Rn. 30; *Nolte/Aust*, in: Mangoldt/Klein/Starck, Art. 103 Abs. 2 Rn. 140; *Schulze-Fielitz*, in: Dreier, Art. 103 Abs. 2 Rn. 47; *Zierlein*, in: Clemens/Umbach, Art. 103 Rn. 136.

152 BVerfG, NJW 2010, 3209, 3211, Rn. 79; BVerfG, NJW 2012, 907, 916, Rn. 176; AG Villingen-Schwenningen, BeckRS 2019, 34144, 42; *Radtke*, in: BeckOK GG, Art. 103 Rn. 26.1; *Heintschel-Heinegg*, in: BeckOK StGB, § 1 Rn. 12; *Kühl*, in: Lackner/Kühl, § 1 Rn. 6; *Burghart*, in: Leibholz/Rinck, Art. 103 Rn. 1317; *Pohlreich*, in: BonnKomm, Art. 103 Abs. 2 Rn. 105; *Krüger*, NStZ 2011, 369, 372; *Saliger*, Das

die Grenzen zwischen einzelnen Tatbestandsmerkmalen nicht völlig[153] aufheben (sog. Verschleifungsverbot).[154] „Einzelne Tatbestandsmerkmale dürfen [...] innerhalb ihres möglichen Wortsinns nicht so weit ausgelegt werden, dass sie vollständig in anderen Tatbestandsmerkmalen aufgehen, also zwangsläufig mit diesen mitverwirklicht werden."[155] Dieses Verbot beschränke sich jedoch auf die der Tatbestandsbeschränkung dienenden Merkmale.[156] Auf den Punkt gebracht schützt das Bundesverfassungsgericht mit dieser Rechtsprechung die ureigene Kompetenz des Gesetzgebers vor Eingriffen der Justiz.[157]

Das Bundesverfassungsgericht geht noch weiter: Die Gerichte müssten sich um eine Auslegung bemühen, die zur Normenklarheit beiträgt und bestehende Unklarheiten einer Vorschrift ausräumt (sog. Präzisierungsgebot).[158] „Besondere Bedeutung hat diese Pflicht bei solchen Tatbeständen,

---

Untreuestrafrecht auf dem Prüfstand der Verfassung, NJW 2010, 3195, 3196; *Becker*, Das Bundesverfassungsgericht und die Untreue, HRRS 2010, 383, 386; *Kuhlen*, in: FS Neumann, S. 945; *Tsoumanis*, S. 944; *Wapler*, in: Bäcker/Burchard (Hrsg.), S. 190; *Saliger*, in: FS Fischer, S. 526 ff. hält die Entgrenzung für eine Folge der Verschleifung.

153 *Kunig/Saliger*, in: von Münch/Kunig, Art. 103 Rn. 49; *Kubiciel*, JZ 2022, 785, 787; *Jahn*, in: Bäcker/Burchard (Hrsg.), S. 209; *Saliger*, in: FS Fischer, S. 526 ff. hält die Entgrenzung für eine Folge der Verschleifung.

154 BVerfG, NJW 2010, 3209, 3211, Rn. 79; BVerfG, NJW 2013, 365, 366; BGH, NJW 2013, 1750, Rn. 7; BVerfG, NJW 2022, 1160, 1162, Rn. 99; *Heintschel-Heinegg*, in: BeckOK StGB, § 1 Rn. 12; *Kühl*, in: Lackner/Kühl, § 1 Rn. 6; *Fischer*, § 1 Rn. 8; *Burghart*, in: Leibholz/Rinck, Art. 103 Rn. 1317; *Nolte/Aust*, in: Mangoldt/Klein/Starck, Art. 103 Abs. 2 Rn. 158; *Pohlreich*, in: BonnKomm, Art. 103 Abs. 2 Rn. 105; *Schulze-Fielitz*, in: Dreier, Art. 103 Abs. 2 Rn. 46; *Kunig/Saliger*, in: von Münch/Kunig, Art. 103 Rn. 47; *Kubiciel*, JZ 2022, 785, 787; *Krüger*, NStZ 2011, 369, 372; *Saliger*, NJW 2010, 3195, 3196; *Rostalski*, Der Vermögensschaden als Tatbestandsmerkmal im Schatten des Verschleifungsverbots, HRRS 2016, 73, 81; *Kuhlen*, in: FS Neumann, S. 946; *Saliger*, in: FS Fischer, S. 523; *Wapler*, in: Bäcker/Burchard (Hrsg.), S. 190; *Jahn*, in: Bäcker/Burchard (Hrsg.), S. 209; a.A. *Hassemer/Kargl*, in: NK-StGB, § 1 Rn. 70b.

155 BVerfG, NJW 2022, 1160, 1162, Rn. 99; BVerfG, NJW 2013, 365, 366; *Kuhlen*, in: FS Neumann, S. 952; *Saliger*, in: FS Fischer, S. 523.

156 BVerfG, NJW 2022, 1160, 1162, Rn. 100; *Fischer*, § 1 Rn. 8; *Kubiciel*, JZ 2022, 785, 787; *Kuhlen*, in: FS Neumann, S. 951; *Saliger*, in: FS Fischer, S. 529; *Rostalski*, HRRS 2016, 73, 81.

157 Vgl. BGH, NJW 2013, 1750, 915, Rn. 166; *Schmahl*, in: Schmidt-Bleibtreu, Art. 103 Rn. 71.

158 BVerfG, NJW 2022, 1160, 1162, Rn. 98; BVerfG, NJW 2010, 3209, 3211, Rn. 81; *Radtke*, in: BeckOK GG, Art. 103 Rn. 26.2; *Burghart*, in: Leibholz/Rinck, Art. 103 Rn. 1317; *Wolff*, in: Hömig/Wolff, Art. 103 Rn. 17; *Krüger*, NStZ 2011, 369, 372; *Saliger*, NJW 2010, 3195, 3196; *Kuhlen*, JR 2011, 246, 248; *Bülte*, NZV 2020, 12, 15; *Saliger*, in: FS

die der Gesetzgeber im Rahmen des Zulässigen durch Verwendung von Generalklauseln verhältnismäßig weit und unscharf gefasst hat."[159] Dann müssten die Gerichte besonders zur Erkennbarkeit der Strafbarkeitsgrenzen beitragen.[160] Damit konsistent erachtet das Bundesverfassungsgericht Gesetze auch dann für verfassungskonform bestimmt, wenn unbestimmte Rechtsbegriffe durch ständige Rechtsprechung ausgeformt und konturiert wurden.[161]

2. Kollision mit der Gewaltenteilung

Wie aber verträgt sich diese Rechtsprechung mit der Forderung, der Gesetzgeber und nicht erst nachträglich die vollziehende oder die rechtsprechende Gewalt[162] müsste über die Strafbarkeit entscheiden? An dieser Frage entzündet sich berechtigte Kritik in der Literatur. Moniert wird, dass die Rechtsprechung durch Auslegung zwar zur Normbestimmtheit beitragen, aber die Fehler des Gesetzgebers nicht heilen könne, ohne selbst die Gewal-

---

Fischer, S. 529; *Jahn*, in: Bäcker/Burchard (Hrsg.), S. 212; a.A. *Rogall*, in: KK-OWiG, § 3 Rn. 26; *Schmitz*, in: MüKo StGB, § 1 Rn. 57 ff.; *Pohlreich*, in: BonnKomm, Art. 103 Abs. 2 Rn. 80; *Kunig/Saliger*, in: von Münch/Kunig, Art. 103 Rn. 47; *Basak*, in: Brunhöber/Höffler/Kaspar/Reinbacher/Vornbaum (Hrsg.), S. 80; kritisch auch *Zieschang*, JR 2022, 284, 286; *Nolte/Aust*, in: Mangoldt/Klein/Starck, Art. 103 Abs. 2 Rn. 139; *Tsoumanis*, S. 968.

159 BVerfG, NJW 2022, 1160, 1162, Rn. 98; BVerfG, NJW 2010, 3209, 3211, Rn. 81.

160 BVerfG, NJW 2022, 1160, 1162, Rn. 98; BVerfG, NJW 2010, 3209, 3211, Rn. 81.

161 BVerfG, NJW 2022, 1160, 1163, Rn. 103; BVerfG, NJW 2010, 3209, 3211, Rn. 76; BVerfG, NJW 1969, 1059; BVerfG, NStZ 1993, 75; BVerfG, NJW 1992, 2947, 2953; BVerfG, NJW 1995, 3303, 3304; BVerfG, NJW 1995, 1141; BVerfG, NJW 1977, 1815; *Schmahl*, in: Schmidt-Bleibtreu, Art. 103 Rn. 68; *Radtke*, in: BeckOK GG, Art. 103 Rn. 27; *Heintschel-Heinegg*, in: BeckOK StGB, § 1 Rn. 12; *Bülte*, NZV 2020, 12, 15; *Kulhanek*, Anmerkung zu BGH, Beschluss vom 29.04.2021, NStZ 2022, 47, 48; a.A. *Hassemer/Kargl*, in: NK-StGB, § 1 Rn. 70b (nur Indiz); *Kuhlen*, in: FS Otto, S. 105 (nur Indiz); *Schmitz*, in: MüKo StGB, § 1 Rn. 57 ff.; *Pohlreich*, in: BonnKomm, Art. 103 Abs. 2 Rn. 80; *Basak*, in: Brunhöber/Höffler/Kaspar/Reinbacher/Vornbaum (Hrsg.), S. 75; *Amelung*, NJW 1995, 2584, 2587; kritisch auch *Böse*, Die aktuelle Entscheidung Das Bundesverfassungsgericht »bestimmt« den Inhalt des Untreuetatbestandes, JURA 2011, 617, 620.

162 Exemplarisch BVerfG, NJW 1995, 1141.

tenteilung zu verletzen.[163] Plastisch formulieren es *Hassemer* und *Kargl*: „Die Rechtsprechung bedeutete nicht weniger als einen Verfassungsverstoß [...] durch einen weiteren Verfassungsverstoß beheben zu wollen."[164] Ähnlich konstatiert *Rogall:* „Jedenfalls kann eine eindeutig unbestimmte Norm nicht dadurch ihrer Verfassungswidrigkeit entkleidet werden, dass die Rechtsprechung ihr einen ihr genehmen Sinn attribuiert."[165] Ließe man dies zu, wandelte man die Aufgabe der Rechtsprechung – Gesetzesauslegung – entgegen Art. 103 Abs. 2 GG zu „Ergänzungsgesetzgebung"[166]. Dieser Ergänzungsgesetzgeber braucht Zeit: Er spricht nicht durch Normsetzung, sondern durch Entscheidungen im Einzelfall. In einer Entscheidung von 1992 deutet das Bundesverfassungsgericht an, was die Folgen sein könnten: Man müsse warten, bis die Rechtsprechung ein neues Gesetz habe ausdifferenzieren können und sogar die Folgen der Rechtsprechung erkennbar würden[167] – sozusagen eine „Erprobungsfrist" entgegen den Garantien des Art. 103 Abs. 2 GG.[168]

3. Auflösung vermittels des Gesetzlichkeitsprinzips

Die Lösung ist, die beiden Aspekte des Bestimmtheitsgrundsatzes getrennt zu betrachten. Das Bundesverfassungsgericht nimmt die Rechtsprechung zu Recht in die Verantwortung, (noch) unbestimmte, aber bestimmbare Tatbestandsmerkmale auszuschärfen und somit zur Gesetzesbestimmtheit beizutragen. Damit leistet sie einen Beitrag zur Normenklarheit. Mehr ist ihr aber auch nicht möglich – schließlich ist sie gem. Art 103 Abs. 2 GG

163 *Satzger*, in: SSW-StGB, § 1 Rn. 29; *Hassemer/Kargl*, in: NK-StGB, § 1 Rn. 28; *Schmitz*, in: MüKo StGB, § 1 Rn. 58; *Zieschang*, JR 2022, 284, 286; *Amelung*, NJW 1995, 2584, 2587; *Kempf/Schilling*, Revisionsrichterliche Rechtsfortbildung in Strafsachen, NJW 2012, 1849, 1852; *Kuhlen*, in: FS Otto, S. 104; *Wapler*, in: Bäcker/Burchard (Hrsg.), S. 201; ähnlich auch *Remmert*, in: Dürig/Herzog/Scholz, Art. 103 Abs. 2 Rn. 96; *Böse*, JURA 2011, 617, 620; a.A. *Kunig/Saliger*, in: von Münch/Kunig, Art. 103 Rn. 50; *Kargl*, Rn. 367.

164 *Hassemer/Kargl*, in: NK-StGB, § 1 Rn. 70b.

165 *Rogall*, in: KK-OWiG, § 3 Rn. 33.

166 *Basak*, in: Brunhöber/Höffler/Kaspar/Reinbacher/Vornbaum (Hrsg.), S. 83; vgl. auch *Kargl*, Rn. 372.

167 BVerfG, NJW 1992, 2947, 2953.

168 Vgl. auch *Schmitz*, in: MüKo StGB, § 1 Rn. 59; *Dannecker/Schuhr*, in: LK-StGB, § 1 Rn. 201; *Nolte/Aust*, in: Mangoldt/Klein/Starck, Art. 103 Abs. 2 Rn. 150; *Pohlreich*, in: BonnKomm, Art. 103 Abs. 2 Rn. 80; *Kuhlen*, in: FS Otto, S. 104; zu Recht ablehnend *Wapler*, in: Bäcker/Burchard (Hrsg.), S. 200.

nicht für die Rechtssetzung, sondern nur für dessen Auslegung verantwortlich. Verletzungen des Gesetzlichkeitsprinzips kann die Rechtsprechung nicht heilen. Wo also der Gesetzgeber seine Hausaufgaben nicht gemacht hat, kann die Rechtsprechung nicht „einsagen“. Fehlt es an einem Prüfprogramm angesichts eines klar erkennbaren und in einem parlamentarisch-demokratischen Verfahren gebildeten Gesetzgeberwillens, darf die Rechtsprechung nicht „aushelfen“ und selbst einen vermeintlich objektiven Willen des Gesetzes schöpfen.

4. Rückbindung des Verschleifungsverbots an die Pflichten des Gesetzgebers

Die Entscheidung vom 09.02.2022 lässt erkennen, dass das Bundesverfassungsgericht den Gesetzgeber mehr und mehr aus seiner Verantwortung im Rechtssetzungsprozess entlassen will.[169] Bedenklich ist, dass der Gesetzgeber selbst nicht an das Verschleifungsverbot gebunden sein soll.[170] Der zweite Senat konstatiert, es stünde dem Gesetzgeber frei, zur „Klarstellung“ ineinander übergehende Tatbestandsmerkmale zu normieren.[171] Wann aber dient das Normieren nicht abgegrenzter Tatbestandsmerkmale der Klarstellung, mithin der Klarheit der Norm?[172] Normbestandteile, die nicht als Einheit oder Präzisierung eines Tatbestandsmerkmals[173] erkennbar sind (bspw. durch den Begriff „insbesondere“), führen zu Auslegungsschwierigkeiten und sind für die Normadressatin nicht aus sich heraus nachvollziehbar. Dächte man die Annahmen des Bundesverfassungsgerichts zu Ende, stellte sich die zwingende Frage: Soll die Rechtsprechung trennen, was der Gesetzgeber verschliffen hat?[174] Wie soll das ohne verbotene Gesetzesreparatur[175] möglich sein?

Die Antwort ist: Auch aus dem Verschleifungsverbot erwachsen Anforderungen an den Gesetzgeber. Nachdem das Verschleifungsverbot nur für

169 Diese Tendenz besteht bereits seit Längerem *Basak*, in: Brunhöber/Höffler/Kaspar/Reinbacher/Vornbaum (Hrsg.), S. 81; *Schünemann, S.* 29.

170 BVerfG, NJW 2022, 1160, 1162, Rn. 100 f.; *Tsoumanis*, S. 947.

171 BVerfG, NJW 2022, 1160, 1162, Rn. 100.

172 Gerade keinen Fall der Verschleifung, sondern der Präzisierung zeigt *Kuhlen*, in: FS Neumann, S. 951.

173 So i.E. *Kuhlen*, in: FS Neumann, S. 951.

174 *Saliger*, in: FS Fischer, S. 529 spricht von einem "Trennungsgebot".

175 Zu den Folgen vgl. *Pschorr*, JurisPR-StrafR 2/2022, Anm. 4.

Tatbestandsmerkmale gilt, denen der Gesetzgeber Begrenzungswirkung beimisst, kann die Rechtsprechung einen Normbaustein nur dann im Lichte des Verschleifungsverbots auslegen, wenn der Gesetzgeber erkennbar entschieden hat, ob diesem Begrenzungswirkung zukommt.[176] Nur wenn die Legislative einen erkennbaren Willen gebildet hat, ob Normbestandteile eine Einheit bilden sollen oder der Klarstellung/Präzisierung dienen, hat sie ihre Verantwortung vollständig wahrgenommen und ein Prüfprogramm auch im Norminnenverhältnis[177] niedergelegt. Hat sie dies nicht getan und dennoch ineinander übergehende Tatbestandsmerkmale normiert,[178] so liegt ein Verstoß gegen das Gesetzlichkeitsprinzip vor.[179]

V. „Arbeitsteilung" nach Aufgabenfeld

Angesichts der Rechtsprechung des Bundesverfassungsgerichts, die dem Gesetzlichkeitsprinzip bisher keine eigenständige Bedeutung beimisst, sprechen verschiedene Stimmen in der Literatur zunehmend vom „arbeitsteiligen" Prozess der Strafrechtsbestimmung.[180] Obschon unsere Verfassung beabsichtigt, dass sich Legislative und Judikative Aufgaben des Strafrechts teilen, zieht Art. 103 Abs. 2 GG doch eine trennscharfe Linie zwischen Rechtssetzung einerseits und Rechtsanwendung andererseits. Den „Teamlead" weist die Verfassung dem Gesetzgeber zu. Er soll die Regeln und Grenzen des Strafrechts setzen, weil er vom Volk hierzu demokratisch legitimiert ist. Art. 103 Abs. 2 GG verpflichtet den Gesetzgeber dazu, diese Verantwortung selbst wahrzunehmen. Das Gesetzlichkeitsprinzip verhindert, dass er diese Verantwortung auf die Justiz abschiebt[181] und diese sich im hinzugewonnenen Glanze sonnt. Damit schützt Art. 103 Abs. 2 GG die Legislative vor Tendenzen der Selbstentmachtung – wie sie beispielsweise

176 Dies übersehend *Kubiciel*, JZ 2022, 785, 787.

177 S.o. unter II.1.

178 Mit der Folge der Anwendbarkeit des Grundsatzes der Nicht-Redundanz *Puppe*, Kleine Schule des juristischen Denkens, 2019, S. 137 (zitiert als: *Puppe*); vgl. auch BAG, BeckRS 2022, 10706, Rn. 39.

179 A.A. *Kubiciel*, JZ 2022, 785, 787; wohl auch, allerdings ohne Berücksichtigung der aus dem Gesetzlichkeitsprinzip fließenden Pflichten des Gesetzgebers zur Programmsicherung *Kuhlen*, in: FS Neumann, S. 950.

180 *Hassemer/Kargl*, in: NK-StGB, § 1 Rn. 19, 70b; *Kuhlen*, JR 2011, 246, 248; *Becker*, HRRS 2010, 383, 386; *Kuhlen*, in: FS Otto, S. 103; kritisch *Tsoumanis*, S. 943.

181 *Calliess*, NJW 1985, 1506, 1510; *Jahn*, in: Bäcker/Burchard (Hrsg.), S. 211 spricht von einem Delegationsverbot; vgl. auch *Tsoumanis*, S. 969.

die Abgeordnete *Lühmann* in ihrem Eingangsstatement zeigte – und damit Gewaltenteilung und Demokratie.[182] Die Aufgabe der Justiz wird es sein, den Gesetzgeber regelmäßiger als bisher an seine Pflichten zu erinnern und sich selbst aus dem Rechtssetzungsprozess zurückzuziehen. Mehr *judicial self restraint* heißt in diesem Kontext: Nehmen wir den Gesetzgeber beim Wort![183]

StA *Simon Pschorr* | Abgeordneter Praktiker an der Universität Konstanz | Doktorand am Lehrstuhl für Strafrecht, Strafprozessrecht, Strafrechtsvergleichung, Medizinstrafrecht und Rechtstheorie (Prof. Dr. Liane Wörner)

182 Vgl. auch *Wapler*, in: Bäcker/Burchard (Hrsg.), S. 202.
183 *Dannecker/Schuhr*, in: LK-StGB, § 1 Rn. 214; *Burghart*, in: Leibholz/Rinck, Art. 103 Rn. 1336.

Demokratisierung des Strafrechts am Beispiel der Debatte um die Sterbehilfe in Deutschland: Strafgesetzgebung gegen den „Willen des Volkes“?

Jessica Krüger, Hamburg

Die (Neu-)Regelung der Sterbehilfe hat die medizinstrafrechtliche Diskussion in Deutschland in den letzten Jahren dominiert wie kaum ein zweites Thema. Dabei ist man in der rechtswissenschaftlichen Debatte zur Sterbehilfe sehr bemüht, über die engen Grenzen der Rechtswissenschaft hinaus auch medizinische, medizinethische und weitere Aspekte mit einzubeziehen. Ein Aspekt aber ist bislang kaum diskutiert worden: die Einstellung der Bevölkerung und der Ärzteschaft zur Sterbehilfe und welche Bedeutung ihr im Rahmen der Debatte um die Neuregelung zukommen könnte. Gleichzeitig nennen Beiträge, die eine „Demokratisierung des Strafrechts“ in Form einer stärkeren Berücksichtigung der öffentlichen Meinung anstreben, Sterbehilfe als potentielles Musterbeispiel, um die öffentliche Meinung in die Strafgesetzgebung einzubeziehen.[1]

In meinem Beitrag möchte ich mich daher ganz auf das Verhältnis von Sterbehilfe-Gesetzgebung und öffentlicher Meinung fokussieren und dabei zwei Fragen beantworten. Erstens, entspricht die Entwicklung der strafrechtlichen Regelung der Sterbehilfe in Deutschland der Einstellung von Ärzteschaft und Gesellschaft zu dem Thema? Und zweitens, sollte sich die Regelung von Sterbehilfe aus kriminologischer Sicht an diesen Einstellungen orientieren, gerade auch mit Blick auf die derzeit im Bundestag diskutierten Gesetzentwürfe zur Neuregelung der Sterbehilfe?

Dazu werde ich, nach einem knappen Überblick über Terminologie und Rechtslage (A.), die Einstellung der Bevölkerung und der Ärzteschaft zum Thema Sterbehilfe mit Hilfe von Umfragedaten analysieren (B.) und mich schließlich einigen kriminologischen Argumenten widmen, die in der De-

1 S. zB. *Hoven*, in: Hoven/Kubiciel (Hrsg.), Zukunftsperspektiven des Strafrechts, Baden-Baden, 2020, S. 101, 113 f. (zitiert als: *Hoven*, in: Hoven/Kubiciel [Hrsg.]); *Kaspar*, in: Kaspar/Walter (Hrsg.), Strafen „im Namen des Volkes“?, Baden-Baden, 2019, S. 61, 78 (zitiert als: *Kaspar*, in: Kaspar/Walter [Hrsg.]).

batte um die Bedeutung von Umfragedaten und der Einstellung der Bevölkerung für die Strafgesetzgebung zuletzt häufig vorgebracht wurden (C.).

A. Einführung: Terminologie und Rechtslage

In der rechtswissenschaftlichen Diskussion wird zwischen verschiedenen Formen der Sterbehilfe differenziert.[2] Dieser Beitrag wird sich auf die drei wichtigsten Formen beschränken: Die aktive Sterbehilfe, den assistierten Suizid und den Behandlungsabbruch. Bei der aktiven Sterbehilfe wird die zum Tode führende Handlung von einem Helfer vorgenommen, nicht vom Suizidenten selbst.[3] Beim assistierten Suizid nimmt der Suizident die zum Tode führende Handlung zwar selbst vor, hat aber im Vorfeld Unterstützung erhalten – beispielsweise durch das Verschreiben oder Beschaffen von tödlich wirkenden Medikamenten. Beim Behandlungsabbruch schließlich werden lebensverlängernde Maßnahmen im Rahmen einer medizinischen Behandlung unterlassen oder abgebrochen, sodass der Patient letztlich an seiner Krankheit verstirbt. Im Rahmen dieses Beitrags wird zudem vorausgesetzt, dass der Suizident eine eigenverantwortliche und selbstbestimmte Entscheidung getroffen hat, sein Leben zu beenden.

In Deutschland ist Suizid seit 1871 straflos. In Ermangelung einer speziellen Strafnorm für die Beteiligung am Suizid[4] galt dies lange auch für den assistierten Suizid. Aktive Sterbehilfe hingegen ist als Tötung auf Verlangen eine Straftat, wenngleich gemäß § 216 D-StGB mit milderer Strafe versehen als Totschlag. Der Behandlungsabbruch ist zwar nicht ausdrücklich gesetzlich geregelt, es besteht aber spätestens seit der zivilrechtlichen Einführung der Patientenverfügung und einer wegweisenden Entscheidung des BGH im Jahr 2010 Einigkeit darüber, dass jegliche Form des Behandlungsabbruchs straflos ist.[5]

Mit der Einführung von § 217 D-StGB im Jahr 2015 rückte die Regelung der Sterbehilfe endgültig in den Fokus der strafrechtlichen Diskussion. Die

---

2 S. nur *Saliger*, in Saliger/Tsambikakis, MedStrafR-HdB, 1. Aufl. (2022), § 4 Rn. 1, 25 f.

3 Auch der Behandlungsabbruch und die indirekte Sterbehilfe sind von aktiven Handlungen geprägt, werden in diesem Beitrag aber nicht als „aktive Sterbehilfe" verstanden.

4 Mehrere Versuche, eine entsprechende Strafbarkeit einzuführen, scheiterten, s. *Heinrich*, Die Strafbarkeit der Teilnahme am Suizid – eine rechtshistorische Analyse, in: Beckmann/Duttge/Gärditz/Hillgruber/Windhöfel (Hrsg.), Gedächtnisschrift für Herbert Tröndle, Berlin, 2019, S. 539, 545 ff.

5 BGH, NJW 2010, 2963.

Norm stellte die geschäftsmäßige Förderung der Selbsttötung unter Strafe und verbot damit bestimmte Formen des assistierten Suizids. § 217 D-StGB stieß allerdings auf heftigen Widerstand in der Strafrechtswissenschaft[6] und wurde schließlich 2020 vom Bundesverfassungsgericht für verfassungswidrig erklärt.[7] In seiner überzeugenden Entscheidung betonte das BVerfG, dass sich aus dem allgemeinen Persönlichkeitsrecht (Art. 2 Abs. 1 i.V.m. Art. 1 Abs. 1 GG) ein Recht auf selbstbestimmtes Sterben ableiten lässt, das auch die Hilfe Dritter umfasst, und das durch § 217 D-StGB unverhältnismäßig eingeschränkt wird.

Infolge dieses Urteils haben viele Ärztekammern, allen voran die Bundesärztekammer, die ursprünglich in ihren Berufsordnungen normierten Verbote der ärztlichen Beteiligung am assistierten Suizid aufgehoben.[8] Die Verfassungsmäßigkeit des absoluten Verbots der aktiven Sterbehilfe in § 216 D-StGB wird zunehmend hinterfragt.[9] Die Entscheidung des Verfassungsgerichts hat außerdem die Debatte um eine Neuregelung erneut in Gang gebracht. Mittlerweile sind zahlreiche Gesetzentwürfe und Regelungsvorschläge erarbeitet worden, sowohl von der Strafrechtswissenschaft[10] als auch von der Politik[11]. Die derzeit im Bundestag diskutierten Entwürfe beschränken sich allerdings allesamt auf die Regelung des assistierten Suizids durch u.a. verschiedene Verfahren und Beratungspflichten und tasten das in § 216 D-StGB normierte Verbot der aktiven Sterbehilfe nicht an. Der derzeit wohl aussichtsreichste Entwurf von *Castellucci* u.a. sieht eine Wiedereinführung von § 217 D-StGB vor, ergänzt um einen neuen Abs. 2. Nach diesem soll die geschäftsmäßige Sterbehilfe nicht rechtswidrig sein, wenn die volljährige suizidwillige Person ein komplexes Verfahren aus mehreren fachärztlichen Untersuchungen bzw. „multiprofessio-

6 S. nur die von 140 Strafrechtslehrerinnen und Strafrechtslehrern unterzeichnete Stellungnahme im Vorfeld der Einführung von § 217 StGB, *Hilgendorf/Rosenau*, Stellungnahme deutscher Strafrechtslehrerinnen und Strafrechtslehrer zur geplanten Ausweitung der Strafbarkeit der Sterbehilfe, medstra 2015, 129.

7 BVerfG, medstra 2020, 224.

8 Tagesschau, Verbot der Suizidbeihilfe aufgehoben, 5.5.2021, abrufbar unter https://www.tagesschau.de/inland/suizidhilfe-verbot-aufgehoben-101.html (zuletzt abgerufen am 6.10.2022).

9 *Rostalski*, Freiheit und Sterben, JZ 2021, 477; *Lindner*, Verfassungswidrigkeit des Verbotes aktiver Sterbehilfe?, NStZ 2020, 505; *Öz*, Die Strafwürdigkeit der Tötung auf Verlangen gem. § 216 StGB – Schutzgut und Legitimität der Norm, JR 2021, 428.

10 S. statt vieler *Dorneck/Gassner/Kersten u.a.*, Sterbehilfegesetz, Tübingen, 2021.

11 Entwürfe von *Castellucci* u.a. (BT-Dr. 20/904), *Künast/Keul* u.a. (BT-Dr. 20/2293) und *Helling-Plahr* u.a. (BT-Dr. 20/2332) sind bereits in erster Lesung im Bundestag beraten worden.

nellen“ Beratungen durchlaufen hat. Wann eine Neuregelung in Kraft treten wird, und wie diese ausgestaltet sein wird, ist derzeit noch nicht absehbar.

B. Die Einstellung der Bevölkerung und Ärzteschaft zur Sterbehilfe

Wie aber steht die Bevölkerung und die Ärzteschaft zu diesen Entwicklungen? Dieser Frage wird sich die nachfolgende Studie durch eine systematische Analyse von quantitativen Umfragedaten nähern.[12]

I. Methode und Datensatz

Dazu wurde zunächst in einer systematischen Literatur- und Internetrecherche nach Umfragedaten für Ärzte und die allgemeine Bevölkerung der letzten 30 Jahre gesucht. Für die Bevölkerung wurden nur Daten aus repräsentativen Studien einbezogen. Daten zur Ärzteschaft mussten hingegen nicht repräsentativ sein, da für diese Berufsgruppe kaum repräsentative Studien vorhanden sind. Die Studien mussten danach fragen, ob Sterbehilfe zulässig sein sollte, legalisiert werden sollte oder grundsätzlich für akzeptabel gehalten werde – unabhängig von der aktuellen Rechtslage. Umfragen unter Ärzten bezogen sich sowohl auf die persönliche Bereitschaft zur Beteiligung an Sterbehilfe[13] als auch auf die Akzeptanz unabhängig von einer eigenen Beteiligung. In der Frage durften keine Zweifel an der Eigenverantwortlichkeit der Suizidentscheidung aufgeworfen werden.

Die Suche ergab insgesamt 36 Studien, aus denen 76 Einzelfragen einbezogen werden konnten (s. Tabelle 1 sowie den Anhang). Alle Fragen betrafen Patienten, die in irgendeiner Form an einer Krankheit oder Schmerzen litten. Um den unterschiedlichen Fragestellungen gerecht zu werden, wurden die einzelnen Fragen nach verschiedenen Kriterien codiert, unter anderem nach der Krankheitssituation des Patienten und der Art der Sterbehilfe.

12 S. auch *Jox*, Perspektiven deutscher Patienten und Bürger auf den assistierten Suizid, in: Borasio/Jox/Taupitz/Wiesing (Hrsg.), Assistierter Suizid: Der Stand der Wissenschaft, Berlin, 2017, S. 51 ff. (zitiert als *Jox*, in: Borasio/Jox/Taupitz/Wiesing [Hrsg.]), für eine Zusammenstellung von Umfragen unter Patienten und der Bevölkerung (letztere für die Jahre 2012–2015) und *Bobbert/Riedel*, Euthanasia and End-of-life-decisions in Germany: Public Opinion, Medical Views, the Ethical Debate and Legal Regulation, JRE 2008, 467, 470 ff. mit einem Überblick über ältere Umfragedaten zur Einstellung der Ärzteschaft und der Bevölkerung zu Sterbehilfe.

13 Straflosigkeit der entsprechenden Form von Sterbehilfe vorausgesetzt.

Angesichts der geringen Größe des Datensatzes erwies sich die Codierung nach der Situation des Patienten in der anschließenden Auswertung allerdings als nicht aussagekräftig. Die Analyse wird sich im Folgenden daher auf die Differenzierung nach Art der Sterbehilfe beschränken.

Tabelle 1: Umfragedaten (Anzahl)

	Gesamt	Bevölkerung	Ärzteschaft
Studien	36	26	10
Einzelfragen ges.	76	46	30
...Zeitraum seit 2010	45	32	13
... aktive Sterbehilfe	24	13	11
... assistierter Suizid	29	13	16
... Behandlungsabbruch	13	10	3
... nicht definiert	10	10	-

Bei der Codierung nach Art der Sterbehilfe wurden Fragen nur dann einer der spezifischen Unterformen von Sterbehilfe zugeordnet, wenn in der Frage auch explizit erklärt wurde, was mit dem verwendeten Begriff gemeint war. Wenn die Frage keine eindeutige Erklärung enthielt, wurde sie als „nicht definiert" kategorisiert.

II. Ergebnisse

Die auf diese Weise gewonnenen und codierten Daten sind in den Abb. 1–3 dargestellt.

Abb. 1 gibt einen Überblick über den gesamten Datensatz, aufgeschlüsselt nach Bevölkerung und Ärzteschaft. In dieser Darstellung ist auf den ersten Blick zu erkennen, wie weit die Akzeptanz von Sterbehilfe in der Bevölkerung und in der Ärzteschaft auseinanderfällt. Von einzelnen Ausreißern abgesehen, auf die unten noch näher eingegangen wird, liegt die Zustimmungsrate der Ärzteschaft kontinuierlich und deutlich unter der der allgemeinen Bevölkerung. Während die Akzeptanz in der Bevölkerung seit 2010 kontinuierlich über 50 % beträgt, ist bei der Ärzteschaft das Gegenteil der Fall. Deutlich ist auch zu erkennen, dass im Zeitraum um die Verabschiedung von § 217 D-StGB im Jahr 2015 besonders viele Umfragen zum Thema Sterbehilfe durchgeführt worden sind.

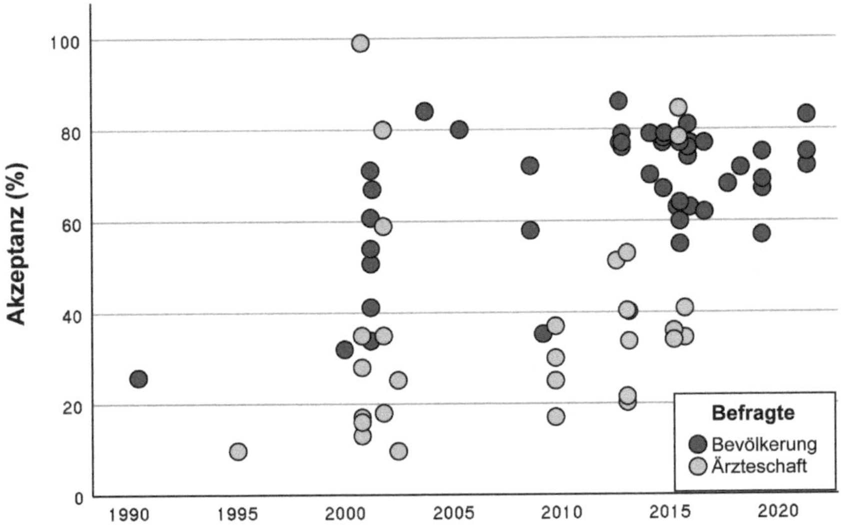

Abb. 1: Akzeptanz von Sterbehilfe in der deutschen Bevölkerung und Ärzteschaft

In beiden Gruppen ist außerdem zu erkennen, dass die Zustimmung zur Sterbehilfe in den letzten Jahrzehnten gestiegen ist und sich insbesondere innerhalb der Bevölkerung konsolidiert hat. Da bei der Ärzteschaft aktuelle Umfragedaten fehlen, erscheint es angesichts der tendenziell steigenden Akzeptanz auch möglich, dass der abgebildete Unterschied zwischen der Ärzteschaft und der allgemeinen Bevölkerung heute nicht mehr ganz so gravierend ist, wie er hier noch erscheint.

In Abb. 2 sind die Daten für die Bevölkerung nach den verschiedenen Formen der Sterbehilfe aufgeschlüsselt. Bemerkenswert ist zunächst, dass alle Formen der Sterbehilfe in sämtlichen Fragen seit 2010 kontinuierlich Zustimmungswerte über 50 % erhalten. Außerdem ist deutlich zu erkennen, dass die Zustimmung zum Behandlungsabbruch im Vergleich zu den anderen Formen der Sterbehilfe tendenziell am höchsten ist. Bei assistiertem Suizid und der aktiven Sterbehilfe ist zunächst kein eindeutiger Trend erkennbar. Der Blick auf einzelne Umfragen, in denen nach allen drei Formen der Sterbehilfe gefragt wurde, zeigt allerdings, dass assistierter Suizid knapp höhere Zustimmungswerte aufweist als die aktive Sterbehilfe.[14]

14 ZB. *YouGov*, Pressegrafiken: Sterbehilfe, 2021 mit Daten von 2019 und 2021, abrufbar unter https://d25d2506sfb94s.cloudfront.net/r/52/DE_20210505_Pressegrafiken_Sterbehilfe.pdf (zuletzt abgerufen am 6.10.2022).

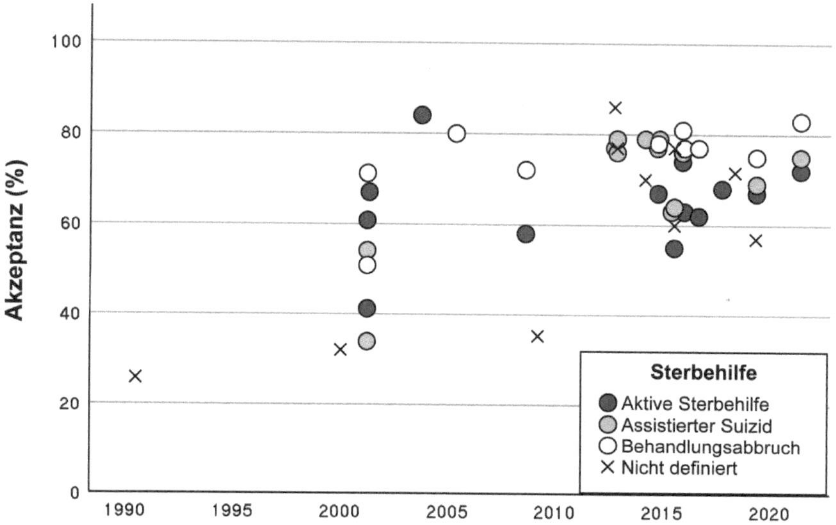

Abb. 2: Akzeptanz in der deutschen Bevölkerung nach Art der Sterbehilfe

Das bestätigt auch die Berechnung des Durchschnitts der Zustimmungswerte seit 2010: Aktive Sterbehilfe wird von 66 % der Befragten in bestimmten Situationen befürwortet, assistierter Suizid von 74 % und der Behandlungsabbruch sogar von knapp 79 % (s. Tab. 2).[15] Fragen, in denen die Art der Sterbehilfe nicht definiert wurde, liegen im Mittelfeld, wobei die Streuung (SD) der Werte[16] hier erheblich größer ist als bei präziseren Fragen.

15 Diese Unterschiede sind auch statistisch signifikant, wie das Ergebnis der einfachen Varianzanalyse zeigt, $F(2, 22) = 9{,}893$, $p < 0{,}001$.

16 I.e. die Abweichung der einzelnen Zustimmungswerte vom Mittelwert nach oben und nach unten.

Tabelle 2: Zustimmung zur Sterbehilfe, 2010–2021

	n	Mittelwert (%)	Max	Min	SD
Bevölkerung					
Aktive Sterbehilfe	8	66,00	74,00	55,00	6,00
Assistierter Suizid	11	74,00	79,00	63,00	5,90
Behandlungsabbruch	6	78,50	83,00	75,00	2,95
Nicht definiert	7	71,23	86,00	57,00	10,12
Ärzteschaft					
Aktive Sterbehilfe	3	37,30	51,30	20,20	15,78
Assistierter Suizid	8	36,73	53,00	21,50	8,85
Behandlungsabbruch	2	81,40	84,50	78,30	4,38

Abb. 3 schließlich zeigt die gleiche Aufschlüsselung für die Ärzteschaft. Hier ist zu erkennen, dass die oben identifizierten auffälligen Ausreißer zum großen Teil Fragen zum Behandlungsabbruch betreffen. Dieser trifft auf nahezu uneingeschränkte Zustimmung (im Mittel seit 2010 81,4 %) – was auch kaum verwunderlich ist, da Behandlungsabbrüche anerkannte medizinische Praxis sind.[17] Anders stellt sich die Meinungslage beim assistierten Suizid und der aktiven Sterbehilfe dar. Beide Formen der Sterbehilfe weisen auch in jüngeren Umfragen nur selten eine mehrheitliche Zustimmung auf, und bleiben im Mittel bei lediglich 37 % Zustimmung, wobei sich – anders als bei der Bevölkerung -kaum ein Unterschied zwischen assistiertem Suizid und aktiver Sterbehilfe zeigt.

17 S. nur die Grundsätze der Bundesärztekammer zur ärztlichen Sterbebegleitung in DtschÄrzteBl 2011, A346 sowie die Daten von *Schildmann/Dahmen/Vollmann*, Ärztliche Handlungspraxis am Lebensende, Dtsch Med Wochenschr 2015, e1–6.

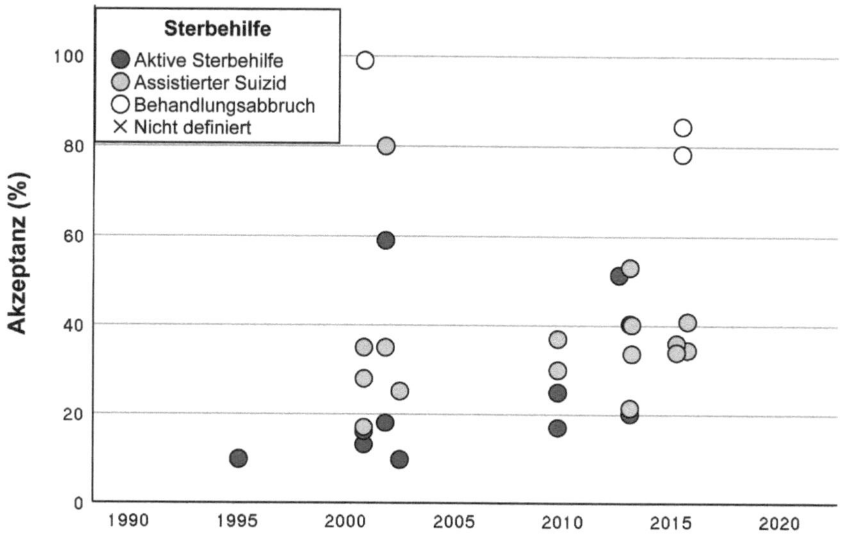

Abb. 3: Akzeptanz in der deutschen Ärzteschaft nach Art der Sterbehilfe

III. Limitationen

Die hier verwendeten quantitativen Umfragedaten werden sowohl in der strafrechtlichen Literatur als auch in den Medien herangezogen, um die Meinungslage in der Bevölkerung oder in bestimmten Gruppen zu untersuchen. Dafür kommen aber grundsätzlich auch andere Methoden – qualitative Umfragen, die Verwendung validierter Skalen[18] anstatt einzelner Fragen, Medienanalysen etc. – in Frage. Deshalb, und auch weil quantitative Umfragedaten allzu oft unreflektiert und selektiv herangezogen werden, soll vor einer weiteren Analyse der Ergebnisse noch ausführlicher auf die Vor- und Nachteile sowie die Fallstricke im Umgang mit dieser Art von Daten eingegangen werden.

Quantitative Umfragedaten haben zunächst zwei entscheidende Vorteile: Sie sind – jedenfalls soweit sie die Bevölkerung betreffen – häufig reprä-

18 S. für solche Skalen aus dem Bereich der Sterbehilfe *Tordella/Neutens*, An Instrument to Appraise Attitudes of College Students Toward Euthanasia, J Sch Health 1979, 351; *Wasserman/Clair/Ritchey*, A Scale to Assess Attitudes toward Euthanasia, OMEGA 2005, 229. Dass selbst solche Skalen nicht unbedingt zu einheitlichen Ergebnissen kommen, zeigen allerdings Vergleiche, zB. *Aghababaei/Farahani/Hatami*, Euthanasia Attitude; a Comparison of Two Scales, J Med Ethics Hist Med 2011, 9.

sentativ, und es gibt viele Studien bzw. Umfragen, auf die zurückgegriffen werden kann. Das ermöglicht es insbesondere, Entwicklungen und Trends nachzuvollziehen und Vergleiche und Analysen zwischen verschiedenen Gruppen von Befragten oder Arten von Fragen vorzunehmen. Qualitative Studien und validierte Skalen sind zumeist nicht repräsentativ und dazu nicht in großer Zahl vorhanden, weil die Anwendung aufwendiger und zeitintensiver ist.

Quantitative Umfragedaten haben aber auch Nachteile, die bei der Interpretation berücksichtigt werden müssen. Das wohl größte Problem ist, dass bei dieser Form der Meinungsforschung das überaus komplexe Thema der Sterbehilfe oft auf eine einzige Frage reduziert wird, obwohl zahlreiche Feinheiten die Zustimmungswerte teils ganz erheblich beeinflussen können. Bereits die obige Auswertung (Tab. 2) hat verdeutlicht, dass es entscheidend ist, nicht pauschal nach „Sterbehilfe" zu fragen, sondern zu differenzieren und die Begriffe auch zu erläutern.[19] Zustimmungswerte sind außerdem ganz erheblich abhängig von der Situation des Patienten, mit der Befragte konfrontiert werden, gerade wenn Befragten verschiedene Krankheitsszenarien im direkten Vergleich vorgelegt werden.[20]

Nicht nur der Inhalt der Frage, auch die Art der Fragestellung hat einen großen Einfluss auf das Antwortverhalten. Studien haben zB. gezeigt, dass Menschen, die bei ansonsten exakt gleichem Sachverhalt entweder danach gefragt werden, ob sie das Leben des Patienten „nicht verlängern" wollen oder danach, ob sie das Leben des Patienten „beenden" wollen, bei der letzten Formulierung deutlich seltener Sterbehilfe zustimmten – die Unterschiede in der Zustimmung betrugen teilweise um die 20 %.[21]

---

19 S. auch *Hagelin/Nilstun/Hau u.a.*, Surveys on Attitudes Towards Legalisation of Euthanasia: Importance of Question Phrasing, J Med Ethics 2004, 521 für einen direkten Vergleich von Fragen mit Erläuterung und ohne Erläuterung des im Englischen üblicherweise gebrauchten Begriffs „euthanasia".

20 S. für eine Vergleichsstudie an Laien *Schröder/Schmutzer/Klaiberg u.a.*, Ärztliche Sterbehilfe im Spannungsfeld zwischen Zustimmung zur Freigabe und persönlicher Inanspruchnahme – Ergebnisse einer repräsentativen Befragung der deutschen Bevölkerung, Psychother Psychosom Med Psychol 2003, 334; für Ärzte s. *Bolt/Snijdewind/Willems u.a.*, Can Physicians Conceive of Performing Euthanasia in case of Psychiatric Disease, Dementia or Being Tired of Living?, J Med Ethics 2015, 592.

21 *Gamliel*, To End Life or Not to Prolong Life: The Effect of Message Framing on Attitudes Toward Euthanasia, J Health Psychol 2013, 693 S. auch *Parkinson u.a.*, Cancer Patients' Attitudes Towards Euthanasia and Physician-Assisted Suicide: The Influence of Question Wording and Patients' Own Definitions on Responses, J Bioeth

Dazu kommt: Diese Verkürzungen und Framing-Effekte, von denen es noch viele mehr gibt, treffen teilweise auf Befragte, die sich möglicherweise noch nicht intensiv mit der Materie auseinandergesetzt haben und in der Umfragesituation mehr oder weniger spontan und unüberlegt eine Meinung äußern müssen, möglicherweise ohne sich der Konsequenzen ihrer Meinung bzw. Entscheidung bewusst zu sein.[22]

Ob die Bevölkerung aber tatsächlich derart uninformiert ist, ist eine bloße Vermutung.[23] Viele Bürgerinnen und Bürger dürften im Verwandten- und Bekanntenkreis bereits Erfahrungen mit Sterben und Tod gemacht haben, und sich aus diesem Anlass Gedanken über ihr eigenes Lebensende gemacht haben. Außerdem wird das Thema Sterbehilfe auch regelmäßig gesellschaftlich diskutiert.[24]

Den übrigen Schwächen von quantitativen Umfragedaten kann und sollte man aber in gewissen Grenzen Rechnung tragen. Framing-Effekte und unterschiedliche Fragestellungen lassen sich ausgleichen oder jedenfalls sichtbar machen, indem man sich nicht auf eine einzelne Umfrage verlässt, sondern eine möglichst große Zahl an Umfragedaten verwendet und so von vornherein eine Vielfalt an Fragestellungen berücksichtigt.[25] Lassen sich dann trotz der Vielfalt der Fragestellungen klare Trends identifizieren, deutet dies auf eine relativ stabile öffentliche Meinungslage hin.[26] Soweit möglich, sollte darüber hinaus unterschiedlichen Fragestellungen durch Kategorisierung und differenzierte Analyse Rechnung getragen werden. Insgesamt müssen die Daten zurückhaltend interpretiert werden. Dies be-

---

Inq 2005, 82 für weitere Unterschiede in der Fragestellung und ihre Auswirkungen auf das Antwortverhalten von Befragten.

22 *House of Lords*, Assisted Dying for the Terminally Ill Bill [HL], 4.4.2005.

23 Für die Ärzteschaft kann wohl von einem grundsätzlich besseren Verständnis der Materie ausgegangen werden.

24 So zB. zuletzt beim Themenabend Sterbehilfe in der ARD am 23.11.2020, bei dem knapp 4 Millionen Menschen die Verfilmung des Buches „Gott“ von Ferdinand von Schirach im Fernsehen sahen, s. „Großes Interesse am ARD-Themenabend über Sterbehilfe im Ersten“, abrufbar unter https://www.daserste.de/unterhaltung/film/gott-von-ferdinand-von-schirach/gott-von-ferdinand-von-schirach-quotenmeldung100.html (zuletzt abgerufen am 6.10.2022).

25 S. zum Vergleich zwischen den Ergebnissen einzelner Studien (konkret: der European Value Study, die im Bereich der Sterbehilfe häufig für internationale Vergleiche herangezogen wird) mit den Ergebnissen der Analyse von umfangreichen Studien-Datensätzen wie diesem *Krüger*, Comparing the Decriminalisation of Assisted Dying in Europe, EJHL 2022, 8 f. (digitale Vorabfassung), abrufbar unter https://doi.org/10.1163/15718093-bja10101 (zuletzt abgerufen am 6.10.2022).

26 *Jox*, in: Borasio/Jox/Taupitz/Wiesing (Hrsg.), S. 57.

deutet insbesondere, die Limitationen der einbezogenen Fragestellungen bei der Interpretation zu berücksichtigen. Zuletzt müssen die durch die Datenmenge gewonnenen Erkenntnisse – wo möglich – durch eine detaillierte Einzelanalyse der einzelnen Fragen und durch qualitative Studien abgesichert werden.

IV. Analyse: Sterbehilfe – Strafrecht gegen den „Willen des Volkes"?

Aus den hier zusammengetragenen Daten lässt sich trotz der unvermeidlichen Varianz der Zustimmungswerte, die sich auf die unterschiedlichen Fragestellungen zurückführen lässt,[27] deutlich erkennen, dass eine stabile und deutliche Mehrheit der Bevölkerung nicht nur den Behandlungsabbruch befürwortet, sondern grundsätzlich auch die Möglichkeit, auf assistierten Suizid und sogar auf aktive Sterbehilfe zurückzugreifen – *in bestimmten Situationen.* Diese Einschränkung muss betont werden, da sich alle Fragen auf Patienten in verschiedenen Stadien von Schmerz und Krankheit bezogen, weshalb sich Schlussfolgerungen auf die Sterbehilfe für gesunde Personen verbieten. Ein *absolutes* Verbot der aktiven Sterbehilfe, wie es derzeit in Deutschland normiert ist, wird damit aber jedenfalls nicht von der Mehrheit der Deutschen befürwortet.

Anders hingegen sieht es die Ärzteschaft. Hier wird zwar der Behandlungsabbruch nahezu uneingeschränkt unterstützt, nicht aber der assistierte Suizid oder aktive Sterbehilfe. Allerdings erscheint es durchaus möglich, dass sich die Meinung in der Ärzteschaft in den letzten fünf Jahren, zu denen keine Daten einbezogen werden konnten, weiter in Richtung stärkerer Zustimmung entwickelt hat. Zu beachten ist außerdem, dass die Daten für die Ärzteschaft aufgrund ihrer fehlenden Repräsentativität mit besonders großer Vorsicht genossen werden müssen. Die Einstellung gegenüber Sterbehilfe ist sehr stark abhängig von der Spezialisierung der befragten Ärztegruppe.[28] Von den hier einbezogenen Studien wurde ein überproportional großer Anteil unter Fachgruppen durchgeführt, die der Sterbehilfe tendenziell kritischer gegenüberstehen (u.a. Neurologie, Onkologie, Pallia-

27 *Jox*, in: Borasio/Jox/Taupitz/Wiesing (Hrsg.), S. 56 f.

28 S. *Krüger*, EJHL 2022, 14 f., für einen europäischen Vergleich zwischen Hausärzten und Palliativmedizinern. Für eine detaillierte Analyse der Einstellung von britischen Ärzten, aufgegliedert nach Spezialisierung s. *Kantar*, BMA Survey on Physician-Assisted Dying, 2020, abrufbar unter: https://www.bma.org.uk/media/3367/bma-physician-assisted-dying-survey-report-oct-2020.pdf (zuletzt abgerufen am 6.10.2022).

tivmedizin). Insgesamt dürften aber insbesondere die bis vor kurzem noch in vielen Berufsordnungen normierten Verbote nicht nur der aktiven Sterbehilfe, sondern auch der Beihilfe zum Suizid im Einklang mit der breiten Mehrheit der Ärzteschaft gestanden haben.

Konkretere Schlussfolgerungen mit Blick auf eine bestimmte Norm wie § 217 D-StGB sollte man aus diesem Datensatz allerdings nicht ziehen – und schon gar nicht aus einzelnen, selektiv zitierten Umfragen, anders als dies in der Literatur teilweise geschieht.[29] Denn hier wurden nur Fragen einbezogen, die sich auf die Zulässigkeit von assistiertem Suizid allgemein beziehen, nicht aber darauf, unter welchen Umständen genau und mit welchen Verfahrensvorschriften, gerade auch für Sterbehilfeorganisationen, Sterbehilfe konkret zulässig sein sollte. Die oben dargestellte Anfälligkeit der Umfrageergebnisse bereits für feine Änderungen in den Fragestellungen verbietet es, Zustimmungswerte von allgemeinen Fragen auf konkrete Gesetze oder gar von einer Form der Sterbehilfe auf die konkrete Regelung einer anderen zu übertragen.[30]

Möchte man die Zustimmung der Bevölkerung zu einer Norm wie § 217 D-StGB ermitteln, muss man sich daher die (wenigen) Umfragen ansehen, die sich konkret mit § 217 D-StGB oder mindestens im weiteren Sinne mit organisierter Sterbehilfe befassen. Die so ermittelten Umfragewerte divergieren stark: In einer YouGov-Umfrage aus dem Jahr 2021[31] sprachen sich beispielsweise 75 % der Befragten allgemein für eine „Straffreiheit des assistierten Suizids"[32] aus, was ungefähr dem oben errechneten Mittelwert entspricht. In der gleichen Umfrage befürworteten allerdings nur noch 49 % die Aufhebung des Verbots der geschäftsmäßigen Beihilfe zur Selbsttötung durch das BVerfG[33] – eine geradezu frappierende Differenz. In einer vom IfD Allensbach im Jahr 2014 durchgeführten Umfrage wurde die

29 Wie zB. *Walter*, Zur Demokratisierung des Strafrechts, in: Bublitz u.a. (Hrsg.), Recht – Philosophie – Literatur, Berlin, 2020, S. 545, 550: „sehenden Auges gegen eine Bürgermehrheit" beschlossen.

30 So aber *Hoven*, in: Hoven/Kubiciel (Hrsg.), S. 101, 114, die von der „partiellen Befürwortung" der *aktiven Sterbehilfe* der Bevölkerung auf deren Ablehnung von § 217 StGB schließt.

31 *YouGov*, Pressegrafiken: Sterbehilfe, 2021.

32 Assistierter Suizid wurde in der Frage definiert als „Dabei hilft beispielsweise ein Mediziner einem todkranken Patienten bei der Beschaffung des tödlich wirkenden Mittels, die Einnahme muss jedoch selbstständig erfolgen."

33 Der Wortlaut der Frage lautete: Ende Februar 2020 wurde das frühere Verbot einer „geschäftsmäßigen Beihilfe" zur Selbsttötung, also die unabhängig von einer Gewinnerzielungsabsicht wiederholte Förderung der Selbsttötung, vom Bundesverfassungs-

Einstellung der Deutschen zur Zulassung von „privaten Sterbehilfe-Organisationen" im Bereich des assistierten Suizids erhoben, wofür sich immerhin 60 % der Befragten aussprachen.[34] Selbst dieser Wert ist aber weit entfernt von den 74 % Zustimmung, die in der Bevölkerung im Mittel in den letzten zehn Jahren gemessen wurde (s. oben Tab. 2).

Die stark divergierenden Zahlen unterstreichen erneut, welche Rolle Framing-Effekte bei quantitativen Umfragen spielen. Gerade bei einer komplexen Norm wie § 217 D-StGB kann man zudem von der Bevölkerung kaum eine sinnvolle Meinung erwarten, ohne relevante Begriffe zu erläutern. Dies berücksichtigen besagte Umfragen aber oft genug nicht – abgesehen davon, dass nicht einmal innerhalb der Strafrechtswissenschaft Einigkeit über die Auslegung einzelner Merkmale von § 217 D-StGB bestand. Insgesamt kann, wenn überhaupt, nur eine größere Menge an Daten einigermaßen zuverlässige Schlüsse auf die Einstellung der Bevölkerung zu § 217 D-StGB zulassen – die aber gibt es zu diesem spezifischen Thema nicht.

Aktueller ist die Frage, was sich aus den hier vorgestellten Daten für die drei Gesetzentwürfe ableiten lässt, die sich derzeit im Gesetzgebungsverfahren befinden. Welcher der drei Gesetzentwürfe mit seinen konkreten Kriterien und Verfahrensvorschriften eher der öffentlichen Meinung entspricht, lässt sich auf Basis der Daten nicht sagen. Alle drei gehen aber in einem Punkt deutlich an den geänderten Wertevorstellungen der Bürger vorbei: Kein Entwurf wagt sich an eine Reform von § 216 D-StGB, obwohl sich die deutliche Mehrheit der Bevölkerung dafür ausspricht, dass aktive Sterbehilfe in bestimmten Situationen zulässig sein sollte.

C. Sterbehilfe im Sinne des Volkes – eine kriminologische Notwendigkeit?

Dies wirft die Frage auf, ob sich der Gesetzgeber bei der Neuregelung der Sterbehilfe stärker an der vorherrschenden Meinung der Bevölkerung orientieren und sich auch an eine Reform von § 216 D-StGB herantrauen sollte – unabhängig davon, dass es sich dabei möglicherweise ohnehin um

gericht aufgehoben. Befürworten Sie die Aufhebung des Verbots oder lehnen Sie diese ab?

34 *IfD Allensbach*, Allensbacher Kurzbericht v. 6.10.2014., abrufbar unter https://www.ifd-allensbach.de/fileadmin/kurzberichte_dokumentationen/KB_2014_02.pdf (zuletzt abgerufen am 6.10.2022).

eine verfassungsrechtliche Notwendigkeit handelt. Dieser Frage kann man sich aus verschiedensten fachlichen Richtungen nähern[35] und sie kann hier nicht annähernd vollständig erörtert werden. Die nachfolgenden Gedanken beschränken sich daher auf ausgewählte Aspekte der strafrechtlich-kriminologischen Diskussion.

I. Kriminologische Argumente und ihre Überzeugungskraft

Die Stimmen der jüngeren deutschen strafrechtlichen Literatur, die ganz allgemein für eine stärkere Einbeziehung der Meinung der Bevölkerung in die Strafgesetzgebung plädieren, stützen sich stark auf die kriminologische Forschung des amerikanischen Wissenschaftlers *Paul Robinson*.[36] Dessen Argumentation lässt sich wie folgt zusammenfassen: Eine „Entfremdung“ zwischen Öffentlichkeit und Kriminalpolitik bzw. Justiz müsse verhindert werden, denn sobald sich die Strafbedürfnisse der Bevölkerung von der Realität der Strafgesetzgebung bzw. der Rechtsprechung abkoppeln, drohe die Rechtstreue der Bevölkerung Schaden zu nehmen, was langfristig wiederum die Stabilität der Rechtsordnung beeinträchtige. Um dies zu verhindern, müsse die Strafrechtspolitik die Mehrheitsmeinung der Bevölkerung stärker berücksichtigen.

Diese Argumentation unterfüttert *Robinson* mit verschiedenen eigenen Experimenten. Darin stellte er fest, dass die Bevölkerung einigermaßen kohärente Vorstellungen sowohl zur Strafwürdigkeit von Kerndelikten wie Raub oder Totschlag als auch zur relativen Schwere der Delikte untereinander hat – ein Phänomen, das er als *„intuitions of justice“* bezeichnet. In Folgeexperimenten konfrontierte er Studienteilnehmer daraufhin mit Szenarien, die eklatant gegen diese *„intuitions“* verstießen und stellte dabei fest, dass dies sowohl die Motivation der Befragten, Strafgesetze zu befolgen, als auch deren Einstellung gegenüber dem Strafsystem als Ganzes negativ beeinflusste.[37]

---

35 S. beispielsweise die Beiträge in Ryberg/Roberts (Hrsg.), Popular Punishment, New York, 2014.

36 S. nur die Beiträge im Sammelband Kaspar/Walter (Hrsg.), Strafen „im Namen des Volkes“?, Baden-Baden, 2019, darunter insbes. die von *Walter* (S. 49 ff.) und *Kaspar* (S. 61 ff.).

37 S. für eine deutschsprachige Zusammenfassung seiner Forschung und Folgerungen durch *Robinson* selbst *Robinson*, in: Kaspar/Walter (Hrsg.), Strafen „im Namen des Volkes“?, Baden-Baden, 2019, S. 13 ff. m.w.N.

Andere Forscher konnten ähnliche Phänomene feststellen. So wurde in weiteren Experimenten eine Gruppe von Probanden mit strafrechtlichen Szenarien konfrontiert, die eklatant gegen deren Gerechtigkeitsempfinden verstießen. Anschließend wurde gemessen, wie hoch die Probanden die Wahrscheinlichkeit einschätzten, gegen bestimmte Verbote zu verstoßen,[38] wie oft sie die zum Ausfüllen der Fragebögen ausgeteilten Stifte zurückgaben oder wie oft sie in einem Folgeexperiment mogelten.[39] In allen Experimenten wies diese Gruppe eine höhere Bereitschaft zu deviantem Verhalten auf als die Vergleichsgruppe. In einem prä-post-Vergleich konnten Forscher zudem zeigen, dass US-Amerikaner den US Supreme Court als weniger legitim erachteten und negativer wahrnahmen, nachdem dieser es den Staaten (konkret: Oregon) erlaubt hatte, liberale Sterbehilfegesetze zu erlassen – allerdings nur, wenn die Befragten Sterbehilfe ablehnten.[40]

Diese Forschung zeigt zwar durchaus, dass die Normtreue und die Einstellung gegenüber dem Rechtssystem negativ beeinflusst werden können, wenn strafrechtliche Normen gegen das Gerechtigkeitsempfinden der Bevölkerung durchgesetzt werden. Allerdings konnten diese Beobachtungen nicht immer repliziert werden.[41] Die erhöhte Devianz wurde zudem bislang hauptsächlich in einer künstlichen, experimentellen Umgebung festgestellt und betraf entweder Absichtserklärungen oder kleinere Delikte. Auch konnten bislang lediglich Kurzzeit-Effekte nachgewiesen werden, jedoch keine langfristigen Legitimitätseinbußen.[42] Zudem stammt der Großteil der Studien aus den USA und kann aufgrund der erheblichen gesellschaftlichen und (straf-)politischen Unterschiede nicht uneingeschränkt auf Deutschland übertragen werden.

---

38 *Nadler*, Flouting the Law, Tex. L. Rev. 2005, 1399.

39 *Mullen/Nadler*, Moral Spillovers: The Effect of Moral Violations on Deviant Behavior, JESP 2008, 1239.

40 *Skitka/Bauman/Lytle*, Limits on Legitimacy: Moral and Religious Convictions as Constraints on Deference to Authority, J Pers Soc Psychol 2009, 567.

41 *Slobogin/Brinkley-Rubinstein*, Putting Desert in its Place, Stan. L. Rev. 2013, 77.

42 *Slobogin/Brinkley-Rubinstein*, Stan. L. Rev. 2013, 77, 109. S. außerdem die Kritik bei *Rappaport*, Some Doubts About "Democratizing" Criminal Justice, U. Chi. L. Rev. 2020, 711, 806 ff.; *Roberts/Keijser*, Democratising punishment: Sentencing, community views and values, Punishm. Soc. 2014, 474, 488 ff.

II. Sonderfall Sterbehilfe

Die Strafrechtswissenschaftler, die eine stärkere Einbeziehung der öffentlichen Meinung in die Strafgesetzgebung fordern, sehen Sterbehilfe als ein dafür besonders geeignetes Erprobungsfeld. Denn Sterbehilfe sei eine ethische Grenzfrage bzw. Werteentscheidung, weshalb es keine strafrechtsdogmatische oder naturwissenschaftliche Expertise benötige, um die Strafwürdigkeit beurteilen zu können. Die geforderte Abschaffung von § 217 D-StGB, der als Musterbeispiel für Strafgesetzgebung gegen den Willen des Volkes gesehen wurde, soll zudem ein Beispiel dafür bieten, dass eine stärkere Orientierung am Volkswillen nicht notwendigerweise zu einer Ausweitung des Strafrechts führen müsse, sondern auch zur Entkriminalisierung führen könne.[43]

Diese Argumentation kann allerdings nur für die gesetzgeberischen Leitlinien der Sterbehilfe überzeugen, also zum Beispiel für die Frage, ob die aktive Sterbehilfe strikt verboten bleiben sollte oder nicht. Für die Aussagen zur Einstellung der Bevölkerung zu § 217 D-StGB fehlen hingegen belastbare Zahlen. Die konkreten Kriterien für den Zugang zu Sterbehilfe sind zudem kaum noch eine Werteentscheidung, sondern erfordern vielmehr fachspezifisches Wissen zB. zur Feststellung der Einwilligungsfähigkeit oder der Wirksamkeit von unterschiedlichen Kontrollmechanismen.

In kriminologischer Hinsicht ist Sterbehilfe zudem ein spezieller Fall. Denn die Forschungen von *Robinson* beziehen sich auf Kerndelikte wie Raub oder Totschlag, nicht aber auf moralisch umstrittene Themen wie Sterbehilfe. Hier ist immer noch eine signifikante Minderheit - darunter die Ärzteschaft - der Meinung, dass bestimmte Formen der Sterbehilfe strafwürdiges Unrecht darstellen. Für diese Position gibt es auch gewichtige Argumente, mit denen man in der Gesellschaft für Verständnis werben kann, wenn man sich für diese Regelungsoption entscheidet. Beides ist bei Raub oder Totschlag gerade nicht der Fall. Die kriminologischen Erkenntnisse, auf die man sich in der deutschen Literatur stützt, sind auf Sterbehilfe und andere Strafnormen, die moralisch umstrittene Themen regeln, daher nur bedingt übertragbar.[44]

---

43 *Hoven*, in: Hoven/Kubiciel (Hrsg.), S. 101, 113 f.; *Kaspar*, in: Kaspar/Walter (Hrsg.), S. 78.

44 *Robinson*, Intuitions of Justice and the Utility of Desert, Oxford, 2013, S. 63 ff.

III. Vollzugsdefizit

Wird eine Strafnorm von der breiten Mehrheit der Bevölkerung nicht akzeptiert, kann dies außerdem zu einem Vollzugsdefizit führen. Wird die betreffende Norm aber nicht durchgesetzt, kommt es gerade nicht zu akuten Diskrepanzen zwischen den „*intuitions*" der Bürger und dem Strafrechtssystem und dementsprechend auch nicht zu den (möglichen) negativen Folgen dieser Diskrepanz.

Für dieses Phänomen gibt es zahlreiche aktuelle und historische Beispiele,[45] auch aus dem Bereich Suizid und Sterbehilfe. In England zum Beispiel war Suizid über hunderte von Jahren strafbar. Aufgrund von Vorbehalten in der Bevölkerung wurden (versuchte) Suizide aber kaum verfolgt.[46] Auch heute noch werden in England und in Frankreich – beides Länder, in denen aktive Sterbehilfe und assistierter Suizid trotz breiter Akzeptanz in der Bevölkerung unter Strafe stehen[47] – Fälle entweder bewusst nicht verfolgt[48] oder Täter trotz eindeutiger Tatbeteiligung von Jurys freigesprochen.[49] Dieses Phänomen ließ sich auch in Experimenten mit Mock-Jurys nachweisen.[50]

Inwieweit ein solches Vollzugsdefizit auch in Deutschland besteht, ist schwer festzustellen, da § 216 D-StGB nicht in den Rechtspflegestatistiken aufgeführt wird. Sucht man in der Datenbank *juris* nach strafrechtlichen Urteilen zu § 216 D-StGB, findet man nur eine einstellige Zahl an Urteilen aus den letzten dreißig Jahren, die die aktive Sterbehilfe betreffen, wobei in einigen davon trotz festgestellter Schuld von Strafe abgesehen wurde.[51] Da-

45 Zu zahlreichen Beispielen aus dem Anglo-Amerikanischen Raum s. *Roberts*, Public Opinion, Crime, and Criminal Justice, Crime and Justice 1992, 99.

46 *Hoffman/Webb*, Suicide as Murder at Common Law, Criminology 1981, 372, 377 ff.

47 *Krüger*, EJHL 2022, 8 ff.

48 S. die „Policy for Prosecutors in Respect of Cases of Encouraging or Assisting Suicide" des Director of Public Prosecutions v. Oktober 2014, in der Kriterien festgelegt werden, wann Fälle von Suizidassistenz strafrechtlich verfolgt werden sollen und wann nicht, abrufbar unter https://www.cps.gov.uk/legal-guidance/suicide-policy-prosecutors-respect-cases-encouraging-or-assisting-suicide (zuletzt abgerufen am 6.10.2022).

49 *McCann*, Comparing the Law and Governance of Assisted Dying in Four European Nations, Eur J Comp Law Gov 2015, 37, 62 ff.

50 *Peter-Hagene/Bottoms*, Attitudes, Anger, and Nullification Instructions Influence Jurors' Verdicts in Euthanasia Cases, Psychol. Crime Law 2017, 983.

51 AG Köln, Urt. v. 27.2.2015 – 613 Ls 19/15 u. AG Tiergarten, Urt. v. 13.9.2005 – (237) 1 Kap Js 2655/04 Ls (19/05); zur Bewährung ausgesetzte Freiheitsstrafe nach intensiver Debatte in LG Augsburg, Urt. v 10.12.2014 – 3 KLs 401 Js 124746/13.

bei ist aus verschiedenen Studien bekannt, dass im medizinischen Bereich sowohl assistierter Suizid als auch – und sogar in noch größerem Umfang – aktive Sterbehilfe praktiziert wird.[52] Dass die konsequente Durchsetzung von § 216 D-StGB den Gerichten zunehmend schwerer fällt, zeigen nicht zuletzt die jüngsten Ausführungen des BGH zur Abgrenzung der Täterschaft bei § 216 D-StGB und der straflosen Teilnahme am Suizid.[53]

IV. Zusammenfassung

Die empirisch-kriminologische Forschungslage lässt derzeit keine eindeutigen Schlüsse zu, ob eine Orientierung des Strafgesetzgebers an der Meinung der Bevölkerung zwingend notwendig ist. Zwar legen verschiedene Experimente nahe, dass bei der Durchsetzung von Strafgesetzen, die dem Willen der Bevölkerung widersprechen, verstärkte Devianz und Legitimitätseinbußen drohen. Diese Experimente weisen aber verschiedene Schwächen auf, konnten teilweise nicht repliziert werden und sind nicht ohne weiteres auf die deutsche Rechtspraxis übertragbar. Hinzu kommt, dass umstrittene Normen oft an einem Vollzugsdefizit leiden, das die Effekte, die in den besagten Experimenten beobachtet wurden, abschwächt.

Vor allem aber bezieht sich insbesondere die Forschung von *Robinson* nur auf Kerndelikte, und damit gerade nicht auf Sterbehilfe. Sterbehilfe ist aufgrund der schwierigen moralischen Fragen, die mit ihr verbunden sind, ein Sonderfall. Für die aktuelle Debatte um die Neuregelung der Sterbehilfe bedeutet dies, dass eine Liberalisierung von § 216 D-StGB nicht zwingend erscheint, wenn man nur die oben aufgeführten, begrenzten kriminologischen Aspekte berücksichtigt.

D. Fazit und Ausblick

Diese kritische Analyse soll nicht zu dem Missverständnis verleiten, dass eine stärkere Berücksichtigung der öffentlichen Meinung in die Strafgesetzgebung pauschal abzulehnen wäre oder es keine negativen Folgen hätte, wenn sich das Strafrecht dauerhaft von den Wertvorstellungen der Bevölke-

---

52 *Schildmann/Dahmen/Vollmann*, Dtsch Med Wochenschr 2015, e1–6; *Beine*, Praxis der Sterbehilfe durch Ärzte und Pflegekräfte in deutschen Krankenhäusern, Dtsch Med Wochenschr 2020, e123-e129.

53 BGH NJW 2022, 3201.

rung abkoppelt. Die obigen Ausführungen befassen sich nur mit einem kleinen Ausschnitt der Debatte. Wer sich aber für eine stärkere Einbeziehung der öffentlichen Meinung in die Strafgesetzgebung speziell im Bereich Sterbehilfe einsetzen möchte, sollte nicht versuchen, detaillierte Regelungen wie § 217 D-StGB durch den Rekurs auf einzelne Umfragen zu delegitimieren und sich in diesem speziellen Bereich auf die Forschungen von *Robinson* zu berufen. Denn damit bewegt man sich auf empirisch dünnem Eis.

Für die aktive Sterbehilfe hingegen ist die Datenlage eindeutig: Ein absolutes Verbot widerspricht dem Willen der breiten Mehrheit der Bevölkerung. Zudem deutet vieles darauf hin, dass es auch dem Strafjustizsystem zunehmend schwerer fällt, § 216 D-StGB konsequent durchzusetzen. Diese Diskrepanz darf nicht zu einem Dauerzustand unserer Rechtsordnung werden; eine Einschränkung von § 216 D-StGB ist überfällig. Anstatt diese Problematik weiter zu ignorieren, sollte der Gesetzgeber daher das derzeit laufende Gesetzgebungsverfahren zum assistierten Suizid dazu nutzen, die Regelung der Sterbehilfe als Ganzes zu überdenken.

Jessica Krüger, MPhil (Cantab) | Wissenschaftliche Mitarbeiterin am Lehrstuhl Strafrecht II (Prof. Dr. Karsten Gaede) der Bucerius Law School, Hamburg.

Anhang: Liste der einbezogenen Studien

Ahrens P.-A./Wegner G., Die Angst vorm Sterben: Ergebnisse einer bundesweiten Umfrage zur Sterbehilfe, 2015, abrufbar unter: https://www.siekd.de/wp-content/uploads/2018/08/2014127941_Sterbehilfe_layout_web.pdf.

Borasio G. D./Weltermann B./Voltz R./Reichmann H./Zierz S., Einstellungen zur Patientenbetreuung in der letzten Lebensphase: Eine Umfrage bei neurologischen Chefärzten, Der Nervenarzt 2004, Heft 12, 1187 ff.

Csef H./Heindl B., Einstellungen zur Sterbehilfe bei deutschen Ärzten: Eine repräsentative Befragung im Ärztlichen Kreisverband Würzburg, Deutsche Medizinische Wochenschrift 1998, Heft 50, 1501 ff.

Deutsche Gesellschaft für Humanes Sterben (DGHS), Meinungen zur aktiven direkten Sterbehilfe, 2003, abrufbar unter: https://www.dghs.de/fileadmin/content/05_humanes_sterben/04_dghs_umfragen/00_pdfs/Umfrage_September_2003.pdf.

DGHS, 77 Prozent der Bevölkerung befürworten Möglichkeit der ärztlichen Freitodhilfe, 2012, abrufbar unter: https://www.dghs.de/fileadmin/content/05_humanes_sterben/04_dghs_umfragen/00_pdfs/Forsa-Umfrage_2012-w.pdf.

Eggert S./Sulmann D., ZQP-Analyse: Palliativversorgung und Sterbehilfe, 2014, abrufbar unter: https://www.zqp.de/wp-content/uploads/ZQP-Analyse-Palliativversorgung.pdf.

European Value Study (EVS), European Value Study, Trend File 1981–2017, GESIS Data Archive 2021, Cologne, ZA7503, Data File Version 2.0.0, doi: 10.4232/1.13736 (Erhebungen 2, 3, 4 und 5).

Harfst A., Allgemeinärztliche Beurteilungen und Einstellungen zur Sterbehilfe, Dissertation Göttingen 2005.

Institut für Demoskopie (IfD) Allensbach, Die große Mehrheit ist für passive Sterbehilfe, 2005, Nr. 8, abrufbar unter: https://www.ifd-allensbach.de/fileadmin/kurzberichte_dokumentationen/prd_0508.pdf.

IfD Allensbach, Einstellung zur aktiven und passiven Sterbehilfe, 2008, Nr. 14, abrufbar unter: https://www.ifd-allensbach.de/fileadmin/kurzberichte_dokumentationen/prd_0814.pdf.

IfD Allensbach, Ärztlich begleiteter Suizid und aktive Sterbehilfe aus Sicht der deutschen Ärzteschaft, Juli 2010, abrufbar unter: https://www.bundesaerztekammer.de/fileadmin/user_upload/downloads/Sterbehilfe1.pdf.

IfD Allensbach, Deutliche Mehrheit der Bevölkerung für aktive Sterbehilfe, 6. Oktober 2014, abrufbar unter: https://www.ifd-allensbach.de/fileadmin/kurzberichte_dokumentationen/KB_2014_02.pdf.

IfD Allensbach, Roland Rechtsreport, 2016, abrufbar unter: https://www.roland-rechtsschutz.de/media/roland-rechtsschutz/pdf-rr/042-presse-pressemitteilungen/roland-rechtsreport/roland_rechtsreport_2016_final.pdf.

Infratest dimap, Vier Fünftel der Deutschen für ärztliche Sterbe-Unterstützung, 2014, abrufbar unter: https://www.infratest-dimap.de/umfragen-analysen/bundesweit/umfragen/aktuell/vier-fuenftel-der-deutschen-fuer-aerztliche-sterbe-unterstuetzung/.

Ipsos, Assisted Dying Research (June 2015), abrufbar unter: https://www.ipsos.com/sites/default/files/migrations/en-uk/files/Assets/Docs/Polls/economist-assisted-dying-topline-jun-2015.pdf.

Isopublic, Sterbehilfe in den Augen der Europäer, 2012, abrufbar unter: https://www.medizinalrecht.org/wp-content/uploads/2013/03/Meinungsumfrageergebnisse_Selbstbestimmung_am_Lebensende.pdf.

Jansky M./Jaspers B./Radbruch L./Nauck F., Einstellungen zu und Erfahrungen mit ärztlich assistiertem Suizid, Eine Umfrage unter Mitgliedern der Deutschen Gesellschaft für Palliativmedizin, Bundesgesundheitsblatt – Gesundheitsforschung – Gesundheitsschutz 2017, Heft 1, 89 ff.

Klie T., Pflegereport 2016: Palliativversorgung: Wunsch, Wirklichkeit und Perspektiven, 2016, abrufbar unter: https://de.statista.com/statistik/daten/studie/631703/umfrage/befuerworter-von-sterbehilfe-in-deutschland-nach-alter-geschlecht-und-kirchennaehe/.

Langer S./Stengel I./Fleischer S./Stuttmann R./Berg A., Umgang mit Patientenverfügungen in Deutschland. Sichtweisen leitender Intensivmediziner, Deutsche Medizinische Wochenschrift 2016, e73 ff.

Müller-Busch H. C./Oduncu F. S./Woskanjan S./Klaschnik E., Attitudes on euthanasia, physician-assisted suicide and terminal sedation – A survey of the members of the German Association for Palliative Medicine, Medicine, Health Care and Philosophy 2004, Heft 7, 333 ff.

Noelle-Neumann E./Köcher R., Allensbacher Jahrbuch der Demoskopie: 1998 – 2002, Berlin 2002.

Schildmann J./Dahmen B./Vollmann J., Ärztliche Handlungspraxis am Lebensende. Deutsche Medizinische Wochenschrift 2015, Heft 1, e1 ff.

Schildmann J./Wünsch K./Winkler E., Ärztlich assistierte Selbsttötung: Umfrage zur ärztlichen Versorgung von Krebspatienten; ethische Überlegungen und Stellungnahme, 2015, abrufbar unter: https://www.dgho.de/publikationen/schriftenreihen/aerztlich-assistierte-selbsttoetung/dgho_schriftenreihe_Bd7-2015_web.pdf.

Schröder C./Schmutzer G./Klaiber A./Brähler E., Ärztliche Sterbehilfe im Spannungsfeld zwischen Zustimmung zur Freigabe und persönlicher Inanspruchnahme – Ergebnisse einer repräsentativen Befragung der deutschen Bevölkerung, Psychotherapie, Psychosomatik, medizinische Psychologie 2003, Heft 8, 334 ff.

Sieber I., Ärztliche Entscheidungen am Lebensende, Dissertation, Regensburg 2017.

Staeck F., Mehrheit will ein Recht auf Sterbehilfe, ÄrzteZeitung 2014, abrufbar unter: https://www.aerztezeitung.de/Politik/Mehrheit-will-ein-Recht-auf-Sterbehilfe-232608.html.

Statista, Aktive Sterbehilfe, 2017, abrufbar unter: https://de.statista.com/statistik/daten/studie/318894/umfrage/aktive-sterbehilfe-meinungen-nach-soziodemografischen-merkmalen/.

YouGov, Cambridge Survey Results, 2012, abrufbar unter: https://d25d2506sfb94s.cloudfront.net/cumulus_uploads/document/yf07oalgnu/Reputation%20x-country%20Report_24-Aug-2012_F.pdf.

YouGov, Große Mehrheit würde ärztlich assistierten Suizid legalisieren, 2015, abrufbar unter: https://yougov.de/news/2015/11/04/grosse-mehrheit-wurde-arztlich-assistierten-suizid/.

YouGov, Globalism, 2019, abrufbar unter: https://d25d2506sfb94s.cloudfront.net/cumulus_uploads/document/055akcr6zk/Globalism2019_%20Guardian_Various_2.pdf.

YouGov, Sterben lassen sollte erlaubt sein, 2019, abrufbar unter: https://yougov.de/news/2019/07/08/sterben-lassen-sollte-erlaubt-sein/.

YouGov, Pressegrafiken: Sterbehilfe, 2021, abrufbar unter: https://d25d2506sfb94s.cloudfront.net/r/52/DE_20210505_Pressegrafiken_Sterbehilfe.pdf.

Zenz J./Tryba M./Zenz M., Tötung auf Verlangen und assistierter Suizid: Einstellung von Ärzten und Pflegekräften, Schmerz 2015, Heft 2, 211 ff.

Strafrechtliche Bekämpfung von Fake News? Zum Umgang der Kriminalisierungstheorie mit der Wahrheit

Hugo Soares, Berlin

I. Einleitung

Das Problem der Fake News[1] fordert die Strafrechtswissenschaft nicht nur deshalb heraus, weil die neuen Medien und Technologien das Schadenspotenzial von Lügen erheblich erhöht haben[2], sondern auch und vor allem weil die Frage nach dem Umgang der Kriminalisierungstheorie mit dem Schutz der Wahrheit[3] immer noch unbefriedigend beantwortet bleibt[4]. Trotz der Relevanz des ersten Grunds ist letztere Frage eher das Hauptproblem der strafrechtlichen Fake News-Debatte. Denn es hängt überwiegend von ihr ab, mit welchen Instrumenten der Staat Fake News bekämpfen darf. Die Forschungsfrage hier lautet also: Wo liegen die Grenzen des Schutzes der Wahrheit durch das Strafrecht?

Das Verhältnis zwischen Strafrecht und Wahrheit kann theoretisch zwei verschiedene Formen annehmen[5]. Einerseits ist die Wahrheit als Schutzob-

---

1 Eine genaue Definition des Begriffs „Fake News" ist für die Zwecke dieses Textes nicht erforderlich. Entscheidend ist nur, dass dieser Begriff das Merkmal von Unwahrheit umfasst.

2 S. *McIntyre*, Post-truth, Cambridge, 2018, S. 89 ff. (zitiert als: *McIntyre*); *Flint*, Fake News im Wahlkampf, Baden-Baden, 2021, S. 41 ff. (zitiert als: *Flint*); *Schreiber*, Strafbarkeit politischer Fake News, Berlin, 2022, S. 65 ff. (zitiert als: *Schreiber*); *Preuß*, Fake News, Baden-Baden, 2021, S. 80 ff. (zitiert als: *Preuß*); *Lammich*, Fake News als Herausforderung des deutschen Strafrechts, Berlin, 2022, S. 24 ff. (zitiert als: *Lammich*); auch *Hoven*, Zur Strafbarkeit von Fake News – de lege lata und de lege ferenda, ZStW 2017, 718, S. 726.

3 Auf die hier angenommene Definition des Wahrheitsbegriffs wird später im Text noch näher eingegangen.

4 S. *Rak*, Fake-News, RuP 2018, 409, S. 418: „Schließlich zeigt das Phänomen Fake-News und der sich damit schwertuende Staat aber ein viel tiefgreifenderes Problem, [...] das in der Diskussion bislang nicht genügend berücksichtigt wurde: Es ist dies das Verhältnis des Staates zum Begriff der Wahrheit."

5 *Hoven*, ZStW 2017, 718, S. 738 ff.; s. a. *Schünemann*, Gefährden Fake News die Demokratie, wächst aber im Strafrecht das Rettende auch?, GA 2019, 620, S. 621, der trotzdem kein historisches Beispiel eines direkten rechtlichen Wahrheitsschutzes sieht: „Für das

jekt bzw. als direkter Wahrheitsschutz denkbar. Ebenso vorstellbar ist ein indirekter Wahrheitsschutz, bei dem die Unwahrheit als Angriffsmittel fungiert. Prinzipiell ließe sich eine Strafvorschrift gegen Fake News in jede von beiden Gruppen einordnen. Aber nur in der zweiten Konstellation lassen sich „unverdächtige[6]" Delikte finden: Der klassische Betrug (§ 263 StGB) und die Verleumdung (§ 187 StGB) sind unbestrittene Straftaten, die eine Unwahrheit als Angriffsmittel voraussetzen. Das Verbot der Auschwitzlüge (§ 130 III StGB[7]), ein Prototyp eines direkten Wahrheitsschutzes, ist aber in seiner Legitimität weithin kontrovers[8].

Warum gilt nur die zweite Konstellation als „unverdächtig"? Welche Gründe tragen den „Verdacht" gegen den direkten Wahrheitsschutz? Und was sagen diese Gründe über die Strafbarkeit von Fake News aus? Ich glaube, dass es durch die Beantwortung dieser Fragen möglich ist, die Forschungsfrage nach den Grenzen des strafrechtlichen Schutzes der Wahrheit zu beantworten.

Zu diesem Zweck möchte ich mich zunächst mit den Problemen des direkten Wahrheitsschutzes beschäftigen, um eine deontologische Schranke zu begründen, die den Staat daran hindert, die Wahrheit direkt durch das Strafrecht zu schützen (II). Danach beabsichtige ich, einen kleinen Exkurs in den aktuellen Stand der Kriminalisierungstheorie zu unternehmen, um zu erörtern, wie diese neue deontologische Wahrheitsschranke dort eingefügt werden kann (III). Später habe ich vor, mich mit den Vorbehalten gegen einen indirekten Wahrheitsschutz auseinanderzusetzen, um die begrenzte Leistungsfähigkeit einer rein konsequentialistischen Kriminalisierungstheorie ans Licht zu bringen und somit aufzuzeigen, wie diese begrenzte Leistungsfähigkeit eine Herausforderung für ein Desinformationsstrafrecht mit rechtsstaatlichen Ansprüchen darstellt (IV). Erst dann kann man sich an die Legitimation einer Strafbarkeit von Fake News annä-

---

Recht bildete zu allen Zeiten nicht die Lüge als solche, sondern nur die Verletzung eines schutzwürdigen Interesses *durch* die Lüge einen Gegenstand zum Einschreiten."

6 Eine von *Greco* inspirierte Formulierung. Vgl. *Greco*, in: Heinrich/Jäger/Achenbach/Amelung/Bottke/Haffke/Schünemann/Wolter (Hrsg.), Festschrift für Claus Roxin zum 80. Geburtstag, Berlin, 2011, S. 206 (zitiert als: *Greco*, in: FS Roxin).

7 „§ 130 Volksverhetzung: (...) (3) Mit Freiheitsstrafe bis zu fünf Jahren oder mit Geldstrafe wird bestraft, wer eine unter der Herrschaft des Nationalsozialismus begangene Handlung der in § 6 Abs. 1 des Völkerstrafgesetzbuches bezeichneten Art in einer Weise, die geeignet ist, den öffentlichen Frieden zu stören, öffentlich oder in einer Versammlung billigt, leugnet oder verharmlost."

8 Statt aller s. *Roxin/Greco*, Strafrecht – Allgemeiner Teil. Bd. 1, 5. Aufl., München, 2020, § 2 Rn. 41 ff. m. w. N (zitiert als: *Roxin/Greco*).

hern und damit zu dem Schluss kommen, dass der strafrechtliche Schutz von Rechtsgütern vor Unwahrheiten nur in Fällen konkreter Gefahren oder Verletzungen von Rechtsgütern legitim ist (V).

II. Direkter Wahrheitsschutz: Wahrheit als Rechtsgut?

Ein direkter Schutz der Wahrheit setzt voraus, dass man die Wahrheit als Rechtsgut ansehen soll. Auch wenn es in der Literatur Meinungen gibt, die die Rechtsgutslehre ablehnen[9], weichen sie vom Rechtsgutsgedanken in der Sache nicht ab. Denn diese Auffassungen versuchen ebenfalls, das legitime Schutzobjekt des Strafrechts zu identifizieren. Im Ergebnis bestätigen sie also die Rechtsgutslehre, wenngleich ohne ihre analytische Schärfe[10]. Die Wahrheit muss sich demzufolge allen Legitimationsbedingungen von Rechtsgütern unterwerfen. Wenn wir unter Rechtsgut eine Gegebenheit oder Zwecksetzung verstehen, die für ein friedliches Zusammenleben notwendig ist[11], kann auch die Wahrheit prinzipiell als ein Rechtsgut fungieren. Denn ohne Wahrheit ist keine Gesellschaft in der Lage, sich zu entwickeln: Sozialpolitik kann zum Beispiel nur nachhaltig sein und langfristig positive Ergebnisse erzielen, wenn sie auf der Wahrheit beruht[12]. Die Wahrheit ist ferner notwendig, weil ohne sie keine sozialen Konflikte gerecht gelöst werden könnten: Ohne sie ist es schließlich nicht möglich zu beweisen, dass ein Rechtsgut tatsächlich verletzt wurde. Führte man die Wahrheit als ein Rechtsgut ein, wäre also ein allgemeiner Lügenverbotstatbestand denkbar, da „nachteilige Auswirkungen auf [...] die Gesellschaft“[13] schon bei einer bloßen Lüge vorlägen.

Gegen diese These könnte man aber einwenden, dass die Wahrheit, obwohl sie tatsächlich notwendig für ein friedliches Zusammenleben ist, ein etwas zu „abstrakter“ Begriff ist, der das Präzisionsbedürfnis einer

---

9 Vgl. *Lammich*, S. 121 f.

10 Eingehend *Roxin/Greco*, § 2 Rn. 103 ff.

11 *Roxin/Greco*, § 2 Rn. 2 ff., 7 ff., trotz der zahlreichen Rechtsgutsdefinitionen (vgl. die Auflistung bei *Stratenwerth*, Zum Begriff des „Rechtsgutes“, in: Eser/Lenckner [Hrsg.], Festschrift für Theodor Lenckner zum 70. Geburtstag, München, 1998, S. 378 [zitiert als: *Stratenwerth*, in: FS Leckner]) können sie durch diese Umschreibung wohl befriedigend resümiert werden.

12 S. *McIntyre*, S. 13: „Do we want to live in a world where policy is made based on how it makes us feel rather than how well it will work in reality?"

13 Dazu *Hoven*, ZStW 2017, 718, S. 740. Auch *Schreiber*, S. 286 ff. (288), die aber die Wahrheit wohl nicht als Rechtsgut ansehen.

Rechtsgutsbestimmung nicht ausfüllen könnte. Im Kontext des Rechtsgutsbegriffs sprechen sich Stimmen in der Literatur gegen eine übermäßige Abstraktheit aus[14] und stellt somit ein „Konkretisierungserfordernis“ für die Bestimmung jedes spezifischen Schutzobjekts auf. Jedes Rechtsgut soll konkret genug definiert werden, damit der Bürger wissen kann, was es eigentlich bedeutet. Der Begriff von Wahrheit sei jedoch zu mehrdeutig[15] und – noch wichtiger – derer Feststellung sei zu problematisch[16], um das zu ermöglichen. Denn ob etwas wahr ist oder nicht, ist nicht selten streitig.

Ein solches Konkretisierungserfordernis ist in der Tat zwingend: Denn der Einzelne hat das Recht zu wissen, was genau er durch sein Verhalten nicht beeinträchtigen darf. Erst dann kann er in der Lage sein, eine Entscheidung zu treffen, das Gut nicht zu beeinträchtigen. Allerdings erscheint diese Bedingung nicht ausreichend, um die Natur der Wahrheit als Rechtsgut pauschal zu verneinen. Denn man bräuchte nur zu präzisieren, was Wahrheit im Zusammenhang eines sie schützenden Tatbestandes genau bedeutet.

Diese Präzisierung lässt sich aus folgender Prämisse ableiten: Der Staat muss stets von Ansichten über die Wahrheit ausgehen, um überhaupt handeln zu können[17]. Das Rechtsgut Wahrheit verkörpert also den Inbegriff dessen, was der Staat als wahr einstuft. Zwar ist die Rede hier dann nicht mehr von einer „echten Wahrheit“[18], sondern nur von einer „powerful truth[19]“, bzw. einem aus der Macht stammenden Narrativ, aber anders kann es in einem Rechtsstaat auch nicht sein. Es wäre widersprüchlich, wenn nicht schlechthin unrechtsstaatlich, wenn der Staat etwas als Wahrheit schützen würde, was er nicht als solche ansieht. Die Wahrheit als Rechtsgut ist mit anderen Worten nichts anderes als das staatliche bzw. offizielle Narrativ.

---

14 Gegen Rechtsgüter von „ungreifbarer Abstraktheit“ *Roxin/Greco*, § 2 Rn. 45c ff., auch Rn. 66 f.; ebenso kritisch zu einer zu abstrakten Bestimmung des Rechtsgutsbegriffs *Stratenwerth*, in: FS Lenckner, S. 380.

15 Vgl. nur die Taxonomie der verschiedenen Bedeutungen, die die Wahrheit in der Philosophie haben kann, bei *Baggini*, A short history of truth, London 2017, S. 11 ff. (zitiert als: *Baggini*); s. a. die philosophische Diskussion um den Begriff von Wahrheit bei Hügli/Lübcke/Bafandi (Hrsg.), Philosophielexikon, Erweiterte und vollständig revidierte Ausgabe, Reinbek bei Hamburg 2013, S. 935 ff. Ebenso *Flint*, S. 32 ff.

16 S. *Baggini*, S. 5: „Our problem is not primarily with what truth means but *how and by whom truth is established.*“ Auch *Flint*, S. 33 ff.

17 S. *Flint*, S. 40.

18 S. *Flint*, S. 40.

19 *Baggini*, S. 77 ff.

Freilich bedeutet dies nicht, dass ein Rechtsstaat willkürlich entscheiden darf, was als Wahrheit gilt und was nicht.[20] Eine ausführliche Debatte über dieses Thema ist hier nicht möglich. Trotzdem kann man prinzipiell behaupten, dass sich ein offizielles Narrativ auf Tatsachenfeststellungen stützen sollte, die dem Beweis zugänglich sind und sich ihrerseits auf „authentische, sorgfältig recherchierte Informationen“[21] beziehen sollten[22]. Zudem muss man bei offiziellen Narrativen die erkenntnistheoretische Maxime des kritischen Rationalismus beachten, nämlich, sich immer seiner möglichen Fehlerhaftigkeit bewusst zu bleiben[23]. Mit anderen Worten: Das offizielle Narrativ darf niemals seine lediglich hypothetische Natur verleugnen[24], sondern muss stets bereit sein, sich neuen Beweisen und Herausforderungen zu stellen. Nur auf diesen Weg kann der Anspruch jedes Bürgers gewährleistet werden, missbräuchliche staatliche Narrative[25] zu falsifizieren und zu versuchen, eine Verbindung zwischen dem offiziellen Narrativ und der „echten“ Wahrheit wiederherzustellen. Das offizielle Narrativ, um dessen Schutz es notwendig wird gehen müssen, kann sich nur insoweit rechtfertigen, als es den glaubhaften, aufrichtigen Versuch verkörpert, der echten Wahrheit zu entsprechen.

Taugt das offizielle Narrativ als Rechtsgut, stellt sich die Frage, ob der Staat ein Rechtsgut dieser Art überhaupt schützen darf. Denn man kann das Risiko nicht ausschließen, dass sich ein Schutz des offiziellen Narrativs schnell in die dystopische Figur des Ministry of Truth[26] bzw. Wahrheitsmi-

---

20 S. *Rostalski*, „Fake News“ und die „Lügenpresse“, RW 2017, 436, S. 447, die vor einer staatlichen Zensur warnt.

21 BVerfG, NJW 2018, 3223, S. 3229, Rn. 80.

22 BGH, NJW 2016, 56, S. 58, Rn. 24. Vgl. auch *Flint*, S. 40.

23 S. *Waschkuhn*, Kritischer Rationalismus, München, 1999, S. 1; auch *Flint*, S. 34 f.

24 S. *Popper*, Conjectural knowledge: My solution of the problem of induction, Revue internationale de philosophie 1971, 167, S. 167 ff.: „[...] we must regard all laws or theories as hypothetical or conjectural; that is, as guesses.“ (175).

25 Für Instanzen dieser missbräuchlichen Narrative s. *Schünemann*, GA 2019, 620, S. 634 ff.

26 Das „Ministry of Truth“ ist ein Begriff, der aus dem dystopischen Roman „1984“ von George Orwell stammt, und der verwendet wird, um eine Regierungsbehörde zu beschreiben, die für die totale Kontrolle des Informationsflusses zuständig ist. Dieser Begriff wird oft in kritischer Weise benutzt, um auf Bedenken hinsichtlich der Manipulation von Informationen zu politischen Zwecken hinzuweisen. Obwohl dieses Konzept oft in literarischer Weise gebraucht wird, kann man es auch einsetzen, um real existierende Regierungen zu beschreiben, die als Zensur oder Propaganda wahrgenommen werden. Im Allgemeinen ist das Konzept eines Wahrheitsministeriums mit unrechtstaatlichen Regimen verbunden, die den Informationsfluss kontrol-

nisteriums[27] verwandelt. Eine so breit gestellte Frage kann aber nur bejaht werden. Denn der Rechtsgutsgedanke fordert den Staat dazu auf, Rechtsgütern nicht nur durch das Strafrecht zu schützen, sondern auch durch alle verfügbaren verhältnismäßigen Mittel[28]. Der Schutz des offiziellen Narrativs darf z.B. dadurch durchgesetzt werden, dass der Staat seine Beamten verpflichtet, sich bei offiziellen Aussagen an die Wahrheit – die nach der gerade vertretenen Auffassung nur als offizielles Narrativ ein Rechtsgut sein kann – zu halten[29].

Ferner darf der Staat etwa narrativkonforme Curricula in den Schulen aufgrund der staatlichen Aufsicht vorschreiben (Art. 7 Abs. 1 GG).[30] In diesem Zusammenhang ließe sich etwa auch das Thema der Holocaustleugnung und der Auschwitzlüge (§ 130 III StGB) erörtern. Es ist legitim, dass der Staat die Geschichte der Schoah und alle entsprechenden Fakten in den Pflichtstoff einfügt, nicht nur, weil diese Tatsachen zur Entstehungsgeschichte der Bundesrepublik Deutschland gehören, sondern auch, weil es schlicht um solide und wissenschaftsbasierte Informationen geht. Doch Narrative, die nicht derart historisch relevant sind, dürfen ebenso geschützt werden: Man denke nur an die schulische Vermittlung der Evolutionstheorie als ein Faktum[31]. Alle diese offiziellen Narrative dürfen vom Staat als Rechtsgut Wahrheit geschützt werden.

Ob ein offizielles Narrativ mit den Mitteln des Strafrechts geschützt werden darf, ist jedoch eine andere Frage. Die Versuche, andere Schutzzwecke für den Tatbestand der Auschwitzlüge zu identifizieren[32], zeigen schon, dass

---

lieren wollen, um ihre Macht zu behalten. Zu einer ausdrücklichen Ablehnung eines Wahrheitsministeriums im rechtlichen Kontext s. das Sondervotum *Justice Kennedys* bei United States v. Alvarez, 567 U.S. 709 (2012): „Our constitutional tradition stands against the idea that we need Oceania's Ministry of Truth."; ebenso *Ross*, Ministry of Truth, First Amend. L. Rev. 2017, 367, S. 388 ff.; s. a. *Fronza*, Il reato di negazionismo e la protezione penale della memoria, Ragion Pratica 2008, 27, S. 47 ff., die vor dem Risiko warnt, „den Richter zum Schlichter der Geschichte zu machen" (47).

27 In der Tat ein quasi-allmächtiges Propagandaministerium, s. *Ross*, First Amend. L. Rev. 2017, 367, S. 389.

28 S. *Roxin/Greco*, § 2 Rn. 97 ff.; s. a. *v. Liszt*, Strafrechtliche Aufsätze und Vorträge, Bd. 2, Berlin, 1905, S. 246.

29 S. etwa BVerfG, NJW 2018, 3223, S. 3229, Rn. 80.

30 S. *Jarass*, in: *Pieroth/Jarass*, 17. Aufl. 2022, GG Art. 7, Rn. 4.; s. a. BVerwG, NVwZ 1999, 769, S. 770.

31 BVerfG, 31.5.2006 – 2 BvR 1693/04, Rn. 21.

32 S. u. a. *Zabel*, Soll das Strafrecht Erinnerungen schützen?, ZStW 2010, 834, S. 849 ff., der im § 130 III StGB einen „Identitätsschutz qua Erinnerungsschutz" ansieht, den „nur die Überlebenden des Holocausts geltend machen" können, (850); *My-*

ein strafrechtlicher Schutz der Wahrheit ein heikles Thema ist. Der Grund dafür liegt darin, dass sich die schon erwähnte Gefahr der Entstehung eines „Wahrheitsministeriums" beim Strafrecht als noch stärker und in der Tat intolerabel darstellt[33]. Dies folgt bereits aus einer Binsenwahrheit: Ein Rechts-

---

lonopoulos, Zur Strafbarkeit der Leugnung historischer Tatsachen, in: Heger/Kelker/Schramm (Hrsg.), Festschrift für Kristian Kühl zum 70. Geburtstag, München, 2014, S. 560 ff. (zitiert als: *Mylonopoulos* in: FS Kühl), der die Leugnung eines Völkermordes als ein perlokutionärer Sprechakt interpretiert, der Leute auffordert, „historische Ereignisse als unwahr zu ignorieren, und somit ihre Geschichte und kollektive Identität zu fälschen.", (560), sodass das geschützte Rechtsgut die Geschichte selbst wäre, da ein „Volk ohne Geschichte ein Volk [ist], das zum Verschwinden verdammt ist.", (562).; s. a. den Katalog der Versuche, die man in der Literatur finden kann, bei *Toma*, Zur Strafbarkeit und Strafwürdigkeit des Billigens, Leugnens und Verharmlosens von Völkermord und Menschlichkeitsverbrechen, Hamburg, 2014, S. 240 f., m. w. N.: öffentlicher Frieden, persönliche Würde bzw. Ehre, Menschenwürde und postmortaler Achtungsanspruch; dazu auch *Kühl*, Auschwitz-Leugnen als strafbare Volksverhetzung?, in: Bernsmann/Ulsenheimer (Hrsg.), Bochumer Beiträge zu aktuellen Strafrechtsthemen, München, 2003, S. 109 f. (zitiert als: *Kühl* in: Bernsmann/Ulsenheimer [Hrsg.]); *Schäfer/Anstötz*, in: MüKoStGB, 4. Aufl. 2021, StGB § 130, Rn. 5.

33 Schon zu der Diskussion über die Einführung einer Strafvorschrift gegen die Auschwitzlüge äußerte *Cobler*, Das Gesetz gegen die »Auschwitz-Lüge«, KJ 1985, 159, S. 166: „Das Leugnen bestimmter Fakten zum Anlass staatlichen Strafens zu nehmen und historische Wahrheiten mit Hilfe der Kriminaljustiz zu behaupten, ist unter den westlichen Demokratien wohl ein Novum und eine Kuriosität zugleich. [...] Falls nämlich Geschichte zum Rechtsgut deklariert wird, wird unter dem Deckmantel juristischer Wahrheitsfindung der staatlichen Willkür Tür und Tor geöffnet." Trotz der Seriosität dieser Warnung hat sich die Bestrafung bestimmter Leugnungen in der Zwischenzeit deutlich vermehrt. Heutzutage ist dies weder ein Novum noch eine Ausnahme in den westlichen Demokratien; mehr dazu *Hanschmann*, Geschichtsbezogene Strafrechtsvorschriften als Herausforderung der Meinungsfreiheit, KJ 2013, 307, S. 308 f.; *Mylonopoulos*, in: FS Kühl, S. 554 ff.; *Roxin/Greco*, § 2 Rn. 42; *Fronza*, Ragion Pratica 2008, 27, S. 31 ff. (insb. 37 f.). Hinter solchen Vorschriften steht das Gebot, die Leugnung jedes Völkermords zu bestrafen. Es kann aber nicht ausgeschlossen werden, dass ein behaupteter Völkermord den Fakten nicht entspricht. Das brasilianische Supremo Tribunal Federal hat z. B. 2019 die in Brasilien begangene homophoben und transphoben Morde mehrmals indirekt zum Holocaust verglichen (s. STF, ADO-26/DF, S. 3, 36 f., 40, 236: „Banalität des homophoben und transphoben Bösen") und ist zur Aussage gelangt, dass Brasilien der Homophobie-Weltmeister sei. Trotzdem basiert keine dieser Behauptungen auf der nachgewiesenen Realität, s. *Rudnitzki*, Publica, Dados sobre assassinato de LGBTs são incompletos, 29.8.2018, https://apublica.org/checagem/2018/08/truco-dados-sobre-assassinato-de-lgbts-sao-incompletos/ (zuletzt aufgerufen am 18.11.2022); auch *Vieira*, Gazeta do Povo, Favoráveis à criminalização das "fake news", ministros do STF usaram notícia falsa em lei de homofobia, 14.4.2022, https://www.gazetadopovo.com.br/ideias/favoraveis-a-criminalizacao-das-fake-news-ministros-do-stf-usaram-noticia-falsa-em-lei-de-homofobia/ (zuletzt aufgerufen am 18.11.2022). Das Gebot, jede Leugnung eines vom

staat ist kein Unrechtsstaat[34]. Konsequenterweise darf ein Rechtsstaat kein Merkmal aufweisen, das ausschließlich typisch für einen Unrechtsstaat ist. Da ein Ministry of Truth eine wesentliche Figur einer klassischen Dystopie ist[35], ist es daher zwingend, es als ein ausschließlich typisches Merkmal eines Unrechtsstaates anzusehen.

Bisher sagt dies aber nichts darüber aus, warum der direkte Wahrheitsschutz durch das Strafrecht intolerabel ist. Wie schon oben gesagt, darf es einen direkten Wahrheitsschutz auch in einem Rechtsstaat geben. Tatsächlich muss jeder Staat eine minimale Wahrheitskontrolle vorhalten. Darausfolgt, dass ein Wahrheitsministerium mehr als einen minimalen Wahrheitsschutz vornehmen müsste, denn dieser minimale Schutz wäre kein Merkmal, das ausschließlich typisch für einen Unrechtsstaat ist.

Wenn das bislang Ausgeführte richtig ist, muss es auch richtig sein, dass ein maximaler Wahrheitsschutz immer eine hinreichende Bedingung für das Vorliegen eines Ministry of Truth ist. Es stellt sich dann aber die Frage, was dann ein maximaler Wahrheitsschutz wäre? Die Antwort kann nur sein: Ein Schutz, der durch das schärfste Instrument des Staates erfolgt[36]: also ein direkter Schutz der Wahrheit durch das Strafrecht. Wenn der Staat sein Narrativ dadurch schützen und durchsetzen dürfte, dass Menschen mit ihren angeborenen Rechten[37] von ihm zur Verantwortung gezogen

---

Staat anerkannten Völkermords zu bestrafen, könnte also bei einem hypothetischen, trotzdem nicht gänzlich anderen Fall dazu führen, dass jemand wegen wahrer Aussagen ins Gefängnis gesteckt wird.

34 Ähnlich *Fronza*, Ragion Pratica 2008, 27, S. 51.

35 S. Fn. 26 oben.

36 S. BVerfG, NJW 1975, 573; BVerfG, NJW 1967, 1219; auch *Kühl*, Besonders hohe Grenzen für den Strafgesetzgeber, in: Jahn/Kudlich/Streng (Hrsg.), Festschrift für Heinz Stöckel zum 70. Geburtstag, Berlin, 2010, S. 117, 121 ff. (zitiert als: *Kühl* in: FS Stöckel); *ders.*, Von der gerechten Strafe zum legitimen Bereich des Strafbaren. Eine Wegbeschreibung aus Anlass neuer Entscheidungen des Bundesverfassungsgerichts, in: Bloy/Böse/Hillenkamp/Momsen/Rackow (Hrsg.), Festschrift für Manfred Maiwald zum 75. Geburtstag, 2010, Berlin, S. 433 f.; *Preuß*, S. 173; *Roxin/Greco*, § 2 Rn. 1a ff.; *Schreiber*, S. 257 ff.; *Rostalski*, RW 2017, 436, S. 448.

37 S. dazu *Greco*, Strafprozesstheorie und materieller Rechtskraft, Berlin, 2015, S. 653 ff.; auch *Schünemann*, Versuch über die Begriffe von Verbrechen und Strafe, Rechtsgut und Deliktsstruktur, in: Saliger/Neumann/Isfen/Gim/Liu/Mylōnopulos/Tavares/Yamanaka/Zheng (Hrsg.), Festschrift für Ulfrid Neumann zum 70. Geburtstag, Heidelberg. 2017, S. 703 (zitiert als: *Schünemann* in: FS Neumann), der sich aber auch um die wirtschaftliche Existenz der Menschen sorgt; *Leite*, Notstand und Strafe, Berlin, 2019, S. 193 ff. (zitiert als: *Leite*); *Roxin/Greco*, § 2 Rn. 1h ff.

werden dürften[38], würden alle Möglichkeiten verschwinden, diesen Staat zu bändigen und seine eventuellen Missbräuche zu vermeiden oder zu korrigieren. Denn durch den strafrechtlichen Schutz des offiziellen Narrativs würde man die notwendigen Maßstäbe verlieren, die Handlungen des Staates infrage zu stellen. In diesem Zusammenhang wäre jede Opposition eines staatlichen Narrativs nicht nur unerlaubt, sondern auch für jeden Dissidenten existenzbedrohend[39].

Der direkte strafrechtliche Schutz des Rechtsguts Wahrheit ist also als unrechtsstaatlich anzusehen und folglich dem freiheitlichen Staat verboten[40]. Das sollte aber keinen Liberalen überraschen. Denn der Liberalismus war immer von der Idee geprägt, dass sich die staatlichen Gewalten nicht in wenigen Händen konzentrieren dürfen[41]. Das gilt natürlich auch für die Strafgewalt und die Macht, die Wahrheit bzw. das offizielle Narrativ zu bestimmen. Auch diese zwei Gewalten dürfen nicht zugleich vom selben Akteur ausgeübt werden, da eine solche Kombination der totalen Kontrolle der Wahrheit entspräche. Gegen sie gäbe es weder „checks" noch „balances", um die Staatsgewalt zu beschränken[42]. Deshalb darf ein liberaler Staat niemals über eine so umfassende Macht über die Gesellschaft verfügen. Klarer gesagt: Es liegt schon ein Wahrheitsministerium vor, wenn ein Dissident nur dafür bestraft wird, weil er dem offiziellen Narrativ widersprochen hat.

III. Zum Stellenwert der entwickelten Überlegungen im Rahmen der Kriminalisierungstheorie

Der materielle Verbrechensbegriff bestimmt die inhaltlichen Qualitäten eines Verhaltens dergestalt, dass selbiges legitimerweise als Verbrechen angesehen werden darf[43]. Allerdings richtet sich das Augenmerk dabei traditionell nur auf die „positiven" Merkmale eines Verbrechens. Die hier dargestellte Einschränkung der Strafgewalt kann sich aber in diese Traditi-

---

38 Zum materiellen Strafbegriff vgl. *Greco*, Lebendiges und Totes in Feuerbachs Straftheorie, Berlin, 2009, S. 274 ff. (zitiert als: *Greco*, Lebendiges und Totes); auch *Roxin/Greco*, § 2 Rn. 1a ff.; *Leite*, S. 193 ff.; s. a. BVerfG, NJW 1967, 1219.

39 S. *Großmann*, Liberales Strafrecht in der komplexen Gesellschaft, Baden-Baden, 2016, S. 61; s. a. die Sorge um die Existenz der Menschen bei *Schünemann*, in: FS Neumann, 2017, S. 703.

40 Etwas zustimmend *Fronza*, Ragion Pratica 2008, 27, S. 49 ff.

41 Statt aller vgl. *Montesquieu*, De l'ésprit des lois, Livre XI, 6.

42 S. das Sondervotum *Justice Kennedys* bei United States v. Alvarez, 567 U.S. 709 (2012).

43 S. *Roxin/Greco*, 2020, § 2 Rn. 1.

on nicht eingliedern. Denn sie umfasst, was niemals unter Strafe gestellt werden darf, mithin die „negativen" Merkmalen eines Verbrechens.

Dennoch stellt eine solche Einschränkung kein echtes Novum dar. Es hat sich im Laufe der letzten Jahre eine Figur entwickelt, die von grundlegender Bedeutung für die Kriminalisierungstheorie ist: die Figur der sogenannten deontologischen Schranken[44], die auf einer nicht-utilitaristischen, respektbezogenen Logik beruhen. Trotz vereinzelter Vorstöße bleibt das Gebiet der deontologischen Schranken insgesamt noch kaum erforscht. Bisher lassen sich nur einzelne Entwicklungen[45] im Kontext des schwer identifizierbaren

---

44 Vgl. *Jakobs*, Kriminalisierung im Vorfeld einer Rechtsgutsverletzung, ZStW 1985, 751, S. 753; *Greco*, Was lässt das Bundesverfassungsgericht von der Rechtsgutslehre übrig?, ZIS 2008, 234, S. 235 ff.; *ders.*, Lebendiges und Totes, S. 482 f.: „[die] Schranke der Beachtung des *Kerns der Privatsphäre der Bürger*"; *ders.* Strafbarer Drogenbesitz, Privatsphäre, Autonomie, in: Hefendehl (Hrsg.), Grenzenlose Vorverlagerung des Strafrechts?, Berlin, 2010, S. 80 ff. (zitiert als: *Greco* in: Hefendehl [Hrsg.]); *Hefendehl*, Der fragmentarische Charakter des Strafrechts, JA 2011, 405, S. 405; *Roxin*, Zur neueren Entwicklung der Rechtsgutsdebatte, in: Herzog/Hassemer/Bae/Neumann (Hrsg.), Festschrift für Winfried Hassemer: zum 70. Geburtstag, Heidelberg, 2010, S. 585 f.; *ders.*, Der gesetzgebungskritische Rechtsgutsbegriff auf dem Prüfstand, GA 2013, 433, S. 452 f.; *Roxin/Greco*, § 2 Rn. 12b; *Sternberg-Lieben*, Die Sinnhaftigkeit eines gesetzgebungskritischen Rechtsgutsbegriffs – exemplifiziert am Beispiel der Beschimpfung religiöser Bekenntnisse, in: Stuckenberg/Gärditz (Hrsg.), Festschrift für Hans-Ullrich Paeffgen zum 70. Geburtstag, Berlin, 2015, S. 39; *Puschke*, Legitimation, Grenzen und Dogmatik von Vorbereitungstatbeständen, Tübingen, 2017, S. 176 ff. (zitiert als: *Puschke*); *Möller*, Definition und Grenzen der Vorverlagerung von Strafbarkeit, Osnabrück, 2018, S. 185 ff. (zitiert als: *Möller*). Zu den Grundlagen dieser Schranken in der Rechtsprechung s. etwa BVerfG, NJW 1973, 891, S. 892: „Selbst überwiegende Interessen der Allgemeinheit können einen Eingriff in den absolut geschützten Kernbereich privater Lebensgestaltung nicht rechtfertigen; eine Abwägung nach Maßgabe des Verhältnismäßigkeitsgrundsatzes findet nicht statt.". Im amerikanischen Kontext vgl. Lawrence v. Texas 539 U. S. 558 (2003).

45 Etwa die „Innerlichkeitsgrenze des Strafrechts". (s. *Kühl*, in: Bernsmann/Geilen [Hrsg.], S. 116, auch *ders.*, in: FS Maiwald, S. 448; *Greco*, in: Hefendehl [Hrsg.], S. 81 f.; *Roxin/Greco*, § 2 Rn. 12b), das Recht des Mündigen, mit anderen Mündigen einvernehmlich geschlechtlich zu verkehren (s. *Greco*, ZIS 2008, 234, S. 237), das Recht auf die negative sexuelle Selbstbestimmung, insb. der Ablehnung eines Geschlechtspartners (s. *Soares*, Sobre a vida e sobrevida da teoria do bem jurídico, RICP 2022, 190, S. 201 f.) und das Recht des Mündigen, die Substanzen zu kontrollieren, die künstlich in den eigenen Körper eingeführt werden (s. *Siqueira/Soares*, Vacinação compulsória?, REC 2021, 28, S. 58). Die Literatur spricht auch von einem subjektiv-rechtlichen Abwehranspruch bezüglich des Wissens, Lernens und Denkens (vgl. *Puschke*, S. 180) und von einem Recht darauf, die eigenen Werturteile bei vertraulichen Mitteilungen zu äußern (s. *Soares*, RICP 2022, 190, S. 203, der sich vom BVerfG, NJW 1995, 1015, inspirieren ließ).

Kernbereichs privater Lebensgestaltung anführen[46]. Der Unterschied zwischen diesen ersten deontologischen Schranken und der hier dargestellten liegt darin, dass sich die „Wahrheitsschranke", statt auf die Menschenwürde bzw. den Kernbereich privater Lebensgestaltung, direkt auf die Rechtsstaatlichkeit konzentriert, was vielleicht einfacher identifizierbar ist[47]. Beide Schranken dienen aber dazu, dem Strafgesetzgeber absolute Grenzen zu setzen, auch wenn eine Überschreitung dieser Grenzen einen hohen Nutzen brächte.

IV. Indirekter Wahrheitsschutz: die Unwahrheit als Angriffsmittel

Anders als der direkte, ist der indirekte Wahrheitsschutz bzw. der Rechtsgutsschutz vor Unwahrheiten viel weniger kontrovers. Sofern es ein zugrundeliegendes Rechtsgut gibt, birgt dieser Schutz kein besonderes Risiko für den Rechtsstaat. Man denke nur an das objektive Merkmal der Täuschung beim Betrug (§ 263 StGB), das gerade – und selbstverständlich – den Einsatz von Unwahrheiten als Rechtsgutsangriffsmittel umfasst. Aber die Unwahrheit braucht sich nicht stets als ein ausdrückliches Tatbestandsmerkmal darzustellen, um legitimerweise als Angriffsmittel gegen Rechtsgüter anerkannt zu werden. Wenn ein Täter das Opfer aus Mordlust belügt, und dadurch dessen Tod verursacht, begeht er einen Mord (§ 211 StGB), auch wenn der jeweilige Tatbestand die Unwahrheit nicht einmal erwähnt.

Im Grunde genommen ist das auch bei der Holocaustleugnung der Fall. Obwohl ein direkter Wahrheitsschutz durch das Strafrecht nach der hier vertretenen Auffassung illegitim ist, gibt es prinzipiell keinen Einwand dagegen, dass der Gesetzgeber ein Rechtsgut vor einer Auschwitzlüge schützt. Als zugrundeliegendes Rechtsgut kann man hier etwa die persönliche Integrität der betroffenen Menschen oder sogar die Menschenwürde selbst heranziehen[48]. Die einzige Legitimitätsbedingung hierfür liegt darin, dass die Angriffshandlung dazu geeignet sein muss, das jeweilige Rechtsgut

---

46 Dazu s. etwa *Greco*, in: Hefendehl (Hrsg.), S. 81 ff.; auch *Puschke, S.* 178 ff.; *Souza Santos*, Ainda vive a teoria do bem jurídico?, São Paulo, 2021, S. 142 ff. (zitiert als: *Souza Santos*); *Soares*, RICP 2022, 190, S. 200; *Roxin/Greco*, § 2 Rn. 12b.

47 Nichtsdestotrotz lässt sich die hier skizzierte Variante der deontologischen Schranke kaum mit der ausschlaggebenden Unantastbarkeit der Menschenwürde begründen. Vielmehr ist hier von der logischen Opposition zwischen den Rechts- und Unrechtstaat auszugehen.

48 *Roxin/Greco*, § 2 Rn. 40 f.

zu beeinträchtigen[49]. Beim § 130 III StGB[50] stellt sich jedoch die Frage, ob „das bloße Leugnen einer historischen Tatsache ohne Agitationscharakter“[51] wirklich geeignet ist, die persönliche Integrität der Holocaustopfer, die Menschenwürde oder ein sonstiges Rechtsgut zu beeinträchtigen.

Wie schon oben dargestellt, versuchen viele Stimmen in der Literatur verschiedene Schutzzwecke für den § 130 III StGB[52] auszumachen. Trotzdem erscheint diese Vorschrift überflüssig, da eine Holocaustleugnung schon durch den § 130 I StGB[53] strafbar ist, wenn sie dazu geeignet ist, den Hass gegen die Juden oder einen anderen Teil der Bevölkerung faktisch aufzustacheln[54]. Mit anderen Worten: Die Auschwitzlüge ist bereits strafbar, wenn die Gefahr besteht, dass sie die Menschenwürde oder die persönliche Integrität von Mitgliedern der jüdischen Gemeinschaft beeinträchtigt. Ohne diese Rechtsgutsgefährdung wäre eine solche Leugnung zwar eine abwegige und verwerfliche Lüge, dennoch eine, die der Staat – nicht nur wegen des Mangels eines zugrundeliegenden Rechtsgutes[55], sondern hauptsächlich wegen der hier vertretenen deontologischen Wahrheitsschranke – nicht bestrafen darf. Übrigens folgen diese Erwägungen bereits aus dem Wortlaut des § 130 III StGB, der das Merkmal der Störung des öffentlichen Friedens ausdrücklich erwähnt[56].

---

49 Ausdrücklich zu diesem Legitimitätskriterium, das normalerweise eher implizit bleibt, *Souza Santos*, S. 201 ff.; zustimmend *Soares*, RICP 2022, 190, S. 203.

50 Zum Wortlaut des Tatbestands s. Fn. 7 oben.

51 So die Formulierung von *Kühl*, in: Bernsmann/Ulsenheimer (Hrsg.), S. 106. Ähnlich *ders.*, in: FS Maiwald, S. 448: „bloße, nicht agitatorische Äußerung“.

52 S. Fn. 32 oben.

53 „§ 130 Volksverhetzung: (1) Wer in einer Weise, die geeignet ist, den öffentlichen Frieden zu stören, 1. gegen eine nationale, rassische, religiöse oder durch ihre ethnische Herkunft bestimmte Gruppe, gegen Teile der Bevölkerung oder gegen einen Einzelnen wegen dessen Zugehörigkeit zu einer vorbezeichneten Gruppe oder zu einem Teil der Bevölkerung zum Hass aufstachelt, zu Gewalt- oder Willkürmaßnahmen auffordert oder 2. die Menschenwürde anderer dadurch angreift, dass er eine vorbezeichnete Gruppe, Teile der Bevölkerung oder einen Einzelnen wegen dessen Zugehörigkeit zu einer vorbezeichneten Gruppe oder zu einem Teil der Bevölkerung beschimpft, böswillig verächtlich macht oder verleumdet, wird mit Freiheitsstrafe von drei Monaten bis zu fünf Jahren bestraft.“

54 *Roxin/Greco*, § 2 Rn. 41.

55 *Roxin/Greco*, § 2 Rn. 41.

56 S. *Roxin/Greco*, § 2 Rn. 48: „Wie man sich aber eine Eignung zur Störung des öffentlichen Friedens vorstellen soll, wenn die Beeinträchtigung eines friedlichen, grundrechtsgewährleistenden Zusammenlebens nicht dargetan ist, bleibt unklar.“ Im Kontext des indirekten Wahrheitsschutzes bedeutet dieses Merkmal, dass, obwohl § 130 III StGB schwer zu rechtfertigen ist (s. sehr kritisch dazu *Schünemann*, GA

Dieser rechtsgutsorientierte Gedanke liegt einigen Vorschlägen zugrunde, die den Rahmen der Strafbarkeit von Fake News zu skizzieren versuchen[57]. Auch wenn nicht alle Ansätze vom Rechtsgutskonzept ausgehen, herrscht dabei zumindest die Idee vor, dass eine solche Strafbarkeit nur zu rechtfertigen wäre, wenn die Unwahrheit objektive Nachteile für die Interessen der Einzelnen oder der Gesellschaft verursacht[58]. Mit anderen Worten: Die Strafbarkeit von Fake News hängt von der Sozialschädlichkeit der unwahren Behauptungen ab.

Diese Entsprechung lässt sich durch das Beispiel *Hovens* über die Kleidung Angela Merkels in einem sozialen Event resümieren: Ihrer Meinung[59] nach sei die lügenhafte Aussage, dass die „Bundeskanzlerin [...] beim Bundespresseball ein gelbes Jackett [trug]", wegen ihrer vermeintlichen Unschädlichkeit, strafrechtlich irrelevant. Doch überzeugt dieser Standpunkt nicht. Erstens, weil jemand immer behaupten kann, dass eine öffentlich verbreitete Lüge seine Willensbildung beeinträchtigt; man denke an jemanden, der sich fragt: „Wie kann ich meine politische Meinung richtig bilden, wenn sogar einfache Aussagen über die Kleidung der Bundeskanzlerin lügenhaft sind?" Zweitens, auch wenn man ein so weitgehendes *argumentum ad absurdum* unbeachtet lässt[60], deutet die Farbenwahl der Kleidung nicht selten politische Meinungen an, sodass man denken könnte, dass das Jackett der ehemaligen Bundeskanzlerin oder die Krawatte des ameri-

---

2019, 620. S. 622; *Kühl*, in: FS Stöckel, S. 119), der Staat die Unwahrheit über die Schoah doch unter gewissen Umständen als Angriffsmittel betrachten darf. Vielleicht wäre die Vorschrift noch zu retten, falls man sie als eine gesetzliche Erinnerung bzw. Behauptung auslegt, dass die geschützten Rechtsgüter auch durch Unwahrheiten beeinträchtigt werden können. Die Differenz zwischen den Strafandrohungen beider Vorschriften bildet aber einen schweren Einwand dagegen. Eine Vertiefung dieses Themas wäre aber Gegenstand einer weiteren Untersuchung.

57 Ausdrücklich *Hoven*, ZStW 2017, S. 741; auch *Preuß*, S. 173; ebenso, aber etwas zögerlicher *Schreiber*, S. 267 ff. Gleichfalls, allerdings ohne Bezug zu den Fake News BVerfG, NJW 1998, 443.

58 S. *Lammich*, S. 121 f.

59 *Hoven*, ZStW 2017, 718, S. 740. Dem Beispiel ausdrücklich zustimmend *Preuß*, S. 172; *Schreiber*, S. 288. Mit einem ähnlichen, in der Sache gleichen Beispiel *Lammich*, S. 229: „[Die] Meldung, der 46. US-Präsident Joe Biden hätte bei seiner Vereidigung eine grüne Krawatte getragen, obwohl die Krawatte tatsächlich hellblau war."

60 Ein Argument solcher Art basiert ferner auf einem bedenklichen Vertrauensschutz, der von manchem skeptisch angesehen wird. Dazu *Roxin/Greco*, § 2 Rn. 84; auch *Rostalski*, RW 2017, 436, S. 451 ff.; befürwortend aber *Hefendehl*, Mit langem Atem: Der Begriff des Rechtsguts, GA 2007, 1, S. 9 ff.

kanischen Präsidenten[61] eine politische Botschaft oder Präferenz äußern[62]; schließlich ist Gelb die Farbe einer deutschen Partei (FDP) und Grün[63] die Farbe einer weltweit verbreiteten politischen Bewegung.

Diese Einwände könnten aber durch das Argument widerlegt werden, dass das Beispiel *Hovens*[64] nicht präzise genug formuliert wurde; die harmlose Lüge gebe es durchaus, nur anderswo. Die Idee, dass eine bestimmte Unwahrheit bereits ihrem Wesen nach unschädlich sein kann, überzeugt jedoch aus einem tieferen und strukturellen Grund nicht[65]: Von vornherein kann niemals ausgeschlossen werden, dass ein Verhalten für einen Gegenstand eine Gefahr darstellt[66]. Eine solche Feststellung ist immer eine Sache der Empirie und deswegen nicht *a priori* bestimmbar[67]. Der Anspruch, die Vorverlagerung der Strafbarkeit von Fake News *ex ante,* durch die Sozialschädlichkeit der Unwahrheiten, zu beschränken, erweist sich deshalb als nicht realistisch: „Bloße Lügen" mögen vielleicht nicht strafbar sein, aber „bloße Lügen" existieren einfach nicht. Denn es stellt sich erst im konkreten Fall heraus, ob die Lüge gefährlich war oder nicht.

Dies stellt ein Kernproblem, nicht nur der Strafbarkeit von Fake News, sondern zudem des gesamten Desinformationsstrafrechts dar: Der Staat, sei es in der Erscheinungsform des Gesetzgebers oder des Richters, kann eine irreführende Aussage immer in eine rechtsgutsbetreffende Kausalkette einfügen, damit er deren Strafbarkeit rechtfertigen kann. Das gilt vorwiegend bei Gefährdungs- bzw. Eignungsdelikten[68], etwa der Störung des

---

61 S. Fn. 59 oben.

62 S. die Diskussion darüber, ob der Hut der Königin Elizabeth II. in der britischen Parlamentseröffnung 2017 ein Zeichen für die Europäische Union sei, bei *Sini*, BBC News, Queen's Speech: Is the Queen wearing an EU hat?, 21.6.2017, https://www.bbc.com/news/blogs-trending-40356113 (zuletzt abgerufen am 18.11.2022).

63 S. Fn. 59 oben.

64 Oder die Variante *Lammichs*. S. Fn. 59 oben.

65 S. *Roxin/Greco*, § 2 Rn. 12a f.

66 S. bereits *v. Buri*, Zur Lehre von dem Angriff auf die Ehre mit näherer Berücksichtigung der Lehre von dem Versuche, der Concurrenz und dem fortgesetzten Verbrechen, Gießen, 1862, S. 59.; s. a. *Möller*, S. 296 ff.; ebenso *Greco*, in: Hefendehl (Hrsg.), S. 82; *ders.* ZIS 2008, 234, S. 238.

67 S. *Möller*, S. 182 f., 301.

68 Ein Eignungsdelikt liegt vor, „wenn der Gesetzgeber wegen der Unmöglichkeit, die Voraussetzungen der Gefahr selbst abschließend zu bestimmen, die Entscheidung zwar dem Richter überläßt, durch die Fassung seines Tatbestandes aber zu erkennen gibt, daß bei der Entscheidung nicht die konkrete Situation maßgeblich ist, sondern generelle Maßstäbe anzulegen sein sollen." S. *Schröder*, Abstrakt-konkrete Gefährdungsdelikte?, JZ 1967, 522, S. 525. Konsens um die Kriterien zur Bestimmung des

öffentlichen Friedens durch die Vortäuschung, die Verwirklichung einer schwerwiegenden Straftat stünde bevor (§ 126 II StGB). Da jede Vortäuschung einer solchen Verwirklichung theoretisch dazu geeignet ist, den öffentlichen Frieden zu stören, bräuchte man nur eine bloße Äußerung in diese Richtung[69], um die Strafbarkeit zu begründen[70]. So hat schon das AG Mannheim entschieden, als es den Verfasser eines (nicht eindeutig) fiktiven Berichts über einen Terroranschlag verurteilt hat[71]. Ebenfalls hat das Eignungsmerkmal das Potenzial, jeden Versuch zu vereiteln, den Anwendungsbereich des § 130 StGB einzuschränken.

V. Annäherung an die Legitimationsbedingungen der Strafbarkeit von Fake News

Im Hintergrund dieses Kernproblems der Strafbarkeit von Fake News steht eine der Grundfragen des modernen Strafrechts: Wie kann man die Vorverlagerung der Strafbarkeit vermeiden bzw. limitieren? Der Rechtsgutslogik nach müsste die Vorverlagerung eigentlich stets begrüßt werden[72]. Hier handelt es sich um die ausdehnende Facette des Rechtsgutsgedankens, was manche für dessen „illiberale Seite" halten[73]. In der Tat betrifft dieses Prob-

---

Eignungsmerkmals gibt es bisher aber nicht. S. *Kühl*, Stalking als Eignungsdelikt, in: Rotsch (Hrsg.), Zehn Jahre ZIS – Zeitschrift für Internationale Strafrechtsdogmatik, Baden-Baden, 2018, S. 703 (zitiert als: *Kühl* in: Rotsch [Hrsg.]).

69 S. die Zweifel an die Eignungsdelikten bei *Kühl*, in: Rotsch (Hrsg.), S. 704: „Reicht jede Äußerung in der Öffentlichkeit?". Bei dem § 130 III StGB versuchen manche das Eignungsmerkmal restriktiv auszulegen (vgl. *Schäfer/Anstötz*, in: MüKoStGB, 4. Aufl. 2021, StGB § 130, Rn. 23: „Erforderlich ist aber eine konkrete Eignung zur Friedensstörung; diese darf nicht nur abstrakt bestehen."). Wenn aber auch die „Sensibilität der betroffenen Gruppe für den Angriff ebenfalls nicht außer Betracht bleiben [darf]" (s. *Schäfer/Anstötz*, in: MüKoStGB, 4. Aufl. 2021, StGB § 130, Rn. 24), bieten die Eignungsprüfungskriterien kein einschränkendes Potenzial. Auch skeptisch dazu *Sternberg-Lieben/Schittenhelm*, in: Schönke/Schröder/Sternberg-Lieben/Schittenhelm, 30. Aufl. 2019, StGB § 130, Rn. 22; ebenso *Kühl*, in: Bernsmann/Ulsenheimer (Hrsg.), S. 113 ff.

70 Deswegen ist *Schreiber*, S. 290 f., nicht Recht zu geben, wenn er die ideale Strafvorschrift gegen Fake News als Eignungsdelikt vorschlägt. Durch eine Eignungsklausel würde praktisch ein strafrechtliches Lügenverbot geschaffen.

71 S. AG Mannheim, MMR, 2019, 341. Es ist aber zuzugeben, dass auch festgestellt wurde, dass eine konkrete Störung des öffentlichen Friedens in diesem Fall eingetreten ist.

72 S. *Roxin/Greco*, § 2 Rn. 12b; *Kühl*, in: Rotsch (Hrsg.), S. 702 f.

73 *Roxin/Greco*, § 2 Rn. 12b.

lem nicht nur die Rechtsgutslehre, sondern alle konsequentialistischen Kriterien zur Begrenzung der Staatsgewalt[74], weshalb eine deontologische bzw. respektbezogene Ergänzung notwendig erscheint. Eine Kriminalisierungstheorie, die sich nur an Zwecken orientiert, kennt keine wahre Grenze. Diese Ergänzung muss gerade aus den oben erwähnten deontologischen Schranken bestehen. Bezüglich der Fake News-Debatte lautet die verbleibende Frage also: Wie verhält sich die oben dargestellte deontologische Schranke, der Staat dürfe die Wahrheit nicht direkt schützen, zu dem Bedürfnis, die Vorverlagerung der strafrechtlichen Bekämpfung von Fake News zu begrenzen?

Auf den ersten Blick haben die zwei oben gewonnenen Schlussfolgerungen kaum miteinander zu tun. Einerseits darf die Wahrheit nicht als Strafrechtsgut fungieren. Anderseits lässt sich der Strafrechtsgüterschutz praktisch uneingeschränkt vorverlagern, um Rechtsgüter gegen Unwahrheiten zu verteidigen. Das Ergebnis wirkt ernüchternd: Es fällt dem Staat nicht schwer, einen entfernten Bezug zu einem Rechtsgut anzuführen, um die deontologische Wahrheitsschranke zu umgehen. Es wäre nicht unvernünftig, wenn der Gesetzgeber die Existenz z.B. des § 130 III StGB durch das Argument rechtfertigen würde, dass die Vorschrift auf die Reduzierung einer fernen Rechtsgutsgefährdung abzielte. Dass ein Verbot der Holocaustleugnung zu einer sichereren gesellschaftlichen Lage führen kann, ist eine Prognose, die, trotz aller Kontroversen[75], noch nachvollziehbar bleibt.

Die Lösung für diese Herausforderung geht auf die unterschiedliche Natur des Rechtsgutskonzepts und der Wahrheitsschranke zurück. Die Rechtsgutslehre kümmert sich, wie zuvor besprochen, um die „positiven" Elemente eines Verbrechens; es geht darum, was ein Verhalten zu einem Verbrechen macht. Tritt ein Rechtsgutsbezug auf, hat die Rechtsgutslehre ihre Aufgabe, einen Schutzzweck zu benennen, erledigt, und kann kaum mehr bieten: Nach ihrer Logik sind dem Staat alle weiteren Schritte erlaubt. Demgegenüber weist die Wahrheitsschranke eine andere Natur auf. Sie ist „negativ" orientiert; es geht darum, was kein Verbrechen sein darf. Statt

74 Zu ähnlichen Problemen in der angelsächsischen Debatte um das Harm Principle s. *Harcourt*, The Collapse of the Harm Principle, J. Crim. L. & Criminology 1999, 109, S. 109 ff., der vom „collapse of the harm principle" mit den Beispielen der Pornografie (S. 140 ff.), der Prostitution (S. 147 ff.), der Störung des öffentlichen Friedens (S. 154 ff.), des homosexuellen Verhaltens (S. 161 ff.), des Drogenkonsums (S. 172 ff.) und weiteren (S. 176 ff.) spricht.

75 Zweifelnd daran s. *Roxin/Greco*, § 2 Rn. 41. Wohl auch *Mchangama*, Free Speech, London, 2022, S. 3, 269 ff., insb. 276 f.

„eines kontingenten Nicht-Könnens"[76] handelt es sich hier um ein „starkes Nicht-Dürfen"[77]. Greift eine deontologische Schranke ein, ist der Staat zum Aufhören gehalten: Seinen Schutzzweck darf er nicht auf diesem Weg, in Überschreitung der Schranke, zu verfolgen versuchen.

Im Ergebnis heißt dies, dass es für den Staat unzulässig ist, die Wahrheitsschranke zu umgehen. Denn die deontologischen Schranken sind Ausdruck eines gesunden, liberalen Misstrauens[78] gegen die Macht des Leviathans, das insbesondere auch die Macht beargwöhnt, Unwahrheit als Wahrheit öffentlich auszustellen und durchzusetzen. In der 1984-Dystopie ist das „Wahrheitsministerium" nichts anderes als ein verdecktes Propagandaministerium[79]. Sein Name ist nichts anderes als ein hinterlistiger Versuch, sein monströses Wesen schamlos zu beschönigen und vor den Bürgern zu verstecken. Ähnlich verhält es sich bei einer Berufung auf entfernt-abstrakte Rechtsgutsgefährdungen. Wenn die herangezogene Gefahr so fern ist, dass sie sich von einem direkten Wahrheitsschutz nicht mehr unterscheiden lässt, verliert die Vorschrift jeden legitimen Anspruch, gerechtfertigt zu sein.

Es bleibt aber noch die Frage nach den Kriterien, mit denen die gerade beschriebene Ununterscheidbarkeit geprüft werden kann: Ab wann wäre eine Gefahr so fernliegend, dass sie einem unerlaubten direkten Wahrheitsschutz gleichstünde? Die naheliegende Antwort kann nur eine sein: Ab dem Moment, in dem der direkte Wahrheitsschutz „näher" ist. Diese Distanz kann man dadurch feststellen, dass man den direkten Rechtsgutsschutz mit der konkreten Gefahr und den indirekten Rechtsgutsschutz mit der abstrakten Gefahr gleichstellt[80]. Mit anderen Worten: Stellt die Rechtsgutsgefährdung sich nicht mehr konkret dar, lässt sich der Rechtsgutsschutz gegen Unwahrheiten von einem direkten Wahrheitsschutz nicht mehr unterscheiden; dies muss dem Staat folglich verboten sein.

Die Implikationen dieses Gedankens für die Strafbarkeit von Unwahrheiten scheinen vielversprechend. Dies lässt sich an drei Beispielen demonstrieren. Bei dem klassischen Beispiel des fälschlichen „Feuer!" Schreis im Theater lässt sich darauf schließen, dass es sich um eine strafbare Un-

76 *Greco*, in: Hefendehl (Hrsg.), S. 81 f.
77 S. Fn. 76 oben.
78 Einem noch breiteren demokratischen Misstrauen gegen die Informationsquellen zugeneigt *Rostalski*, RW 2017, 436, S. 446 f.
79 S. Fn. 27 oben.
80 Vgl. *Rostalski*, RW 2017, 436, S. 449 f., 453 f., die sich, obwohl sie nicht genau zu dieser Lösung kommt, zurecht um die Natur der Gefährdungen sorgt.

wahrheit handelt, weil dort konkrete Körper- und Lebensgefährdungen vorliegen. Ein zweites Beispiel findet sich im österreichischen StGB, das im § 264[81] eine Vorschrift gegen die Verbreitung falscher Nachrichten bei einer Wahl oder Volksabstimmung vorsieht, die die Bestrafung von Fake News von der Unmöglichkeit einer wirksamen Gegenerklärung abhängig macht[82]. Angesichts des hier formulierten Kriteriums hat der österreichischen Gesetzgeber hat also Recht. Ferner reichen die Auswirkungen dieses Gedankens über die Konsequenzen für die Strafbarkeit der Fake News hinaus und betreffen auch andere Bereiche des Strafrechts. So können sich etwa die Vorbehalte gegen den sog. Kreditbetrug (§ 265b, Abs. 1 StGB[83])

---

81 „§ 264 Verbreitung falscher Nachrichten bei einer Wahl oder Volksabstimmung: (1) Wer öffentlich eine falsche Nachricht über einen Umstand, der geeignet ist, Wahl- oder Stimmberechtigte von der Stimmabgabe abzuhalten oder zur Ausübung des Wahl- oder Stimmrechts in einem bestimmten Sinn zu veranlassen, zu einer Zeit verbreitet, da eine Gegenäußerung nicht mehr wirksam verbreitet werden kann, ist mit Freiheitsstrafe bis zu sechs Monaten oder mit Geldstrafe bis zu 360 Tagessätzen zu bestrafen."

82 Kritisch dazu *Schreiber*, S. 292: „einerseits mangels Vereinbarkeit mit dem Bestimmtheitsgebot, andererseits in Anbetracht der zunehmenden Ineffizienz von Gegendarstellungen in der digitalisierten Informationsgesellschaft." Zwar verlangt er zurecht, dass diese zeitliche Voraussetzung präziser bestimmt werden sollte (vielleicht durch eine feste temporale Distanz vor dem Wahltag), aber die Sorge um die Effizienz der Gegendarstellung scheint etwas übertrieben. Man sollte nicht erwarten, dass die betroffenen Bürger wieder von der Wahrheit überzeugt werden, um die Strafbarkeit der Fake News auszuschließen. Das wäre schon ein direkter Wahrheitsschutz. Um das Vorhandensein einer konkreten Gefahr für das individuelle Rechtsgut der Wahlwillensbildung zu verneinen, genügt es, dass die Wahrheit den Bürgern zugänglich wird. Ob die mündigen Bürger an die Wahrheit glauben werden oder nicht, geht das Strafrecht nichts an. Wenn überhaupt, kann das Schutzgut im Ergebnis nur die Wahrheitszugänglichkeit betreffen, niemals ihre Überzeugungskraft. Wohl zustimmend trotz Zweifeln an einem Recht auf wahre Informationen, *Rostalski*, RW 2017, 436, S. 445 ff.

83 „§ 265b Kreditbetrug: (1) Wer einem Betrieb oder Unternehmen im Zusammenhang mit einem Antrag auf Gewährung, Belassung oder Veränderung der Bedingungen eines Kredits für einen Betrieb oder ein Unternehmen oder einen vorgetäuschten Betrieb oder ein vorgetäuschtes Unternehmen 1. über wirtschaftliche Verhältnisse a) unrichtige oder unvollständige Unterlagen, namentlich Bilanzen, Gewinn- und Verlustrechnungen, Vermögensübersichten oder Gutachten vorlegt oder b) schriftlich unrichtige oder unvollständige Angaben macht, die für den Kreditnehmer vorteilhaft und für die Entscheidung über einen solchen Antrag erheblich sind, oder 2. solche Verschlechterungen der in den Unterlagen oder Angaben dargestellten wirtschaftlichen Verhältnisse bei der Vorlage nicht mitteilt, die für die Entscheidung über einen solchen Antrag erheblich sind, wird mit Freiheitsstrafe bis zu drei Jahren oder mit Geldstrafe bestraft."

hieran bestätigen: Diese Vorschrift verlagert die Strafbarkeit weit vor, sodass eine bloße Täuschung bei der Beantragung eines Kredits schon unter Strafe steht, auch wenn es auf keinen weiteren Erfolg ankommt[84]. Da eine Rechtsgutsgefährdung hier kaum abstrakter sein kann, liegt ein Verstoß gegen die Wahrheitsschranke vor, sodass die Vorschrift als illegitim betrachtet werden sollte. Diese drei Implikationen dienen als Beleg für die hohe Leistungsfähigkeit der Wahrheitsschranke für die allgemeine Kriminalisierungstheorie, so dass es sich lohnen dürfte, darüber weiter zu reflektieren.

VI. Zusammenfassung

Auch wenn das Spannungsverhältnis zwischen Kriminalisierungstheorie und Wahrheit nicht neu ist, verdient die Frage, wie das Strafrecht mit der Wahrheit umgeht, mehr Aufmerksamkeit. Ein direkter Wahrheitsschutz durch das Strafrecht wird zwar kaum gefordert, allerdings werden die Grenzen eines indirekten Wahrheitsschutzes kaum erforscht. Der vorliegende Beitrag hat versucht, sich diesem Thema erstmals zu nähern. Die Ergebnisse lassen sich wie folgt zusammenfassen:

1. Die Diskussion um jede Form des staatlichen Schutzes der Wahrheit setzt notwendigerweise voraus, dass man unter Wahrheit das staatliche Narrativ verstehen muss. Dies folgt aus einer pragmatischen Feststellung: Ein Narrativ kann nur vom Rechtsstaat als Wahrheit geschützt werden, wenn er dieses Narrativ als Wahrheit annimmt. Jedoch soll sich das ofizielle Narrativ in einem Rechtsstaat stets auf dem Beweis zugängliche Tatsachenfeststellungen stützen. Seine hypothetische Natur darf niemals verleugnet werden.
2. Die Aufrechterhaltung des offiziellen Narrativs ist für ein friedliches Zusammenleben notwendig, weshalb der Staat dieses Narrativ als Rechtsgut behandeln und somit durch alle verhältnismäßigen, für ihn verfügbaren Mittel schützen darf.
3. Obwohl das offizielle Narrativ ein schützbares Rechtsgut darstellt, darf ein Rechtsstaat dieses Narrativ durch das Strafrecht nur indirekt schützen. Wegen der besonderen Natur der Strafe als schärfster staatlicher Eingriff in die Rechtssphäre eines Bürgers, würde ein direkter strafrechtlicher Schutz der Wahrheit schon einen maximalen Wahrheitsschutz

84 Zu den Kritiken s. *Roxin/Greco*, § 2 Rn. 49h, 102a, 102e.

bedeuten, was stets eine hinreichende Bedingung für das Vorliegen eines unrechtstaatlichen Wahrheitsministeriums bildet.

4. Daraus entsteht eine neue deontologische Schranke, nämlich die Wahrheitsschranke. Statt um die positiven Merkmale eines Verbrechens kümmert sich diese weithin unerforschte Kategorie der Kriminalisierungstheorie um die negativen Aspekte eines materiellen Verbrechensbegriffs, nämlich: Was kein Verbrechen sein darf. Die Wahrheitsschranke legt also fest, dass der Staat Unwahrheiten nicht direkt kriminalisieren darf.
5. Unwahrheiten dürfen jedoch vom Staat als Rechtsgutsangriffsmittel angesehen werden. Dieser sog. indirekte Wahrheitsschutz darf auch durch das Strafrecht erfolgen und liegt hinter vielen unbestrittenen Vorschriften wie dem Betrug (§ 263 StGB) oder der Verleumdung (§ 187 StGB). Die Kriminalisierung von Fake News wäre dieser Logik nach legitim, soweit es dadurch ein anderes Rechtsgut (als die Wahrheit) zu schützen gäbe.
6. Die Vorverlagerung der Strafbarkeit stellt in diesem Zusammenhang jedoch eine Herausforderung dar: Wenn Rechtsgüter zu Recht auch vor abstrakten Gefahren geschützt werden dürfen, kann der Staat die Wahrheitsschranke leicht umgehen oder entleeren. Dafür bräuchte er nur eine entfernte Gefahr für ein Rechtsgut heranzuziehen. Dies ist die problematische, ausdehnende Seite der Rechtsgutslehre.
7. Durch eine nähere Betrachtung der Natur der Rechtsgutslehre und der Wahrheitsschranke lässt sich diese Herausforderung lösen. Während das Rechtsgutskonzept „positiv" orientiert ist – d. h., es verlangt kaum mehr als das Bestehen eines Rechtsgutsbezugs –, richtet sich die Wahrheitsschranke „negativ" aus – d. h., sie zieht eine unüberschreitbare rote Linie. Mit anderen Worten: In Fällen, in denen eine Ununterscheidbarkeit vorliegt, ist ein indirekter strafrechtlicher Wahrheitsschutz als ein direkter zu behandeln und folglich darf dieser Schutz dem Staat nicht zur Verfügung stehen.
8. Das Kriterium für die Prüfung einer solchen Ununterscheidbarkeit folgt aus der Gleichsetzung zwischen dem direkten Rechtsgutsschutz und der konkreten Gefahr oder zwischen dem indirekten Rechtsgutsschutz und der abstrakten Gefahr. Stellt die Unwahrheit nur eine abstrakte Gefahr dar, wird das jeweilige Rechtsgut nur indirekt geschützt, sodass sein Schutz einem direkten Wahrheitsschutz näher ist als einem indirekten. Beide lassen sich folglich nicht voneinander unterscheiden und rechtfertigen deswegen keine Kriminalisierung.

Hugo Soares, Master of Laws (Lissabon) | Doktorand an der Humboldt-Universität und brasilianischer Advogado in der Kanzlei Oehmichen International in Berlin

Zwischen Skylla und Charybdis – Über Pflichten und Grenzen des demokratisch gebundenen Gesetzgebers im Umgang mit dilemmatischen Konflikten unter besonderer Berücksichtigung der Triage

Alexandra Windsberger, Konstanz

Dilemmatische Konflikte haben viele Gesichter: Von Rettungsbootsituationen[1], über Organallokationen[2], Großschadensereignisse[3], den philosophisch viel diskutierten Trolley-Fällen[4], den aktuellen Debatten um autonomes Fahren[5] oder im Rahmen coronabedingter Triageszenarien[6], geht es stets um Entscheidungen, die einerseits die Rettung eines oder mehrerer Leben bezwecken und zugleich den Tod einer oder mehrerer anderer Personen bewirken. Die verfügbaren Handlungsoptionen zeichnen sich typischerweise dadurch aus, dass, was auch immer man tut, der Tod wenigstens eines Menschen nicht vermieden werden kann; ein Dilemma eben.

Angesichts der Fülle an philosophisch-ethischen und rechtswissenschaftlichen Publikationen zu diesen „hard cases", der langen Dauer des Diskurses und der Schwierigkeit der Fragen, fokussiert die vorliegende Untersuchung weniger die (juristisch und/oder moralisch erlaubten) Handlungsoptionen des Aktors[7], sondern die des demokratisch gebundenen

1 *Koriath*, Das Brett des Karneades, JA 1998, 250 ff.

2 Grundlegend zur Allokationsethik, *Lübbe*, Tödliche Entscheidungen 2006, Paderborn.

3 Zum Umgang mit Ressourcenknappheit nach Naturkatastrophen, *Birnbacher*, Triage-Entscheidungen im Kontext der Corona-Pandemie – die Sicht eines Ethikers, in: Hörnle/Huster/Poscher (Hrsg.), Triage in der Pandemie, Tübingen 2021, S. 189 ff. Vgl. zum LuftsichG a.F. *Ladiges*, „Die notstandsbedingte Tötung von Unbeteiligten im Fall des § 14 Abs. 3 LuftSiG – ein Plädoyer für die Rechtfertigungslösung", ZIS 2008, 129.

4 Ein führerloser Zug droht fünf Gleisarbeiter zu töten. Ein Wärter könnte eine Weiche umstellen und den Zug umlenken, sodass „nur" ein Arbeiter getötet wird. Ein Überblick bei *Foot*, The Problem of Abortion and the Doctrine of the Double Effect, Oxford Review 5 (1967) 5, 8 und *Bruers/Braeckmann*, A Review and Systematization of the Trolley Problem, Philosophia 42 (2014), 251.

5 Vgl. nur *Wörner*, „Der Weichensteller 4.0," ZIS, 2019, 41.

6 *Dufner*, Welche Leben soll man retten?, 2021 Berlin, S. 27 ff.

7 Hierzu gibt es eine ganze Flut an Publikationen. Zur ethischen Debatte m.w.N. vgl. *Dufner*, S. 27; *Mannino*, Wen rette ich – und wenn ja, wie viele?, Ditzingen 2021;

Gesetzgebers im Rahmen der Steuerung dieser Konflikte. Mit Beschluss vom 16.12.2021 hat das BVerfG[8] diesen im Kontext der Triage aufgefordert, Vorkehrungen zu treffen, damit im Falle knapper intensivmedizinischer Ressourcen niemand diskriminiert wird.[9] Dabei stellt sich vornehmlich die inhaltliche Frage, wie genau eine Entscheidungsregel lauten könnte, die es erlaubt, eine Person einer anderen Person vorzuziehen, mit der Folge, dass die „Aussortierte" stirbt. Dies setzt allerdings zunächst voraus, dass die Frage, wie Entscheidungsträger mit dilemmatischen Konflikten im Bereich des Lebensschutzes umgehen sollen, einer demokratischen *Mehrheitsentscheidung* überhaupt *zugänglich* ist. Zwar leuchtet innerhalb einer demokratischen Ordnung intuitiv ein, dass „wesentliche" Bereiche der Grundrechtsverwirklichung dem Handlungsprärogativ des Parlaments unterliegen. Wem überlebenswichtige Ressourcen zugewiesen werden und wie (tödliche) Opferlasten verteilt werden, dürfte prima facie zu diesem Kernbereich gehören. Ein solcher Verweis auf die Wesentlichkeitstheorie ist nach Ansicht des deutschen Ethikrats[10] und einiger Stimmen aus dem Schrifttum[11] wegen Art. 1 GG jedoch nicht hinreichend für die Annahme einer entsprechenden Regelungskompetenz. Wenn jedes Leben gleich viel zählt und keiner weniger wert ist als der andere, sei ein materielles Allokationskriterium, das eine Wahl zwischen zwei Leben zulässt, hochproblematisch oder gar indiskutabel[12]; stattdessen bliebe nur der Münzwurf. Eine solche Lesart des „Abwägungsverbots" geht prima facie mit einer deontologisch-kantischen Grundhaltung einher, die – so heißt es – verfassungsrechtlich „vorgegeben" sei.[13] Dann aber ist die Frage berechtigt, ob eine parlamentarische Meinungsbildung auch da sinnvoll gewollt sein kann, wo das Ergebnis durch übergeordnete Gerechtigkeitsformeln oder gar eine

---

vgl. für die juristische Debatte: *Hörnle/Huster/Poscher (Hrsg.)*(vgl. Fn. 3) und *Hilgendorf/Hoven/Rostalski*, Triage in der (Strafrechts-)Wissenschaft, Baden-Baden 2021.

8 BVerfG, Beschl. 16.12.2021, 1 BvR 1541/20.

9 *Brade/Müller*, Corona-Triage: Untätigkeit des Gesetzgebers als Schutzpflichtverletzung?, NVwZ 2020, 1792.

10 Deutscher Ethikrat, Solidarität und Verantwortung in der Corona Kriese/Ad-Hoc Empfehlung, 2020, S. 3 und 4.

11 *Merkel/Augsberg*, Die Tragik der Triage – straf- und verfassungsrechtliche Grundlagen und Grenzen, JZ 2020, 704, 705.

12 *Walter*, Menschlichkeit oder Darwinismus? Zu Triage-Regeln und ihren Gründen, GA 2020, 656, 664.

13 *Fateh-Moghadam/Gutmann*, Gleichheit vor der Triage. Rechtliche Rahmenbedingungen der Priorisierung von COVID-19-Patienten in der Intensivmedizin, in: Hörnle/Huster/Poscher (Hrsg.), S. 291, 320 (zitiert als: *Fateh-Moghadam/Gutmann*, in: Hörnle/Huster/Poscher [Hrsg.]).

bestimmte „Ethik“ bereits feststeht und der Gesetzgeber im Umgang mit Dilemmata nicht vielmehr nur noch als eine Art Staatsnotar fungiert, der diese bereits „vorgegebenen“ Prinzipien lediglich in eine Konkretisierung überführt, ohne dass er noch etwas demokratisch zu entscheiden hat. Wo liegen also die Grenzen des demokratisch gebundenen Gesetzgebers, wenn es sie denn gibt und wie demokratisch ist das Strafrecht eigentlich im Umgang mit dilemmatischen Konflikten?

A. Dilemmatische Konflikte und das geltende Strafrecht

Dilemmasituationen werden von der Strafrechtswissenschaft traditionell im Kontext von Rechtfertigungs- und Entschuldigungsgründen diskutiert.[14] Wenn es um intentionale Handlungen geht, die den Tod eines Menschen als kausale Folge ausweisen, ist normativer Anknüpfungspunkt das Tötungsverbot. Die Frage an die Strafrechtswissenschaft lautet dabei schlicht: Gilt das Tötungsverbot auch in Fällen eines dilemmatischen Konflikts, oder greift eine Erlaubnisnorm zu Gunsten des Aktors ein? Mit Blick auf ein Detail scheint Konsens zu herrschen: Niemand will die tragischen Aktoren in einer echten Kollisionslage wegen Tun oder Unterlassen des Mordes oder Totschlags bestrafen. Dies dürfte wohl auch für die zu kapazitätsbedingten Triageentscheidungen gezwungenen Ärzte gelten. Es ist die Zwangslage, das Dilemma, das intuitiv eine Bestrafung wegen vorsätzlicher Tötung überzogen erscheinen lässt, hatte doch der Retter gar nicht die Möglichkeit, das für alle Betroffenen „Richtige“ zu tun. Der Ultra-Posse-Grundsatz besagt grundsätzlich, dass ein Aktor in echten Kollisionsfällen (von zwei gleichzeitig bestehenden Pflichten kann aus empirischen Gründen nur eine erfüllt werden) von Verantwortung freizustellen ist, will man ihn nicht für etwas (empirisch) Unmögliches bestrafen. Man könnte daher meinen, dass strafrechtliche Verantwortlichkeit im Kontext solcher „tragic choices“ bereits auf Ebene der Rechtswidrigkeit ausgeschaltet wird. Dies ist nach ganz überwiegender Meinung[15] jedoch nur in Fällen der Rettungsunterlassung der Fall, wozu beispielsweise die Ex-Post-Triage nicht gehören soll.

14 M.w.N. *Koriath*, JA 1998, 250 ff.

15 M.w.N. *Neumann*, in: Kindhäuser/Neumann/Paeffgen, StGB, 5. Aufl., 2017, § 34 Rn. 126. Anders im Kontext der Triage explizit *Hörnle*, Ex-Post-Triage: Strafbar als Tötungsdelikt?, in: Hörnle/Huster/Poscher (Hrsg.), S. 149 ff. (zitiert als: *Hörnle*, in: Hörnle/Huster/Poscher [Hrsg.]).

I. Rettungsunterlassen und Strafrecht

Kollidieren zwei (gleichwertige) Handlungspflichten (= Rettungsunterlassung), zum Beispiel zwei Garantenpflichten von der Form „Rette A!“ und „Rette zugleich B!“, kommt der gewohnheitsrechtlich anerkannte, überpositive Rechtfertigungsgrund der sog. „rechtfertigenden Pflichtenkollision“ in Betracht, der das pflichtwidrige Unterlassen der einen gebotenen Handlung ausnahmsweise erlaubt. In diesen Fällen handeln die Aktoren nicht rechtswidrig und zwar unabhängig davon, für welches Leben sie sich entscheiden. Ein Beispiel hierfür wäre auch die Ex-Ante-Triage, bei der dem Aktor ein umfassendes Wahlrecht zukommt, das diskriminierende Entscheidungen grundsätzlich miteinschließen würde. Der Arzt dürfte dann eigentlich auch Frauen gegenüber Männern und Jüngere gegenüber Älteren bevorzugen.[16] Entscheidungsvorgaben bestehen sogar mit Blick auf hochgradig verwerfliche Motive nicht.[17]

II. Rettungstötung und Strafrecht

Für die Kollision zweier Unterlassungspflichten von der Form „Töte nicht A!“ und „Töte zugleich nicht B!“ ist die Lage wesentlich anders. Eine Negation des einen Verbots könnte hier allenfalls mit dem Notstandsargument begründet werden, da in Fällen der Rettungstötung regelmäßig eine Notstandslage vorliegt. Nach überwiegender Auffassung ist eine Rechtfertigungslösung aber dennoch ausgeschlossen.[18] Die für diese Fälle in Betracht kommende Erlaubnisnorm (§ 34 D-StGB) enthält zwar grundsätzlich eine Abwägungsformel für Kollisionsfälle, die darauf abstellt, ob das geschützte Gut wesentlich wertvoller ist als das geopferte Gut. Um diese Frage zu beantworten, muss man aber den „Wert“ eines Rechtsgutes oder eines Interesses kennen. Und das setzt offenbar so etwas wie eine axiologische Rechts-

16 Anders, *Lindner*, Die „Triage“ im Lichte der Drittwirkung der Grundrechte, MedR 2020, 723, 727, der das Wahlrecht durch Art. 3 GG einschränkt.

17 Hieran soll auch der neu geschaffene § 5c IfSchG nichts ändern, vgl. Bt-Drs. 20/3877, https://dserver.bundestag.de/btd/20/038/2003877.pdf (zuletzt abgerufen am 26.01.2023).

18 *Roxin*, An der Grenze von Begehung und Unterlassung, ZStW 74, 1962, 411, 429; *Küper*, Tötungsverbot und Lebensnotstand, JuS 1981, 785; *Lenckner*, Der rechtfertigende Notstand, 1 Aufl., Tübingen, 1965, S. 30; Im Kontext der Triage: *Jansen*, Pflichtenkollision bei Triage-Entscheidungen, ZIS, 2021, 155 f.

güterskalierung voraus. Zu den Topoi einer solchen Skalierung gehört aber beim Platzieren von Werten auf Menschenleben auch ein allgemein anerkanntes, strenges Verbot, nämlich ein Abwägungsverbot.[19] In Fällen der Kollision zweier Leben darf diese nicht dadurch gelöst werden, dass das Leben einer Person (wegen spezifischer Unterschiede) dem Leben einer anderen Person vorgezogen wird.[20] Auch dürfe Leben nicht aggregiert, quantifiziert und sodann einer mengenmäßigen Abwägung oder Aufrechnung unterzogen werden.[21] Es ist eines der ganz großen Rechtsdogmen, das mit einer Absolutheit und Rigidität vorgebracht wird, sodass man leicht den Eindruck gewinnen kann, dass weder seine Herkunft noch sein *konkreter* Inhalt irgendeine Rolle spielen.[22] Das Schrifttum macht hiervon lediglich teilweise eine Ausnahme für Fälle einer sog. Gefahrengemeinschaft.[23] Die Antwort unserer Strafrechtsdogmatik auf Fälle der Rettungstötung ist sonach ebenso schlicht, wie unbefriedigend. Für den Fall zweier kollidierender Unterlassenspflichten (Dilemma) gilt: Jede (aktive) Tötung (zum Schutz des Lebens eines oder vieler anderen Menschen) ist rechtswidrig und nur vielleicht (übergesetzlich irgendwie)[24] entschuldbar.[25] Diese strafrechtsdogmatische „Dirty-Harry-Lösung"[26] enthält aber ein bedenkliches „double bind". Sie nimmt nämlich einerseits an, dass die Rechtordnung

19 So auch *Gerson*, in: Esser/Tsambikakis (Hrsg.), Pandemiestrafrecht München 2020, § 3, Rn. 16.

20 Grundlegend zum Abwägungsverbot m.w.N. *Dederer/Preiß*, Gesetzliche Regelung der pandemiebedingten Triage, JZ 2022, 170 (173).

21 Beispielhaft, BVerfGE 132, 1 f.

22 Differenzierend und kritisch gegenüber einem pauschalen Abwägungsverbot, *Dederer/Preiß*, JZ 2022, 170 (173).

23 *Erb*, in: MüKo-StGB, 4. Aufl., 2020, § 34, Rn. 159; *Hörnle/Wohlers*, The Trolley Problem Reloaded, GA 2018, 12, 18; *Ladiges*, ZIS 2008, 129, 133; *Merkel*, Gründe für den Ausschluss der Strafbarkeit im Völkerstrafrecht, ZStW 114, 2002, 437,452.

24 Eine Entschuldigung (§ 35 D-StGB) ist denkbar, scheitert aber in der Regel am personalen Kriterium.

25 So die wohl sehr herrschende Auffassung vgl. *Gallas*, Pflichtenkollision als Schuldausschließungsgrund, in: Engisch/Maurach (Hrsg.), Festschrift für Edmund Mezger zum 70. Geburtstag 15.10.1953, München/Berlin 1954, S. 311, 327 ff.; BGH, NJW 1953, 513; für den Themenbereich „autonomes Fahren" *Joerden*, Zum Einsatz von Algorithmen in Notstandslagen, in: Hilgendorf (Hrsg.), Autonome Systeme und neue Mobilität, Baden-Baden 2017, S. 73. Für eine Rechtfertigungslösung: *Zimmermann*, Rettungstötungen, Baden-Baden/Zürich 2009, Bd. 25, 340; *Mangakis*, Die Pflichtenkollision als Grenzsituation des Strafrechts, ZStW 84, 1972, 447, 476 f.; *Ladiges*, ZIS 2008, 129, 133; *Jansen*, ZIS 2021, 155 ff.

26 Überzeugend kritisch *Huster*, Wer hat Angst vor der Triage?, in: Hörnle/Huster/Poscher (Hrsg.), S. 83, 91.

keine Erlaubnis für solche tragischen Entscheidungen enthält, obwohl die meisten Betroffenen hoffen werden, dass der Aktor dennoch den Mut findet, sich dieser Wertung zu widersetzen, um die größere Katastrophe abzuwenden bzw. den Schaden zu minimieren. Würde der Aktor also einen einzigen Menschen opfern, um (überspitzt gesprochen) eine Million Menschen zu retten, könnte er nur noch hoffen, dass seine Richter aus Konzession an die „humana fragilitas“[27] nachsichtig mit ihm sein werden, denn er hat etwas strafrechtlich Verbotenes getan. Diese (übergesetzliche) Entschuldigungslösung passt aber auf den dilemmatischen Konflikt deshalb nicht, weil es nicht um die As und Bs, also die Aktoren mit ihren individuellen Eigenschaften, Dispositionen, Fähigkeiten oder den Grad ihres Mutes und ihren Kräften geht, sondern um das normative Problem was in einer existentiellen Dilemmasituation *gesollt* ist.[28] Eine letzte kritische Frage zur herrschenden Position: Welches wäre eigentlich die rechtmäßige Alternativhandlung gewesen, zu der der Aktor hätte motiviert werden sollen? Tue nichts und minimiere den Schaden nicht, auch wenn Du es könntest, weil du eben nicht „Gott spielen sollst“[29]? Wenn dem so ist, dann steht das Prinzip über allem, auch wenn die Welt darüber zu Grunde geht. [30] Insgesamt eine unbefriedigende und nicht überzeugende Lösung.

Die Kollision zwischen Handlungs- und Unterlassungspflicht[31], wie auch bei der Ex-Post-Triage[32], ist am stärksten umstritten: Entweder man nimmt eine (Rechtfertigungs-)Lösung über die rechtfertigende Pflichtenkollision (analog) oder aber die (Nicht-)Anwendung von § 34 D-StGB (analog zur Unterlassenspflichtenkollision) an.

---

27 *Koriath*, Über rechtsfreie Räume in der Strafrechtsdogmatik, in: Byrd/Hruschka/Joerden (Hrsg.), Jahrbuch Recht und Ethik, Berlin 2003, S. 317 (zitiert als: *Koriath*, in: Byrd/Hruschka/Joerden [Hrsg.]).

28 *Koriath*, in: Byrd/Hruschka/Joerden (Hrsg.), S. 331.

29 *Wörner*, ZIS 2019, 41.

30 Auch wenn *Augsberg* apodiktisch das Gegenteil behauptet. *Augsberg*, Regelbildung für existentielle Auswahlentscheidungen, in: Hörnle/Huster/Poscher (Hrsg.), S. 1, 20 (zitiert als: *Augsberg*, in: Hörnle/Huster/Poscher [Hrsg.]); dagegen überzeugend *Hoven*, JZ 2020, 449, 450.

31 Beispiel:„Unterlasse die Tötung des bereits Beatmeten!“ und „Rette den neu aufgenommenen Patienten!“.

32 Zur Ex-Post-Triage vgl. nur *Hörnle*, in: Hörnle/Huster/Poscher (Hrsg.), S. 149 ff.; zur Anwendbarkeit der rechtfertigenden Pflichtenkollision auf diese Konstellation m.w.N. *Ladiges*, ZIS 2008, 129, 132.

III. Zwischenfazit

Die strafrechtsdogmatische Lösung dilemmatischer Konflikte de lege lata, die maßgeblich von der problematischen Unterscheidung zwischen Tun und Unterlassen abhängt, ist nur eingeschränkt plausibel. Die Bandbreite reicht von völliger Auswahlfreiheit und Straffreiheit (Rettungsunterlassung) bis hin zu einem Tötungsvorwurf (Rettungstötung). Hier gibt es – sowohl im Allgemeinen als auch im Speziellen für die Triage – durchaus Regelungsbedarf. Erstaunlich ist, dass der erste Entwurf eines Triage-Gesetzes an diesen hochproblematischen strafrechtlichen Regeln nichts ändern will.[33]

B. Dilemmatische Konflikte und der demokratisch gebundene Gesetzgeber

Vor der Frage nach dem sinnvollen Inhalt eines Gesetzes de lege ferenda steht aber die Frage nach den Grenzen der Regelungserlaubnis. Der dilemmatische Konflikt konfrontiert die Legislative nämlich mit einer wiederkehrenden Problematik[34]: Wenn Leben keiner Bewertung oder Abwägung unterzogen werden darf, darf der Gesetzgeber dann überhaupt eine Norm erlassen, die materielle Abwägungskriterien enthält, um einen dilemmatischen Konflikt im Bereich des Lebensschutzes aufzulösen? Oder bleibt ihm nur die (alternativlose) Möglichkeit, Losverfahren bzw. randomisierte Verfahren vorzuschreiben? Wenn ja, woher kommt eine solche Festlegung des Gesetzgebers?

33 Bundesministerium für Gesundheit, Kabinett beschließt Regelungen zur Triage, Pressemitteilung vom 24.08.2022: https://www.bundesgesundheitsministerium.de/presse/pressemitteilungen/kabinett-beschliesst-regelungen-zur-triage.html (zuletzt abgerufen am 18.12.2022).

34 *Poscher*, Die Abwägung von Leben gegen Leben, in: Hörnle/Huster/Poscher (Hrsg.), S. 41, 42 (zitiert als *Poscher*, in: Hörnle/Huster/Poscher [Hrsg.]).

I. Die Position der Opponenten: Stark eingeschränkte Regelungsmöglichkeit

Der deutsche Ethikrat[35] und einige Stimmen aus dem Schrifttum[36] sind im Kontext der Triage der Auffassung, dass die Möglichkeiten des Staates abstrakt bindende Vorgaben für die Allokation knapper Ressourcen zu machen, stark begrenzt seien. Dies hänge im Wesentlichen mit Art. 1 GG zusammen.[37] Das Grundgesetz gebe dem Gesetzgeber insoweit (negativ) Gestaltungsgrenzen vor. Der deutsche Ethikrat arbeitet hierbei im Wesentlichen mit zwei Prämissen, die sich auf Art. 2 II 1 GG iVm Art. 1 GG zurückführen lassen: Das Gebot der Lebenswertindifferenz und das sog. Abwägungsverbot. Nach dem Gebot der Lebenswertindifferenz ist jedes Leben gleich viel wert, was unbestreitbar ist. Daraus folge aber eben – und ab hier beginnt der erläuterungsbedürftige Teil der Konklusion – dass „*jede* Be- oder gar Abwertung des menschlichen Lebens im Rahmen einer Abwägung insgesamt untersagt"[38] sei. Anders ausgedrückt: „Keine Abwägung Leben gegen Leben!". Daraus ergebe sich die nächste folgenschwere Konklusion: Der Staat dürfe menschliches Leben nicht bewerten, und deshalb auch nicht vorschreiben, welches Leben in einer Konfliktsituation vorrangig zu retten ist. Jede Norm, die also durch materielle Kriterien vorschreibe, welches Leben im Falle einer Kollision vorrangig zu retten ist, impliziere daher eine Bewertung von Leben und verstoße gegen das Abwägungsverbot.[39]

---

35 Deutscher Ethikrat, Solidarität und Verantwortung in der Corona Kriese/Ad-Hoc Empfehlung, 2020, S. 3 und 4.

36 *Merkel/Augsberg*, JZ 2020, 704, 705; *Walter*, GA 2020, 656, 664; *Lindner*, MedR 2020, 723, 727; *Fateh-Moghadam/Gutmann*, in: Hörnle/Huster/Poscher (Hrsg.), S. 291, 320.

37 *Augsberg*, in: Hörnle/Huster/Poscher (Hrsg.), S. 1, 39.

38 Deutscher Ethikrat, aaO, S. 4.

39 Deutscher Ethikrat, aaO, S. 4.

II. Die Position der Proponenten: Regelungsmöglichkeit und vielleicht sogar Regelungspflicht

Diese Position stieß im strafrechtswissenschaftlichen[40] und medizinethischen[41] Schrifttum auf erhebliche Kritik. Die Proponenten sind der Auffassung, dass eine Regelung möglich und zwingend geboten sei, eine legislative Enthaltsamkeit sei nicht hinnehmbar.[42] Es könne nicht von ad-hoc getroffenen Gewissensentscheidungen der Ärzte abhängen, wer Leben darf und wer sterben muss.[43] Dies folge aus dem verfassungsrechtlichen Grundsatz vom Vorbehalt des Gesetzes (Art. 20 Abs. 3 GG)[44], das im Rechtstaatsprinzip verankert ist und in Gestalt der Wesentlichkeitsrechtsprechung durch das BVerfG[45] konkretisiert wurde. Die Entscheidung wesentlicher (im Sinne von grundrechtssensibler) Fragen müsse aus einem demokratischen Verfahren hervorgehen, das den Repräsentanten des Volkes Gelegenheit bietet, ihre Auffassungen auszubilden und zu vertreten. Nichts dürfte wesentlicher sein als die Entscheidung über Leben und Tod. Hinzu komme materiell das Gebot der Effizienz.[46] Dieses Gebot zur Maximierung der Zahl der Überlebenden sei zwar nicht unmittelbar der Verfassung zu entnehmen und auch nicht streng utilitaristisch zu verstehen, dennoch sei es eine evidente Erkenntnis der praktischen Vernunft, und nicht nur zufällig

---

40 Vgl. insbesondere *Poscher*, in: Hörnle/Huster/Poscher (Hrsg.), S. 76; im Ergebnis zustimmend *Engländer/Zimmermann*, „Rettungstötungen" in der Corona-Krise?, NJW 2020, 1398,1402; *Gärditz*, Grundrechtliche Schutzpflichten und medizinische Ressourcenallokation in der Corona-Krise, ZfL 2020, 381, 384; *Gelinsky,* Brauchen wir ein Triage-Gesetz, 2020; *Kersten/Rixen,* Der Verfassungsstaat in der Corona-Krise, München 2022, 3. Aufl. S. 83; *Taupitz,* Verteilung medizinischer Ressourcen in der Corona-Krise: Wer darf überleben?, MedR 2020, 440, 441 f.; *Bockholdt,* in: Schlegel/Meßling/Bockholdt (Hrsg.), COVID-19-Gesetzgebung - Gesundheit und Soziales, 2020, § 9 Rn. 138; *Streng-Baunemann,* Corona-Triage - verfassungsrechtliche und strafrechtliche Perspektive, ZIS 2021, 170 ff., die sich für eine Regelungskompetenz des Gesetzgebers aussprechen.

41 *Marckmann/Neitzke/Schildmann,* Triage in der Covid-19-Pandemie - was ist gerecht?, DIVI 2020, 172, 174.

42 *Streng-Baunemann,* ZIS 2021, 170, 175 ff.; *Gaede/Kubiciel/Saliger/Tsambikakis,* medstra 2020, 129, 130; *Rönnau/Wegner*, Grundwissen - Strafrecht: Triage, JuS 2020, 403, 404; *Taupitz,* MedR 2020, 440, 442.

43 *Gelinsky,* S. 6; *Brech,* Triage und Recht, Berlin 2008, S. 308 ff.

44 So auch *Rönnau/Wegner*, JuS 2020, 403, 404.

45 BVerfGE 33, 125, 158.

46 *Hossli,* Triage-Ausbildung, in: Bergmann u.a. (Hrsg.), Die Organisation der Notfall- und Katastrophenmedizin, Wien 1985, 35–39, 35.

ein wichtiger Topos der ärztlichen Berufsethik, möglichst viele Leben zu retten und Schaden zu minimieren.[47]

III. Der Gesetzgeber zwischen Abwägungsverbot und Regelungskompetenz: ein Meta-Dilemma?

Das hier angesprochene Spannungsverhältnis betrifft sonach mehrere Ebenen: Einerseits ist der Gesetzgeber offenbar mit einer aus Art. 3 GG und Art. 20 Abs. 3 GG resultierenden Schutzpflicht konfrontiert, zugleich sollen sich aber aus Art. 1 GG und dem Abwägungsverbot wesentliche negative Gestaltungsgrenzen ergeben. Um eben diesen Konflikt soll es im Folgenden vornehmlich gehen. Ein passendes Sinnbild hierzu liefert die griechische Mythologie mit ihren Ungeheuern Skylla und Charybdis, die in einer Meeresenge lebten, zwischen denen Seefahrer hindurchmussten. Die sechsköpfige Skylla auf einer Seite fraß Menschen, wenn sie ihr zu nahekamen. Gegenüber war Charybdis, ebenso gefährlich durch ihren Strudel, der alles hinab zog. Um Skylla auszuweichen, musste man sich aber zwangsweise Charybdis nähern und umgekehrt. Dieses Bild verdeutlicht die legislative Herausforderung: Wenn der Gesetzgeber dem Abwägungsverbot (Skylla) ausweicht und auf dem Boden einer streng deontologischen Haltung jede Abwägung untersagt, nähert er sich zwangsweise Charybdis in Gestalt einer Verletzung seiner Schutzpflicht, indem er entweder gar keine Regelung vorgibt oder aber das Zufallsprinzip vorschreibt. Dann verletzt er womöglich das Gebot der Schadensminimierung. Am Beispiel der Triage: Im letzten Fall müsste es rechtfertigbar sein, wenn am Ende alle sterben, weil das Los denjenigen mit der schlechtesten Überlebenschance trifft, obwohl wenigstens eine Person mit hoher Wahrscheinlichkeit hätte gerettet werden können.[48] Im Bemühen um eine Auflösung dilemmatischer Konflikte scheint der Gesetzgeber daher seinerseits mit gleichermaßen verbindlichen, aber inkompatiblen Geboten konfrontiert zu sein, was ihn selbst in eine Art „Meta-Dilemma“ stürzt. Am Ende führen alle denkbaren Alternativen nämlich zu juristisch und ethisch unerwünschten Folgen. Wie also umgehen mit diesem (Rechts-) Dilemma?

---

47 *Streng-Baunemann*, ZIS 2021, 170 ff. und *Taupitz*, MedR 2020, 440 ff.

48 So ausdrücklich *Broome*, „Kamm on Fairness“, in: Philosophy and Phenomenological Research 58, 1998, 956, der schreibt: „Saving *no one* would be the fairest thing to do (…)“.

C. Dilemmatische Konflikte und das Abwägungsverbot

Wenn das BVerfG im Kontext der Triage Vorkehrungen zum Schutz vor Diskriminierung verlangt und damit ein Gebot adressiert, ergibt sich bereits aus dem Normenquadrat der deontischen Logik, dass dieses Gebot in einem subalternen Verhältnis zur entsprechenden Erlaubnis steht, einfacher ausgedrückt: „Sollen impliziert können".[49] Die Modalitäten Verbot und Gebot stehen zugleich in einem konträren Verhältnis, das heißt: Sie können nicht beide zugleich gelten, sie können nur beide zugleich nicht gelten. Zu fordern, der Gesetzgeber müsse ein materielles Kriterium jenseits des Zufalls zur Auflösung dilemmatischer Konflikte vorgeben, während er hierbei aber zwischen Leben nicht abwägen darf, was aber erforderlich ist, um ein Kriterium zu benennen, führt zu einer deontischen Kontrarietät. Wie verhält sich dazu nun aber das Abwägungsverbot? Dieses markiert im Kontext der Dilemma-Debatte den Schlüsselfaktor schlechthin[50] und hat im Straf- und Verfassungsrecht insgesamt eine große Wirkkraft, weshalb es im Folgenden einer näheren Betrachtung unterzogen werden soll: Auf der Mikro-Ebene zementiert es nämlich den überwiegend geforderten Rechtfertigungsausschluss des Aktors. Auf der Makro-Ebene fixiert es die wesentliche negative Gestaltungsgrenze der Legislative. Doch woher kommt es eigentlich und welche verdeckten Parameter verbergen sich hinter diesem strengen Topos, der häufig allzu unspezifisch verwendet wird?

I. Was bedeutet eigentlich das Abwägungsverbot („Kein Leben gegen Leben")?

Das sog. Abwägungsverbot verweist, so die einschlägigen Großkommentierungen[51], auf Art. 1 GG i.V.m. Art. 2 GG und bezieht sich sonach auf *die* beiden Grundrechte schlechthin. Das Verhältnis dieser beiden Grundrechte untereinander (Art. 1 und Art. 2 GG) betrifft eine der großen Streitfragen der Verfassungsdogmatik. Wenn Leben gegen Leben abgewogen wird, so heißt es, erfolge eine Quantifizierung von Menschenleben, was „den Men-

49 Einführend zur deontischen Logik, *Röhl/Röhl*, Allgemeine Rechtslehre, 3. Aufl. 2008, S. 191 ff.

50 *Birnbacher*, Instrumentalisierung und Menschenwürde, in: Jahrbuch HHU (Hrsg.), Düsseldorf 2001, S. 1.

51 M.w.N. *Hillgruber*, in: BeckOK GG, 53. Ed., 2022, Art. 1 GG, Rn. 18.

schenwürdekern des Grundrechts Leben“ verletze.[52] Doch was bedeutet das? Art. 2 Abs. 2 S. 3 GG lässt jedenfalls eine Relativierung des Lebensrechts prinzipiell zu.[53] Das Recht auf Leben und die Würde des Menschen sind daher keineswegs immer kongruent. Damit muss es also (staatliche) Tötungen geben können, die nicht die Menschenwürde verletzen.[54] Vom Abwägungsverbot primär und zu Recht erfasst sind damit offensichtlich pauschale Aggregationen nach dem Motto: Zwei Leben sind „mehr wert“ als eines.[55] Was also im Kontext von dilemmatischen, tragischen Entscheidungen beispielsweise in Triage-Situationen zur Lebensverkürzung qualitativ hinzukommen muss, um die Lebenswertindifferenz zu gefährden, ist eine Würdeverletzung im Sinne einer Verdinglichung, einer Verobjektivierung.[56] Das Abwägungsverbot findet seinen materiellen Gehalt daher weniger in Art. 2 GG und mehr in Art. 1 GG.

II. Was bedeutet Menschenwürdeverletzung?

Das Menschenwürdeprinzip ist hierbei *die* Zentralnorm der Verfassung, ein hochkomplexer Begriff mit großer Aura[57], unwägbar, absolut gültig und gemeinsamer Nenner eines jeden demokratischen Rechtstaates. Doch was verbirgt sich eigentlich hinter diesem Sprachgebilde? Also was ist die unverletzliche Würde? Gibt es eine reliable und zwingende Begründung für sie? Das BVerfG schreibt: „Was die Verpflichtung ‚Die Menschenwürde ist zu achten!‘ für das staatliche Handeln konkret bedeutet, lässt sich nicht abschließend“[58], sondern nur „in Ansehung des konkreten Falls“[59] bestimmen. Eine Menschenwürdeverletzung sei hierbei weniger im Wege einer positiven Begriffsbestimmung des Schutzbereichs, sondern eher ex

52 *Di Fabio*, in: Dürig/Herzog/Scholz (Hrsg.), GG, 2021, Art. 2 Abs. 2 Nr. 1, Rn. 14 ff.

53 *Antoni*, in: Hömig/Wolff, Grundgesetz für die Bundesrepublik Deutschland 13. Auflage 2022, Rn. 4; *Hillgruber*, Beck-OK, Art. 1 GG, Rn. 19; *Poscher*, in: Hörnle/Huster/Poscher (Hrsg.), S. 41 ff.

54 Bsp. finaler Rettungsschuss.

55 Zu den Gründen, warum diese Aggregation von Menschenleben allein nicht geeignet ist, die Maximierungsregel zu rechtfertigen, vgl. *Lübbe*, JCSW 47, 2006, 177, 185 f.

56 Grundlegend vgl. nur *Di Fabio*, in: Dürig/Herzog/Scholz (Hrsg.), GG, 2021, Art. 2 Abs. 2 Nr. 1 Rn 9 und Rn. 11 ff.

57 *Weber*, Wirtschaft und Gesellschaft, Tübingen, 1985, S. 507.

58 BVerfGE 45, 187 (225) = NJW 1977, 1525; BVerfGE 96, 375 (399); BVerfGE 50, 175; BVerfGE 87, 209;

59 BVerfGE 30, 25 ff.

negativo, „von der Verletzung her"[60] festzustellen. Die wohl wichtigste Konkretisierung ist hierbei die sog. Objektformel, wonach der Mensch nicht zum bloßen „Objekt" gemacht werden darf.[61] Diese in der verfassungsrechtlichen und ethischen Diskussion am meisten vertretene Definition geht auf *Kant* zurück[62], wonach der Mensch immer Zweck an sich selbst bleiben muss.[63] Die Menschenwürde sei dann getroffen, wenn der konkrete Mensch „zum Objekt, zu einem Mittel, zur vertretbaren Größe herabgewürdigt wird" und eine Degradierung zum Ding erfolgt, das total „erfasst", „abgeschossen", „registriert", „ersetzt", eingesetzt" und „ausgesetzt" werden kann.[64]

III. Menschenwürde und Ethik

Dass die Menschenwürde unantastbar ist und nicht verletzt werden darf, bedeutete bei *Kant*, dass man einen Menschen zwar als Mittel, aber niemals „bloß" als Mittel gebrauchen oder benutzen darf.[65] Wenn ich einen Koch beschäftige, ist der Mensch für mich „Mittel zum Zweck" und daher instrumentalisiere ich ihn, aber damit ist natürlich nicht die für die Menschenwürde relevante Form einer Verdinglichung angesprochen. Die auf einem Minimal-Nenner angesiedelte Demarkationslinie zwischen Verletzung und Nicht-Verletzung der Menschenwürde verläuft folglich in der Moralphilosophie entlang der Auslegung des Wortes „bloß".

Diese Frage nach der „Instrumentalisierung" eines Menschen bezieht sich hierbei auf die gesamte Philosophiegeschichte des Abendlandes. Für unsere Zwecke genügt zunächst eine Teilfrage dieser philosophischen Debatte, bevor im Anschluss deren Relevanz für das Recht[66] erörtert wird: Wann ist die Instrumentalisierung eines Menschen *würderelevant und zu*

---

60 *Herdegen*, Gegen jede Relativierung, in: Wetz (Hrsg.), Texte zur Menschenwürde, Stuttgart 2008, S. 258 (zitiert als: *Herdegen*, in: Wetz [Hrsg.])

61 BVerfGE 30, 1 ff.

62 *Kant*, Metaphysik der Sitten, Graz,1976, S. 66 f.

63 *Kant*, S. 67; BVerfGE 45, 227 f.

64 *Dürig*, Der Grundrechtssatz von der Menschenwürde, Archiv des öffentlichen Rechts, Bd. 81, 1971, 117, 125 f.

65 *Kant*, S. 66.

66 *Fateh-Moghadam/Gutmann*, in: Hörnle/Huster/Poscher (Hrsg.), S. 291, 320, lehnen im Kontext der Triage bezüglich bestimmter ethischer Positionen jede Relevanz für das Recht ab. Hier heißt es wörtlich: „Diesen „lifetime priority view" (...) kann man „ethisch" mehr oder weniger gut und richtig finden; seine Übertragung auf

missbilligen? Um das *Kant*'sche Instrumentalisierungsverbot („bloß") zu konkretisieren, bedarf es einer Annäherung an seine Rechts- und Tugendlehre, die hier nicht im Detail dargestellt werden soll.[67] Im Zentrum steht die autonome Person, der bestimmte Rechte zukommen.[68] Die autonome Person ist dabei mehr als eine Einheit, die man mit ihren Präferenzen gewichtet. Menschen verdienen eine einzigartige Art von Respekt, wegen ihrer Menschheit und ihrer Fähigkeit zur Vernunft.[69] „Im Reich der Zwecke hat alles entweder einen Preis oder eine Würde. Was einen (Markt-)Preis hat, an dessen Stelle kann auch etwas anderes als Äquivalent gesetzt werden; was dagegen über allen Preis erhaben ist, mithin kein Äquivalent verstattet, das hat eine Würde."[70] *Kant* definiert Würde damit als „unbedingten, unvergleichbaren" Wert, was gleichsam den Ursprung des Abwägungsverbots markieren dürfte. Da die Würde respektiert werden muss, folge daraus, dass man Menschen eben nicht wie Werkzeuge oder Surrogate behandeln darf.[71] *Kant* stellt sodann selbst für die alles entscheidende Frage nach dem „bloß" auf die Unmöglichkeit der Einwilligung ab.[72] „Bloß" als Mittel wird man demnach benutzt, wenn man von anderen in einer Weise behandelt wird, in die man unmöglich einwilligen kann, wie beispielsweise in Fällen der Folter und Sklaverei. Sein Instrumentalisierungsbegriff ist insgesamt metaphorisch aufgeladen und sehr weit. Er missbilligt auch Instrumentalisierungen sich selbst gegenüber (zum Beispiel durch Suizid). Sein Konzept ist bis in die Gegenwart Gegenstand umfangreicher moraltheoretischer

---

die rechtliche Normierung der Triage (...) ist jedoch ein grundrechtsdogmatischer Kategorienfehler".

67 Vgl. statt Vieler *Schmidtchen,* Prävention und Menschenwürde. Kants Instrumentalisierungsverbot im Lichte der ökonomischen Theorie der Strafe, in: Dölling (Hrsg.), Jus humanum Grundlagen des Rechts und Strafrecht, Festschrift für E.-J. Lampe, Berlin 2003, S. 245, 253 (zitiert als: *Schmidtchen*, in: FS Lampe).

68 Kant, S. 87 ff.; vgl. m.w.N. *Schmidtchen*, in: FS Lampe, S. 250 ff.; ähnlich auch *Wagner*, Die Würde des Menschen, in: Wetz (Hrsg.), Texte zur Menschenwürde, Stuttgart 2008, S. 240, 242.

69 *Kant*, S. 73 ff.

70 *Kant*, S. 77.

71 So auch *Lübbe*, JCSW 47, 2006, 177, 185 f. die das Beispiel von wertvollen Holzfiguren einführt, deren Wert man aggregieren kann, Menschenleben aber eben nicht.

72 *Kant*, S. 67, am Beispiel des berühmten „lügenhaften Versprechens".

Debatten geblieben.[73] *Parfit*[74] beispielsweise plädiert für das Konzept einer rationalen Einwilligung, jemand wird bloß als Mittel behandelt, wenn es für ihn nicht rational ist, in die Behandlung einzuwilligen. Nun könnten Gründe, in die Behandlung einzuwilligen, ausschließlich dem Eigeninteresse dienen oder aber dem Gesamtnutzen, was ein Utilitarist wohl angeben würde.[75] Die Interpretation *Parfits* verlangt aber eine Auseinandersetzung mit dem sog. RM-Problem der praktischen Philosophie[76], also der Frage wie sich Moralität und Rationalität zueinander verhalten (sollen), was an dieser Stelle nicht diskutiert werden kann. Im Rahmen der großen Debatte um „treating persons *merely* as means" ist für manche entscheidend, was der Aktor *intendiert. Kerstein* sagt, dass ein Aktor einen anderen erst bloß als Mittel behandelt, wenn er dem anderen *absichtlich* etwas antut, um *dadurch* einen seiner Zwecke zu sichern oder als Teil davon zu sichern.[77] Nach *Scanlon*, ist der Instrumentalisierungsbegriff noch enger zu fassen und verlangt sogar die Anwesenheit oder Teilnahme eines Aspekts des anderen zur Verwirklichung des Ziels[78]: Wenn die Person (bezüglich derer man sich fragt, ob sie in ethisch illegitimer Weise instrumentalisiert wird) hinweggedacht werden kann, und der Zweck dennoch erreichbar ist, wird sie nach dieser Position nicht instrumentalisiert. Die Person muss folglich notwendiges Mittel zur Zweckerreichung sein, ihre „Benutzung" wenigstens notwendige Bedingung. Die Unzulässigkeit der Instrumentalisierung einer Person hängt also auch von der kausalen Rolle der Person innerhalb des Prozesses ab. Der sog. Organ-Fall[79] (man entnimmt einer gesunden Person fünf Organe, um damit fünf andere Menschen zu retten) wäre sonach ein

73 Ein Überblick über die Einwilligungslösung und ihre Interpretationsarten in der *Stanford Ecyclopedia of Philosophy*, „Treating Persons as Means", in deutscher Sprache eine Zusammenfassung bei *Schaber*, Das Instrumentalisierungsverbot; H2R Working Paper, 01/2022, 7 ff., abrufbar unter https://www.philosophie.uzh.ch/dam/jcr:5aa9b3cf-8a96-4874-b807-0ba88d7bf4d3/WP%2001_2022_Schaber_220119_ch.pdf (zuletzt abgerufen am 18.12.22; zitiert als: *Schaber*, Das Instrumentalisierungsverbot).

74 *Parfit*, Reasons and Persons, 1984, en passim.

75 Vgl. *Schaber*, S. 7.

76 *Fehige/Wessels*, Rationality and Morality, in: Knauff/Spohn (Hrsg.), Handbook of Rationality, Cambridge 2021, S. 681 ff., die sehr überzeugend für eine strikte Trennung beider Konzepte eintreten.

77 *Kerstein*, "Treating Others Merely as Means", 2009, *Utilitas*, 21(2), 163 (166).

78 Was nur eine notwendige, aber noch keine hinreichende Bedingung darstellt. *Scanlon*, "Moral Dimensions: Permissibility, Meaning, Blame", Harvard 2008, S. 111 ff.

79 Ausführlich dazu *Harman*, Das Wesen der Moral, Eine Einführung in die Ethik, Frankfurt a.M. 1981, S. 13 f.

Paradebeispiel für eine unzulässige Instrumentalisierung. Anders kann es sich nach teilweise vertretener Ansicht beim Abschuss eines entführten Flugzeugs verhalten: Ob auch unschuldige Insassen im Flugzeug sind, oder nur die Terroristen selbst, spielt nämlich für die Zweckerreichung (Beendigung des Terrorakts durch Abschuss) keine kausale Rolle, außerdem ist sie nicht intendiert. Ähnlich verhält es sich mit der kontrovers diskutierten Doktrin der Doppelwirkung[80]. So kommt man im Trolley Fall[81] zum keineswegs unplausiblen Ergebnis, dass das Umstellen der Weiche im Ausgangsfall nicht als (moralisch) bedenkliche Instrumentalisierung aufzufassen ist und zwar *auch* deshalb, weil das Umstellen der Weiche fünf Leben rettet und zwar unabhängig davon, ob auf dem umgeleiteten Gleis jemand steht oder nicht; sein Tod ist nur ein „nicht-intendierter Nebeneffekt".[82] Anders im Fat-Mann-Fall[83]: Hier fungiert die Person plötzlich selbst als eine Art Zugstopper, wie ein Baumstamm[84] oder ein Poller, der nur noch die Funktion hat, den Zug aufzuhalten und damit das gute Resultat zu bewirken. Außerdem ist die Handlung selbst („Stoßen eines Menschen" statt „Umstellen einer Weiche") nicht mehr für sich selbst betrachtet indifferent. *Schaber* will eine unzulässige Instrumentalisierung hingegen davon abhängig machen, ob für die instrumentalisierte Person Gründe ausgemacht werden können, in die Art und Weise, wie sie behandelt wird, einzuwilligen.[85] Sein Vorschlag lautet: Ich behandle eine andere Person „bloß" als Mittel, wenn sie als Mittel zu meinen Zwecken behandelt wird und es *keine Gründe* für sie gibt, in die Weise, wie sie behandelt wird, einzuwilligen.

---

80 Grundlegend zur Theorie der Doppelwirkung: *Foot*, Das Problem der Abtreibung und die Doktrin der Doppelwirkung, in: Leist (Hrsg.), Um Leben und Tod, Frankfurt a.M. 1992, S. 196, 198 und *Taurek*, Should the numbers count?, Philosophy and Public affairs, Bd. 6, 1977, 293 sowie *Lübbe*, The aggregation Argument in the numbers Debate in: Fehige/Lumer/Wessels (Hrsg.), S. 406.

81 *Foot*, Oxford Review 5, 1967, 5 f.

82 *Müller*, „Aus Prinzip?", in: Ach/Bayertz/Quante/Siep, Grundkurs Ethik Band 1, 4. Aufl. 2016, Münster S. 107 (123 f.).

83 Zur sog. „Fat-Man-Abwandlung", die gegenüber dem klassischen Trolley-Fall als illegitime Instrumentalisierung gewertet wird vgl. *Thomson*, Killing, Letting Die, and the Trolley Problem, The Monist 59, 1976, 204–217.

84 *Poscher* spricht von „Fat man" als „unbelebtem Gegenstand", dem nur noch die Funktion eines Felsbrockens zukommt, in: Hörnle/Huster/Poscher (Hrsg.), S. 41, 72.

85 *Schaber*, Instrumentalisierung und Würde, Zürich 2010; ders., Das Instrumentalisierungsverbot, S. 7 ff.

IV. Konsequenzen für Dilemmata

Übertragen wir diese nur kursorisch beschriebene, hoch kontroverse Instrumentalisierungsdebatte zunächst auf die Frage nach der Zulässigkeit kriterialer Abwägungsentscheidungen zwischen Leben, kann zunächst festgehalten werden, dass das Abwägungsverbot im *Kant*´schen Sinne nicht wenige verborgene Parameter enthält, deren Aufdeckung erforderlich ist, um das konkrete Verbot, das sich dahinter verbirgt, zu entschlüsseln. Die Abwägung zweier Menschenleben in dilemmatischen Kollisionslagen verstößt sonach nur dann gegen das Abwägungsverbot, wenn die der Abwägung zugrunde liegende Entscheidung die Menschenwürde des „Geopferten" tangiert. Die Abwägung muss „würderelevant" sein, was bei *Kant* davon abhing, ob der Mensch durch diese Abwägung „bloß" zum Mittel gemacht wird, also in ethisch illegitimer Weise instrumentalisiert wird. Die Illegitimität der Instrumentalisierung eines Menschen hängt hierbei von dem jeweiligen Instrumentalisierungskonzept und der ethischen Grundposition ab, die man zugrunde legen will. Wenn die verfassungsrechtliche Objektformel nur danach fragt, ob der Mensch „verobjektiviert" wird, implementiert sie nur ein nicht aussagekräftiges Versatzstück der *Kant*´schen Zweck-an-sich-Formel. Ein derart weiter Instrumentalisierungsbegriff ist nur noch eine leere Hülse. Zu sagen, dass in Notstandslagen *jede* Abwägung Leben gegen Leben gegen die Menschenwürde verstößt, ist sonach ein circulus vitiosus und mehr behauptender, denn begründender Natur.

D. Das Abwägungsverbot als Grenze des demokratisch gebundenen Gesetzgebers

Für den demokratisch gebundenen Gesetzgeber bleibt die Frage, wie sich das Abwägungsverbot unter den gegebenen Umständen auf seine Regelungskompetenz konkret auswirkt. Wenn es eine Regelungsgrenze markiert, wo verläuft sie? Teilweise wird vertreten, dass ethische Maßstäbe weder Relevanz für die Interpretation des GG noch Auswirkungen auf das Handlungsprogramm des demokratisch gebundenen Gesetzgebers entfalten.[86] Die Implementierung moralphilosophischer Positionen sei sogar ein Kategorienfehler. Ein Blick auf den durch *Kant* geprägten Menschenwürde-

86 *Fateh-Moghadam/Gutmann*, in: Hörnle/Huster/Poscher (Hrsg.), S. 291, 319 ff.

begriff, lässt aber das Gegenteil vermuten. Natürlich geht ein Durchgriff der Ethik auf das Recht jedenfalls nicht so weit, dass ethische Positionen schlicht in Gesetzesform gegossen werden.[87] Die Metapher eines Staatsnotars, der „die" moralphilosophischen Axiome und Gerechtigkeitsprinzipien – einmal unterstellt über diese könnte überhaupt objektiv gesprochen werden[88] – nur noch in eine Norm überführt, ist daher im Ergebnis überzeichnet und unberechtigt. Wo aber liegen dann die sich aus dem Abwägungsverbot ergebenen Grenzen der rechtsschöpferischen Gewalt, wenn es sie denn gibt?[89]

I. Das Menschenwürdeprinzip im Recht als äußerste Gestaltungsgrenze?

Vielleicht ist die Menschenwürdegarantie auch deshalb anhaltend mit dem Vorwurf einer Leerformel konfrontiert[90], weil Art. 1 GG wie gesehen, zwar historisch interpretiert wird und auf die Zweck-an-sich Formel zurückgeht, hierbei aber die Debatte um das Wörtchen „bloß" und ein rechtlich anerkanntes Instrumentalisierungskonzept, wenig Platz findet.[91] *Herdegen* schreibt, die Objektformel erweise sich „als den Blick leitende, aber für das abschließende Verletzungsverdikt nicht mehr tragende Orientierungshilfe"[92]. Um aber seiner Grenz- und Filterfunktion gegenüber dem Gesetzgeber gerecht zu werden, muss der Begriff wenigstens in Ansätzen operationalisiert werden können, und zwar durch Angabe der notwendigen

87 *Poscher*, in: Hörnle/Huster/Poscher (Hrsg.), S. 41, 64.

88 Was metaethisch von non-kognitivistischen Positionen mit guten Argumenten verneint werden würde. Ein Überblick bei https://plato.stanford.edu/entries/moral-relativism/ (zuletzt abgerufen am 18.12.2022). Dagegen *Kelsen*, Reine Rechtslehre, 2. Aufl., Wien 1960, S. 129; vgl. zum Queerness-Argument im Kontext des moralischen Relativismus, *Mackie*, Ethik, Stuttgart 1981, S. 40 ff.

89 *Hart*, Der Begriff des Rechts, Berlin 2011, S. 84; *Kelsen*, Vom Wesen und Wert der Demokratie, 2. Aufl., Tübingen 1929, S. 130.

90 Nach *Hörster* ist der Begriff der Menschenwürdeverletzung ein normativ besetztes Schlagwort, ohne jeden deskriptiven Gehalt, in den man lediglich das jeweilige Menschenbild mit seinen ethischen Postulaten hineinlegt. *Hörster*, Ethik des Embryonenschutzes, Ein rechtsphilosophischer Essay, Stuttgart 2002, 21, 24 f. Ähnlich *Alexy*, Menschenwürde und Verhältnismäßigkeit, Archiv des öffentlichen Rechts, Band 140, 2015, 497, 509.

91 *Alexy*, Archiv des öffentlichen Rechts, Band 140, 2015, 497, 509; *Herdegen*, in: Wetz (Hrsg.), S. 258.

92 *Herdegen*, in: Wetz (Hrsg.), S. 258.

deskriptiven, empirischen und normativen[93] (Minimal-)Eigenschaften, mit denen Verletzung und Nicht-Verletzung irgendwie unterscheidbar werden. Die verfassungsrechtliche Objektformel allein ermöglicht keine Antwort auf diese Frage. Doch was ist dann mit der Grenzfunktion, wenn der Begriff „Menschenwürdeverletzung" derart unbestimmt und semantisch offen ist und „die Menschenwürdegarantie" allein keine Antwort darauf enthält, was nun ihr unerschütterlicher Kern ist.[94].

Für dieses große kantische Problem, ob wirklich jede Abwägung von Menschenleben zugleich gegen die Menschenwürde verstößt und abstrakter, wie eine Menschenwürdeverletzung generell identifiziert werden kann, hat *Alexy* mit seiner Optimierungstheorie die methodisch und rechtsethisch plausibelste Lösung vorgelegt.[95] Zur Auflösung dieses gordischen Knotens schlägt er in kantischer Tradition eine Art Zwei-Ebenen-Modell vor: Er stipuliert einerseits eine durch Art. 1 GG festgelegte absolute Grenze und lehnt andererseits ein strenges Abwägungsverbot ab. Art. 1 GG enthält nach seiner Auffassung zwei Menschenwürde-Normen: Eine Menschenwürde-Regel und ein Menschenwürde-Prinzip.[96] Absolut im Sinne von „stets vorrangig in Kollisionsfällen" und „unwägbar" ist aber nur die Regel nicht das Prinzip. Damit vertritt er explizit ein *relatives* Menschenwürdekonzept.[97] Prinzipien beschreibt *Alexy* als „Normen, die gebieten, dass etwas *in einem relativ auf die rechtlichen und tatsächlichen Möglichkeiten möglichst hohen Maße realisiert* wird".[98] Prinzipien sind Optimierungsgebote, die in unterschiedlichen Graden erfüllt werden können. Der Bereich der Möglichkeiten wird dabei durch gegenläufige Regeln und Prinzipen bestimmt.[99] Problematisch aus Sicht der Rechtsanwendung ist, dass die Menschenwürde-Norm teils als Regel, teils als Prinzip verwendet wird. Nur Regeln können aber subsumiert werden, Prinzipien werden hingegen gegeneinander abgewogen, sie können syllogistisch nicht einfach angewendet werden, da sie an semantisch offene, unbestimmte Rechtsbegriffe anknüpfen. „Absolut vorrangig" ist folglich nur der Regelcharakter; das bedeutet, wenn die Regel verletzt ist, geht Art. 1 GG natürlich stets vor. *Aber*: Auf

---

93 *Alexy*, Archiv des öffentlichen Rechts, Band 140, 2015, 497, 509.
94 *Poscher*, in: Hörnle/Huster/Poscher (Hrsg.), S. 41, 76.
95 *Alexy*, Theorie der Grundrechte, 9. Aufl., 2020 Baden-Baden, en passim (zitiert als: *Alexy*, Theorie der Grundrechte).
96 *Alexy*, Theorie der Grundrechte, S. 75.
97 *Alexy*, Archiv des öffentlichen Rechts, Band 140, 2015, 497, 509.
98 *Alexy*, Theorie der Grundrechte, S. 75.
99 *Alexy*, Theorie der Grundrechte, S. 76.

Grund der Offenheit der Menschenwürde-Norm ist das *Prinzip der Menschenwürde* zwecks *Festlegung des Inhalts der Regel* der Menschenwürde einer Abwägung zugänglich (und bedürftig). Das Prinzip der Menschenwürde ist daher „durch ein Bündel an Unterprinzipien zu präzisieren, zu denen unterschiedliche materielle Prinzipien gehören, die in eine Abwägung treten".[100] Um also die Voraussetzungen einer Menschenwürdeverletzung (als Regel) anzugeben, bedarf es folglich zwingend einer Abwägung, um die Regel überhaupt erst zu konstituieren. Der Menschenwürdebegriff fungiert insoweit als Brückenbegriff. *Alexy* schreibt wörtlich: „Sobald aber Unklarheit darüber entsteht, *ob* jemand als *bloßes Objekt* behandelt wird, kann auf eine Abwägung (der Menschenwürde Anm. der *Verf.*) nicht länger verzichtet werden."[101] Hierzu stellt *Alexy* eine komplexe, logische Abwägungsformel auf, die sog. Gewichtsformel, die letztlich den Kern des Abwägungsgesetzes angibt.[102] Diese kann an hier nicht nachgezeichnet werden. Entscheidend für die hiesige Frage ist, dass das Menschenwürde*prinzip* ein Optimierungsgebot darstellt, das mit anderen Prinzipien kollidieren kann; diese *abzuwägen* ist Aufgabe des demokratisch gebundenen Gesetzgebers. Wenn Prinzipen kollidieren, ist es also Aufgabe des Staates im Rahmen eines demokratischen Prozesses über den Ausgleich dieser Rechtspositionen zu entscheiden, ohne dass automatisch wegen dem Absolutheitsanspruch von Art. 1 GG sämtliche kollidierenden Prinzipien per se geopfert werden müssten.[103]

Es gibt sie sonach, die äußerste Grenze (Menschenwürdeprinzip), aber wo genau sie verläuft (Menschenwürderegel), ist im Rahmen des demokratischen Diskurses herauszufinden. Damit ist jedoch nicht gesagt, dass „jeder beliebige Inhalt"[104] Recht sein kann. Entscheidende Funktion haben demokratische Strukturen und die Anerkennung der Menschenrechte, an deren Spitze die Menschenwürde zu verorten ist. Sie muss als angetastet gelten, wenn ein Mensch plötzlich als Organteillager oder Zugstopper fungieren soll, gefoltert oder als „Wahrheitsmittel" um jeden Preis dienen soll. Aber: Weder das Menschenwürdeprinzip noch die aus ihm folgenden Regeln stehen einer kriterialen Regelung dilemmatischer Konflikte pauschal

100 *Fateh-Moghadam/Gutmann*, in: Hörnle/Huster/Poscher (Hrsg.), S. 291, 326.

101 *Alexy*, Archiv des öffentlichen Rechts, Band 140, 2015, 497, 511.

102 *Alexy*, Archiv des öffentlichen Rechts, Band 140, 2015, 497, 502 ff.

103 So auch im Ergebnis mit anderer Begründung *Herdegen*, in: Wetz (Hrsg.), S. 260; *Poscher*, in: Hörnle/Huster/Poscher (Hrsg.), S. 41, 77.

104 So aber *Kelsen*, S. 129.

und ausnahmslos entgegen. Jedenfalls kann ein solcher Verstoß nicht bloß darin gesehen werden, dass eine an materiellen Eigenschaften ausgerichtete Entscheidungsregel zur Auflösung von Dilemmata normiert wird, die sich an der Maximierungsregel orientiert und nicht das Zufallsprinzip fixiert. Daher genügt es auch in den kontrovers diskutierten Fällen der Ex-Post-Triage gerade nicht zu sagen, dass sie unzulässig ist, weil eine „Abwägung Leben gegen Leben“ erfolgt.[105] Eine dergestalt unspezifische Begründung enthält lediglich einen Verweis auf eine nichts aussagende Metapher.[106] Welche Kriterien hingegen zulässig sein können und wie Allokationsentscheidungen im Allgemeinen beschaffen sein müssen, um Menschenwürde, Gleichberechtigung, Fairness und Effizienz möglichst *optimal* zu realisieren, bedürfte einer detaillierten Prinzipienabwägung und näheren Betrachtung.[107] Für jedes einzelne Kriterium bedürfte es hierbei einer würdesensiblen Verhältnismäßigkeitsprüfung und Abwägung, ohne bestimmte Kriterien pauschal mit Verweis auf Art. 1 GG als utilitaristisch und verfassungsfeindlich zu demontieren und im Diskurs zu zensieren.

II. Keine verbindliche inhaltliche Festlegung des Gesetzgebers

Die Gegenansicht, die für ein strengeres Abwägungsverbot eintritt, bietet als einzig richtiges Kriterium den Zufall an, da nur dieses Leben nicht bewertet und das Gebot der Gleichachtung wahrt.[108] Dann aber würde Art. 1 GG mittelbar einen parlamentarischen Meinungsbildungsprozess über dilemmatische Konflikte auf eine ethische Grundposition festlegen. Diese Rechtsauffassung, die prinzipiell keine Abwägung in Dilemmasituationen duldet, entspricht nämlich einer non-konsequentialistischen Position[109], für die grundsätzlich gilt: „Rights trump utilities“[110], nicht umgekehrt. Deontologen müssen ausweislich ihres Selbstverständnisses grundsätzlich nicht den besten Zustand herbeiführen, um das moralisch Richtige

105 So bspw. *Jansen*, ZIS, 2021, 155 f.
106 Grundlegend zu dieser „Metapher“ *Lübbe/Grosse-Wilde*, Abwägung, Paderborn 2022.
107 Zum Prozess der Abwägung an sich und seinen Voraussetzungen, *Lübbe/Grosse-Wilde*.
108 M.w.N. *Walter*, GA 2020, 656, 664.
109 Zu den wohl wichtigsten Anhängern dieser Richtung zählen Moralphilosophen wie *Kant* und *Ross* (The Right and The Good 2002).
110 *Thomson*, The Monist 59, 1976, 204 ff.

auszuweisen.[111] Faire Chance durch Losverfahren[112] ist ein prominenter deontologischer Lösungsvorschlag für dilemmatische Konflikte. Inwiefern man durch ein „Losen um Leben" dem Würdeanspruch des Einzelnen tatsächlich gerechter werden würde, darf aber bezweifelt werden. Die konsequentialistische Gegenauffassung[113] fokussiert nicht den Inhalt, sondern nur die (erwartbaren) Folgen der Handlung, sie lassen folglich die Frage, wie hoch der Preis einer Verrechnung[114] von Leben wäre, ausdrücklich zu. Sie sind auf eine axiologische Teiltheorie angewiesen, die festlegt, wie bestimmte wahrscheinliche Handlungsfolgen (utilities) zu bewerten sind.[115] Für die Folgenbeurteilung wird wiederum auf unterschiedliche Kriterien abgestellt.[116] Teilweise genügt es, dass am Ende „mehr" Leben gerettet werden, was allein auch nicht überzeugen kann.[117] Vielversprechende, jüngere Ansätze versuchen im Kontext moralischer Dilemmata beide Ethiken zu vereinen[118] und plädieren für eine differenzierte Betrachtung deontologischer Beschränkung gerade im Bereich von Dilemmata. Das tradierte Bild zweier unversöhnlicher Lager, scheint also wenigstens im Bereich von Dilemmata überholt. Es wird vielmehr zugegeben, dass gerade in diesem

111 *Kamm*, Morality, Morality, Vol. I: Death and Whom to Save from it, Oxford 1993.

112 *Taurek*, Philosophy and public Affairs 6 (4), 1977, 293–316.

113 Häufig gleichgesetzt mit utilitaristischen Positionen (*Bentham, Mill, Sidgwick*), wobei es natürlich „den" Utilitarismus nicht gibt, vgl. zu den verschiedenen Varianten *Birnbacher*, Analytische Einführung in die Ethik, 3. Aufl., Düsseldorf 2013, S. 217 ff. Gemeint sein soll ganz grob eine konsequentialistische Ethik, die den Folgen der jeweiligen Handlung und insbesondere ihrem Nutzen moralisches Gewicht beimisst (insbesondere Pareto-Effizienz berücksichtigt). „Größtes Glück der größten Zahl" lautet die Formel des „Guten".

114 *Calabresi* and *Bobbit* sprechen von den „costs of costing", die Kosten der Kalkulation die anfallen, sobald man zwei Leben gegeneinanderhält. *Barry*, Tragic Choices, Ethics Vol. 94 No. 2 (1984), en passim.

115 *Birnbacher*, in: Ach/Bayertz/Quante/Siep (Hrsg.), S. 94.

116 Bspw. Präferenzen oder Lustgewinn (Hedonismus) bei *Bentham*, The Collected Works of Jeremy Bentham, Oxford 1996, ein Überblick bei *Mill*, Utilitarianism, London 2006, S. 27 f.

117 Vgl. *Taurek*, Should the numbers count?, Philosophy and Public affairs, Bd. 6, 1977, 293 sowie *Lübbe*, The aggregation Argument in the numbers Debate in: Fehige/Lumer/Wessels (Hrsg.), Handeln mit Bedeutung, Handeln mit Gewalt, Paderborn 2009, S. 406.

118 Im Kontext autonomer Fahrzeuge *Hevelke/Nida-Rümelin*, Jahrbuch für Wissenschaft und Ethik, 19 (1), 2015, 5 (11); *Hilgendorf*, Dilemma-Problem beim automatisierten Fahren, ZStW 130, 2018, 674, 683 ff.; *Misselhorn*, Grundfragen der Maschinenethik, 2018, S. 199 ff., die mit dem Unterschied zwischen vollkommenen und unvollkommenen Pflichten argumentiert.

speziellen Anwendungsgebiet deontologische Gewichtungen allein wenig hilfreich sind.[119] Damit ist es auch nicht richtig zu sagen, dass *jede* deontologische Ethik eine Abwägung zwischen Leben verbietet. In medizinischen Allokationsszenarien das Prinzip der Schadensminimierung zu verteidigen, heißt folglich nicht, den Utilitarismus in Gänze verteidigen oder jede deontologische Ethik in Gänze ablehnen zu müssen. Vertragstheoretische Konzepte ebnen dabei den Weg zu einer Lösung. Zu Recht verweist *Lübbe* darauf, dass es durchaus *richtig* sein kann, dem Maximierungsverbot zu folgen und damit das Beste für die größte Zahl zu tun. Entscheidend ist aber, ob dies zugleich „gerecht" ist.[120] Dies sei aber nur dann „gerecht" und daher auch nur dann ethisch zu empfehlen, wenn die Zuordnung der einzelnen Personen zu den Kategorien der Sortierung vor dem Schadensereignis *unbekannt* ist. Mit der Festlegung auf das Maximierungsgebot maximieren dann (und nur dann) alle potentiell Betroffenen zugleich ihre eigene Überlebenschance.[121] Eine insgesamt überzeugende, deontologisch-kontraktualistische Verteidigung des Maximierungsgebots, die hier nicht im Detail dargestellt werden kann.[122] Festzuhalten ist aber, dass Maximierungsregel und Gerechtigkeit kongruent sein können, auch aus Sicht einer deontologischen Ethik. Die zentrale demokratietheoretische Frage, die sich anschließt, ist: Wie würde ein aufgeklärter Bürger hinter einem Schleier des Nichtwissens – das heißt, ohne zu wissen, ob er Nutznießer oder Opfer sein wird – entscheiden?[123] Die jeweilige Antwort auf diese Frage, sollte im Rahmen der demokratischen Diskussion und Abstimmung Gewicht haben dürfen. Auf diese Weise zeigt jeder seine Wertschätzung für den besonderen Wert von Personen - und nicht, indem ein kollektives menschliches Gut gefördert wird, bei dem die Interessen einer Minderheit durch die größeren Gesamtinteressen einer Mehrheit aufgewogen werden.[124]

---

119 *Gerdes/Thornton*, Implementable Ethics for Autonomous Vehicles, in: Maurer/Gerdes/Lenz/Winner (Hrsg.), Autonomes Fahren, Berlin 2015, S. 94.

120 So auch *Gauthier*, Morals by Agreement, Oxford 1986 und *Scanlon*, What we owe to each other?, Cambridge and London 1998; *Stemmer*, Handeln zu Gunsten anderer: Eine moralphilosophische Untersuchung, Berlin 2000.

121 *Lübbe*, Patientenorientierung und Kostenorientierung, JCSW 47, 2006, 177, 189 f.

122 So auch bereits *Rakowski*, „Zählt die Anzahl, wenn man Leben rettet?", in: Lübbe (Hrsg.): Tödliche Entscheidungen, Paderborn 2004, 158 (164 f.). Vgl. zur Argumentationsfigur des hypothetischen Kontraktualismus im Kontext der Triage überzeugend, *Zimmermann*, in: Hörnle/Huster/Poscher (Hrsg.), 220 ff.

123 Diskutabel wäre eine Opt-In-Option.

124 *Nagel*, One-to-One, London Review, 1999, S. 480 ff.

Der Glaube aber an eine „einzig richtige Position“ und die Festlegung des GG auf eine „antikonsequentialistische Genetik“ und damit eine starre Regelungsgrenze, die nur noch das Zufallsprinzip zulässt, ist hochproblematisch. Demokratie ist nämlich auch Ausdruck eines Relativismus, der „Moral-Absolutheiten“ ablehnt. In einer Demokratie obliegt sonach *alles* einem offenen Diskurs, starre Positionen bestehen gerade nicht. Der demokratisch gebundene Gesetzgeber kann folglich die Normen zur Auflösung dilemmatischer Konflikte nicht bei einer bestimmten Ethik aufsuchen, sondern er schafft sie im Rahmen des demokratischen Prozesses. Art. 1 GG hat hierbei nicht die Funktion ein „anti-konsequentialistisches Verständnis des GG“ zu sichern.[125]

D. Exkurs und Ausblick: Erlaubnisfähigkeit der Ex-Post-Triage?

Der Gesetzgeber hat mit § 5c des Entwurfs eines zweiten Gesetzes zur Änderung des Infektionsschutzgesetzes kürzlich eine Entscheidungsregel für ärztliche Zuteilungsentscheidungen normiert. Maßgeblich ist vereinfacht ausgedrückt, wer die größte Chance hat, die Krankheit hier und jetzt zu überleben.[126] § 5 Abs. 2 Satz 4 IfSchG ordnet für die Verlaufstriage an, dass bereits zugeteilte überlebenswichtige intensivmedizinische Behandlungskapazitäten von der Zuteilungsentscheidung *ausgenommen* sind. Eine sog. Ex-Post-Triage, bei der ein Mensch vom Beatmungsgerät getrennt werden müsste, um einen anderen zu retten, wird sonach explizit untersagt. Für eine bereits zugeteilte Ressource gilt damit unwiderruflich „first-come-first-served“. Die allgemeinen strafrechtlichen Regeln sollen überdies nicht modifiziert werden. Ein Rückgriff auf den rechtfertigenden Notstand, gegenüber einem Arzt, der die Behandlung eines Patienten, dessen Zustand sich trotz langanhaltender intensivmedizinischer Betreuung stetig verschlechtert, beendet und zwar ausschließlich, um die Ressource einem anderen Patienten mit sehr hoher Genesungchance zuzuteilen, macht sich wegen Tötung strafbar. Eine übergesetzliche Entschuldigung dürfte mit Blick auf das eindeutige Verbot der Ex-Post-Triage in § 5c Abs. 2 S. 4 IfSchG nicht

125 Anders *Gutmann*, Struktur und Funktion der Menschenwürde als Rechtsbegriff, Angewandte Philosophie, 2014, S. 49, 57, https://www.uni-muenster.de/imperia/md/content/kfg-normenbegruendung/intern/publikationen/gutmann/07_gutmann_-_menschenw__rde_als_rechtsbegriff.pdf (zuletzt abgerufen am 26.01.2023).

126 So auch bereits BVerfG, Beschl. 16.12.2021, 1 BvR 1541/20.

mehr möglich sein. Ein absurder und völlig verfehlter Einsatz des Strafrechts.

Dies hängt auch damit zusammen, dass der Behandlungsabbruch (durch Abschalten eines Geräts) zu Unrecht als aktive Tötungshandlung eingestuft wird, weshalb die auf Unterlassungen zugeschnittene rechtfertigende Pflichtenkollision nicht in Rede steht.[127] Diese bedenkliche Äquivalenzthese bezüglich Tötung und Behandlungsabbruch, die auf dem dichotomen Verhältnis von aktivem Tun und Unterlassen basiert,[128] wird in der Philosophie ebenso häufig bezweifelt, weil die Dreiteilung zwischen Töten, Geschehenlassen und Unterlassen eine größere Rolle spielt.[129] Anthropogenes „Geschehenlassen“ kann durch Tun und Unterlassen realisiert werden und ist moralisch nicht unbedingt äquivalent zur Tötung, da einem natürlichen Verlauf eine hindernde Bedingung „nur“ wieder entzogen wird.[130] So ist nach *Birnbacher* der Einzelakt des Behandlungsabbruches eines Arztes (bspw. Knopf drücken) zwar ein aktives Tun, insgesamt aber als ein Geschehenlassen und damit Unterlassen zu werten.[131] Diese sprachphilosophische und ontologische Differenzierung sollte gerade im Bereich des Medizinstrafrechts unbedingt stärker diskutiert werden. Die vorherrschende Intuition, eine Ex-Post-Triage als „schlimmer“ zu bewerten als eine Ex-Ante-Triage, hänge zudem mit der subjektiven Wahrnehmung einer – gegenüber einem natürlichen Todesverlauf – höher empfundenen Bedrohlichkeit durch aktives Tun zusammen.[132] Dies allein ist aber nicht geeignet, ein strafrechtlich relevantes Verbot der Verlaufstriage zu begründen. Stellt man im Rahmen der Instrumentalisierungsfrage auf eine Einwilligungslösung ab, so scheint es aus Sicht der „Geopferten“ durchaus Gründe zu geben, in die eigene Opferung einzuwilligen: Ein Grund könnte sein, den Leben derer mit der höheren Überlebenschance grundsätzlich (im Vorfeld der Zuteilung) den Vorrang zu gewähren, weil für diese vielleicht mehr auf dem Spiel steht oder die Chancen Aller steigen.

---

127 Anders ausdrücklich *Hörnle*, in: Hörnle/Huster/Poscher (Hrsg.), S. 165.

128 Anders *Hong*, VerfassBl. 29.03.2020 (6).

129 Ausführlich *Birnbacher*, Tun und Unterlassen, Stuttgart 1995, S. 110 (zitiert als: *Birnbacher*, Tun und Unterlassen).

130 *Mannino*, S. 68 ff. unterscheidet zwischen Töten, Geschehenlassen, Unterlassen in Anlehnung an *McMahan*, Killing, Letting Die and Withdrawing Aid, Ethics, 103, 1993, 250 ff.; *Singer*, Praktische Ethik, 1. Aufl., Cambridge 1979, S. 223 ff. identifiziert fünf wesentliche Unterschiede zwischen Töten und Sterbelassen.

131 *Birnbacher*, Tun und Unterlassen, S. 112.

132 *Birnbacher*, Tun und Unterlassen, S. 211.

Diese Maximierungsregel wurde jüngst im Kontext der Ex-Post-Triage erstmals empirisch evaluiert.[133] Ein Team der Uniklinik Augsburg fand heraus, dass eine algorithmusgeleitete, scorebasierte Verlaufstriage die Letalität um bis zu 6 Prozentpunkten senken konnte. In der Gruppe, in der keine oder eine zufallsbedingte Ex-Post-Triage erfolgte, war die Letalität am höchsten. Auch das Wissen um diese Fakten, könnte ein Grund für eine Einwilligung sein. Eine Ex-Post-Triage, die unter bestimmten medizinischen Rahmenbedingungen vorgenommen wird, ist folglich keine „Lizenz zum Töten“[134], sondern könnte tatsächlich ein Mittel sein, Leben zu retten.

Wenn man im Rahmen der Debatte um die Erlaubnisfähigkeit der Ex-Post-Triage also *den Konsequenzen* der vorgenommenen Handlung auch Bedeutung beimisst, was vernünftig erscheint, zeigt die Welt, in der im Wege bestimmter, materieller Kriterien ex-post-triagiert wird, einen höheren Gesamtnutzen, was konsensfähig sein könnte. Eine Ex-Post-Triage als ultima ratio zum Schutz von Personen, die eine sehr hohe Überlebenschance haben, wenn sie sofort behandelt werden, zu Lasten von Menschen, deren Überlebenschance als minimal betrachtet werden muss zu erlauben, ist daher nicht per se eine verbotene Abwägungsentscheidung oder per se menschenwürdewidrig. Dies wäre im Wege einer transparenten Abwägung erst noch zu zeigen.

Fazit

Abwägungsentscheidungen zwischen Leben sind nicht absolut untersagt. Das Postulat „Kein Leben gegen Leben!“ enthält nicht wenige verborgene Parameter, deren Aufdeckung für einen sachgerechten Umgang mit Dilemmata wichtig ist. Wenn Rettungstötungen deshalb keiner Erlaubnisnorm zugeführt werden können, weil Abwägungen zwischen Leben den Menschenwürdekern betreffen, brauchen wir einen operationalisierbaren Begriff der Menschenwürdeverletzung. Die verfassungsrechtliche Objektformel weist die hierfür notwendigen Bedingungen nicht aus, weil sie nur

133 *Bartenschlager/Brunner/Heller*, Evaluation von scorebasierten Ansätzen für die Ex-post-Triage auf Intensivstationen während der COVID-19-Pandemie: Eine simulationsbasierte Analyse, Notfall und Rettungsmedizin 2022, 221 ff.

134 So die Kritik an Bundesjustizminister Buschmann, https://www.eu-schwerbehinderung.eu/index.php/33-aktuelles/12777-kritik-an-bundesjustizminister-verleiht-buschmann-den-aerzten-die-lizenz-zum-toeten (zuletzt abgerufen am 26.01.2023).

ein nicht hinreichendes Versatzstück der Kant´schen Selbstzweckformel implementiert. Das Menschenwürdeprinzip ist stattdessen als ein Optimierungsgebot zu begreifen, das mit unterschiedlichen anderen Prinzipien kollidieren kann. Wenn also Unklarheit darüber besteht, ob jemand durch etwas zum *bloßen Objekt* degradiert wird, ist eine Abwägung unverzichtbar. Erst sie konstituiert eine Menschenwürderegel, die dann absolut und vorrangig gilt.

Wenn es um die Allokation knapper Ressourcen geht, haben Gleichheit, Fairness *und* Effizienz einen spezifischen verfassungsrechtlichen und ethischen Wert. Die strikte Vorordnung[135] eines Prinzips und/oder gar ein vollständiger Ausschluss des Maximierungsgebots sind weder verfassungsrechtlich zwingend noch ethisch überzeugend, denn nicht jeder der das Gebot der Schadensminimierung verteidigt, *bewertet* Menschenleben in menschenwürdeverletztender Weise.[136] Wenn die positive Herstellung von Gerechtigkeit auf Grund unabänderlicher Katastrophenszenarien unmöglich ist, dann bleibt nur ein second-best, statt utopischer Ideale.[137] Dass nun Art. 1 GG die Funktion haben soll, sämtliche konsequentialistischen Argumente in einem parlamentarischen Meinungsbildungsprozess bereits vorab – wegen eines vermeintlich anti-utilitaristischen, deontologischen Bekenntnisses – zu zensieren, ist insgesamt nicht einzusehen.

Der demokratische Rechtsstaat hat die Menschenwürde als äußerste Grenze zu achten, dies bedeutet aber nicht, dass eine Festlegung auf kantische oder nicht-konsequentialistische Positionen besteht. Die Fixierung des demokratisch gebundenen Gesetzgebers auf eine „absolut richtige" Position würde ihm ein antidemokratisches Korsett aufzwingen, dass mit einer, unsere Demokratie auszeichnenden, relativistischen Haltung unvereinbar ist. Dilemmata sind vielmehr eine Chance für die Demokratie und ihren Diskurs, sofern er frei und offen sein darf. Gegenstand dürfen personenbezogene, materielle Kriterien für eine Ex-Ante-Triage und eine Ex-Post-Triage sein. Eine strikte Erlaubnisunfähigkeit der Ex-Post-Triage ist weder ethisch noch verfassungsrechtlich vorgegeben.

---

135 So explizit, *Dufner/Schöne-Seifert,* Fairness und Effizienz in Verteilungskonflikten: Do numbers count, after all?, https://www.uni-muenster.de/imperia/md/content/kfg-normenbegruendung/intern/publikationen/dufner/24_dufner.sch__ne-seifert_-_do_numbers_count.pdf (zuletzt abgerufen am 26.01.2023).

136 *Lübbe,* in: Hörnle/Huster/Poscher (Hrsg.), S. 257 (277), spricht anschaulich vom „konsequentialistischen Fehlschluss" des deutschen Ethikrates.

137 *Barry,* Tragic Choices, – Review Essay, Ethics, Vol. 94, 1984, 303, 307.

Eine legislative Kapitulation vor diesen großen Fragen insbesondere auch im Kontext der Triage, aus übersteigerter Sorge vor einem Verstoß gegen das Abwägungsverbot wäre keine Alternative, würde sie die Entscheidungshoheit über Opferlasten doch auf diejenigen im System outsourcen, die die Kapazitätsengpässe weder verschuldet haben, noch auf rechtssichere Straffreistellung hoffen dürfen, obwohl sie es sind, die die Hilflosigkeit im Klinikalltag tagtäglich ertragen müssen. Auch das steht einem demokratischen Rechtsstaat insgesamt nicht gut zu Gesicht.

Dr. *Alexandra Windsberger* | Postdoctoral Fellow an der Universität Konstanz.

Kolibri 360 GmbH
Ferdinand-Jühlke-Straße 7
99095 Erfurt, Deutschland
produktsicherheit@kolibri360.de